第三辑

中华全国外国哲学史学会
古希腊罗马哲学专业委员会 ○主办

古希腊罗马哲学研究

Journal of Ancient Greek and Roman Philosophy

詹文杰 主编

中国社会科学出版社

图书在版编目（CIP）数据

古希腊罗马哲学研究. 第三辑／詹文杰主编. —北京：中国社会科学出版社，2022.6

ISBN 978 - 7 - 5227 - 0171 - 4

Ⅰ.①古… Ⅱ.①詹… Ⅲ.①古希腊罗马哲学—文集 Ⅳ.①B502 - 53

中国版本图书馆 CIP 数据核字（2022）第 073004 号

出 版 人	赵剑英	
责任编辑	刘亚楠	
责任校对	张爱华	
责任印制	张雪娇	

出　　版	中国社会科学出版社	
社　　址	北京鼓楼西大街甲 158 号	
邮　　编	100720	
网　　址	http://www.csspw.cn	
发 行 部	010 - 84083685	
门 市 部	010 - 84029450	
经　　销	新华书店及其他书店	

印　　刷	北京君升印刷有限公司	
装　　订	廊坊市广阳区广增装订厂	
版　　次	2022 年 6 月第 1 版	
印　　次	2022 年 6 月第 1 次印刷	

开　　本	880×1230 1/32	
印　　张	10.25	
插　　页	2	
字　　数	247 千字	
定　　价	128.00 元	

目　录

书　评

纪　念

会议综述

附　录

Contents

Articles

论　文

《斐德罗篇》：作为从早期
对话中的柏拉图主义向晚期对话中的
辩证法和神学的过渡[*]

摘要：本文在第 I 节和第 II 节分别指出，《斐德罗篇》中的辩证法如何构成了从柏拉图早期著作中的方法到他晚期著作中的辩证法的过渡，而且《斐德罗篇》中作为运动的来源、作为诸相的观看者的灵魂概念如何构成了从柏拉图早期形而上学到他的晚期神学的过渡。本文的第 III 节指出，《斐德罗篇》中关于辩证法的讨论与关于灵魂的讨论这两个部分如何构成了统一的思想，并且构成了这篇对话中柏拉图哲学的鲜明特征。
关键词：柏拉图；《斐德罗篇》；辩证法；神学；相论

　　我们用柏拉图的"早期对话"指从最早的一篇——无论它是什么——到《理想国》的对话。其中我们用"柏拉图主义"指在这些对话中柏拉图的形而上学，主要但不限于他的相论。

---

　*　本篇原是陈康先生的英文论文：Chung-hwan Chen，"The Phaedrus as the Transition from the Platonism in the Earlier Dialogues to the Dialectic and Theology in the Later Dialogues，" *Studi Internazionali di Filosofia*，editi da Augusto Guzzo e Giorgio Tonelli IV：77 – 90，1972。本文发表时作者在美国南佛罗里达大学担任教授。中文摘要和关键词是本辑刊的主编所加。

我们用"晚期对话"指《巴门尼德篇》《泰阿泰德篇》《智者篇》《政治家篇》《菲利布篇》《蒂迈欧篇》《克里底亚篇》《法律篇》和《伊庇诺米篇》。在晚期对话中我们用"辩证法"指其中所使用的方法，例如在《智者篇》中所表达的。我们用"神学"指《蒂迈欧篇》《法律篇》和《伊庇诺米篇》中有关神或诸神的理论。辩证法和神学这两者将晚期对话与早期对话区别开来。① 由此问题就来了：有没有可能在一篇对话中找到从早期作品中的柏拉图主义到晚期作品中的辩证法和神学的过渡呢？我们的回答是：有，它在《斐德罗篇》中。下面就是对这一命题的论证。

I

哲学家或者辩证法家在《智者篇》中被描述成这样一个人，他"能够清楚地看到贯穿在分散的杂多之中的一个形式，和包含在一个更高的形式下的许多不同的形式；以及一个被编织进单一整体之中并且贯穿于许多这样的整体之中的形式，和许多仅仅以分离和分立存在的形式"②。这一方法如何被错误地运用以及它应当如何被实施，在《政治家篇》中做了说明。③更具体的说明，尤其是对在无限数量的实例与相对应的相之间

---

① 我们的分类基本上没有任何新意，而是为了简略的缘故对柏拉图学者们所接受的既定的年代学的简化。

② 《智者篇》253d，乔威特（Jowett）的译文。他的译文随后将在本文中使用。ὅλα（"整体"）是诸相；参考 L. Campbell *ad loc.*（*Sophistes and Politicus of Plato*，Oxford，1867）。关于 μίαν ἰδέαν διὰ πολλῶν（"贯穿在分散的杂多之中的一个形式"），参考《法律篇》XII 965 c – d。

③ 《政治家篇》285a – b。

的过渡的强调，连同对其错误运用的警告，在《菲利布篇》中
被给出。①

所说的辩证法包含一个双重的步骤："向上的一条路"，综
合；"向下的一条路"，划分。前者是从 atoma eidē②（译者按，
"不可分的种"）到越来越高等级的 eidē（译者按，"种"）或
genē（译者按，"属"）的上升，后者是相反方向的下降。这两
个步骤将晚期对话③与早期对话区别开来。

例如这一区别在《高尔吉亚篇》④ 中得到体现，但是划分
在那篇对话中并没有明确地被作为一种定义方法加以介绍，尽
管在后来的对话中它被用于这个目的。⑤

在早期对话中的多个方法看起来像是综合，但实际上它们
是非常不同的。综合是从多到一的认识方法。如果"多"和
"一"被理解为变量，那么，甚至 anamnēsis（回忆）都可以宣
称是这样一种方法，而且如果没有更进一步的考察，这个宣称
不可能被反驳。Anamnēsis 无须总是出自一个单独的例子；它也
可以出自许多类似的例子。根据后者，例如，从被看成相等的
棍子或者石头，我们想起了相等的相⑥，而出自一个单一的图

---

① 《菲利布篇》16c10－17a。
② 这个术语未见于柏拉图，但是恰当地展示了他的思想。
③ 除了在上一段中提到的那个经典段落以外，这一方法在《智者篇》《政治家篇》
　 中被系统地使用，偶尔也在《菲利布篇》中。对它的使用在晚期对话的其他地
　 方也可以被找到，例如《法律篇》X 893b－894c，它实际上是对运动的一个连
　 续的划分，首先划分到"第十"和"第九"种，接着将"第九"种这一分部
　 划分为头八种。
④ 《高尔吉亚篇》463a ff.，伏格尔（C. J. De Vogel）将它们置于辩证法的框架中
　（*Greek Philosophy I Thales to Plato*，Leiden，1950，pp. 110－111）。
⑤ 参考上一注释中所给出的《高尔吉亚篇》中的那个段落，以及例如《智者篇》
　 219a ff.。
⑥ 《斐多篇》74b4－6。复数ξύλα ἢ λίθους不一定指单单一对棍子或石头被看成相
　 等。参考上引书75a11：ἔκ γε τῶν αἰσθέσεων（"出自可感事物"），这是一个一般
　 的表达，并不仅仅指向可感的相等。

式的回忆提供的只是一个真实的意见，而不是知识，直至一个人被"频繁地问到同一个问题，以不同的形式"①。由此，一个人的认识状态才从真实的意见变成知识。

但是，anamnēsis 和 synagōgē（综合）是非常不同的。首先，刚才讨论的例子是从相似到相似的传递。但是 anamnēsis 也可以是从不相似到不相似②，尽管就 synagōgē 而言，多和一是在一个方面彼此相似，在另一个方面彼此不相似，而非要么相似、要么不相似。其次，anamnēsis 是一种只可用于从其具体的一个事例或多个事例而来的对一个相的认识的方法，而 synagōgē 并不限于这一方式。尤其是在晚期对话中，强调的是从 atoma eidē 到越来越高等级的 genē 或 eidē 的过程，而不是从具体的事例到 atomon eidos 的过程。

在《会饮篇》中 epagōgē（其通常翻译为"归纳"并不准确）是从散布于杂多的美的事例中的美开始通过不同的步骤到达美本身的，它似乎比《曼诺篇》和《斐多篇》中的 anamnēsis 更有权利宣称像是综合的方法。但事实上它不是。epagōgē 所经历的步骤是不同组的美的对象；但它们并不是以这样一种方式构成，以至于形成了一个 *gener*-ality（译者按，"普遍性"，但陈康先生特别强调其中的 gener，即"属"）的等级。这个方法水平地从对一个美的身体的知觉开始，接着是对另一个身体的知觉，继而垂直地进到心灵的美，制度和法律的美，诸科学和美的科学。当爱者趋向行程的终点时，它"突然领会到令人惊奇的美的本性"，亦即美本身或美的相。③ 在这里有一

---

① 《曼诺篇》82b ff.，85c – d。

② 不仅在可感事物的层次，例如，从对竖琴的知觉到对其所有者的回忆，而且也从对可感事物的知觉到对相的回忆；参考《斐多篇》74c13 – d2。

③ 《会饮篇》210a ff.，e 4 – 5。

个上升，但是从物质性的到非物质性的，最终到纯粹的美的上升，这种纯粹的美是脱离了任何物理的或心理的关系。①

但是，synagōgē 并没有以这一方式上升。不管在《菲利布篇》中所给出的字母表字母的例子对展示这一方法也许是多么地混乱，② 它并没有丝毫暗示。作为《会饮篇》中 epagōgē 基础的等级制也构成了 synagōgē 的客观基础。而且从《菲利布篇》中的总体陈述中，③ 也没有任何这种暗示可以被推论出来。

《会饮篇》中的上升实际上只是一个步骤，从美的具体事例到美的相，这一步，如已经说过的，在 synagōgē 中通常不被强调；不同的组是同一个相的不同的例示，在这个意义上它们是同级的，而不是构成一个其各级之间并非仅仅外在不同的等级制。

在早期对话中还有另一个方法，它具有与《会饮篇》中 epagōgē 的那些特征不同的特征。这个方法见于《理想国》中，在那里它被称作"灵魂转向的技艺"④。这个技艺的运用在对未来统治者的教育中得到例示。⑤ 它的第一步就是将灵魂从其朝向可感事物的方向拖拽到朝向可知事物的方向，它受到那些唤起思想的可感对象的作用。⑥ 面对这种可感事物，灵魂"感到困惑并且想要达到一个裁决而提出问题"，例如，"什么是绝对的统一体？"这便是"算术具有拖拽心灵和联结心灵到对真正

---

① 《会饮篇》210e－211a。
② 关于这方面的混淆，参见 R. Hackforth, *Plato's Examination of Pleasure*, paper back, New York, pp. 25－26。
③ 《菲利布篇》18a9－b3。
④ 关于这一术语，参考《理想国》VII 518d。
⑤ 这一教育包括 ψυχῆς περιαγωγή（"灵魂的转向"），也就是，将灵魂从其朝向生成的方向拽到朝向存在的方向，参考《理想国》VII 521c－d。
⑥ 《理想国》VII 523 a－b。

的存在的沉思的力量"① 的方式。这个过程从对数的研究向上到对平面图形的研究，到对静止和运动的立体的研究，对和谐的声音的研究，最终到达辩证法——对善的研究。② 这些科学的对象并不是一个单独的相的同级的事例，就像在《会饮篇》中上升的不同层次上的那些对象那样。

　　但是，它们之间的关系是什么呢？如果我们通过把这些对象与四线段的各部分相联系来寻求对这个问题的回答，那么，可感事物便属于大的划分的第一部分或较低部分，数学对象属于大的划分的第二部分的较低下级部分，相属于整个线段的最高部分。③ 它们之间的关系是实在性的层级。④ 线段头三个部分的对象也被说成像原型与摹本那样相联系。⑤ 相和它们的具体事例一般被认为就像早期对话中的原型和摹本。⑥ 它们是两种紧密连接的关系，但没有一个是综合方法所适用的那些对象之间的关系。后者之中的关系是普遍性，这与存在于原型和摹本之间的相似性并不是完全一样的。

　　既然在灵魂转向中的上升不受普遍性原则的引导，那么，其方法也就在宣称相似于 synagōgē 的权利上较《会饮篇》中的

---

① 《理想国》VII 524e–525a。
② 《理想国》VII 526e–532b。
③ 《理想国》VI 509d–511d。
④ 《理想国》VI 511e2–3。
⑤ 《理想国》VI 509e–510a, 511a。
⑥ 像通常那样，这个思想没有固定的术语来表达，它可以在像《克拉底鲁篇》389a–e、《理想国》X 596 以下，尤其是 596b 论人工制品的段落中被找到，也可以在《理想国》VI 509d–511d 论象征不同等级的实在性的四线段的段落中被找到。παράδιγμα（"范型"）这个术语出现在《欧绪德谟篇》6a4（它指圣洁的相这一点可以从与《曼诺篇》72c 的对比中看到）、《理想国》VII 540a, IX 597b, VI 500e。在我们的解释中，一般用"摹本"这个词所涵盖的表达是各种各样的，可以在《理想国》VI 509d–511d 及别处找到。

epagōgē 没有优势。

我们的结论是：上面考察的早期对话中的那些方法没有一个与晚期对话中的辩证法相同；① 只有 anamnēsis 和 epagōgē 接近于它。因此问题就是，从这些方法向晚期辩证法的过渡在哪里？

过渡是在《斐德罗篇》中。在那篇对话中，辩证法被描述成包含两个过程。头一个是"对分散的具体事物在一个相中的把握"。第二个是"对划分为种的把握"。② "diesparmena"（分散的具体事物）指的是可感事物，与同一对话中之前一个段落的对比可以确凿地表明这一点。③ 在这里所给出的 synagōgē 是对可感事物在一个 atomon eidos（编者按，"不可分的种"）中的把握。这个过程持续到更高的 eidos 或 genos，这一点据另一个语境是显然的，在那里"苏格拉底"诉诸他关于爱的两个发言。这两个发言设置了一个非理性的共同的相④，即，包括迷狂的两个下级的种——人的和神的，在一个共同的 eidos

---

① 在早期对话中还有其他方法。假设法不涉及对统一体中的杂多的把握。在对塞尔（Kenneth M. Sayre）的《柏拉图的分析方法》（Plato's Analytic Method）的评论中，克罗斯（R. C. Cross）写道："这本书的主题是，在柏拉图的出现于《斐多篇》和《理想国》中的假设的哲学方法与出现在晚期对话中的综合与划分的方法之间没有明显的区别。"（The Philosophical Quaterly，1971，p. 261）由于我没有看过塞尔的书，因此对他的观点的讨论就必须被搁置。无论是所谓的苏格拉底的辩证法，还是苏格拉底的助产术，与柏拉图晚期对话中的辩证法都不是相同的。这个区别是明显的，这里不需要做任何考虑。

② 《斐德罗篇》265d，e。

③ 参考《斐德罗篇》265d3 中的 συνορῶντα（"综观的东西"）及 249b7 – c1 中的 ἐκ πολλῶν ἰόντ'（Badham）αἰσθέσεων εἰς ἓν λογισμῷ συναιρούμρνον（"从多进到逻辑上把握的一"）。这个解释在古代由赫尔米亚斯（Hermias）所正确地代表，见 Hackforth, Plato's Examination of Pleasure, p. 142。

④ 《斐德罗篇》265e3 – 4：ἀλλ' ὥσπερ ἄρτι τὼ λόγω τὸ μὲν ἄφρον τῆς διανοίας ἕν τι κοινῇ εἶδος ἐλαβέτην（"然而就像刚才那样，这两个发言将思维的迷狂放到一个共同的种中"）。

之下。

第二个过程是 dihairesis 或划分，止步于种，但它不是完全与可感事例相分离。这体现在 dihairesis 在一个一般的专门方法中的展示上，继而体现在它运用于修辞术上，划分言辞的种类和灵魂的种类，以及灵魂受作用的各种方式。① 这还不是结束。当修辞家知道了所有的这个，并且"看到他正在以抽象的方式谈到他的那个人实际在他面前"时，他便能够知道何种论证应当被运用于他，以说服他相信某个意见。②

这样，在《斐德罗篇》的辩证法中的综合的过程是以对可感事物的把握开始的，继而进到对越来越高的 genē 或 eidē 的认识，而其划分的过程从一个较高的 eidos 或 genos 下降，并有其对可感事物的运用。由于涉及了可感的杂多——仅就将可感的杂多把握在一个相中而言，anamnēsis 和 epagōgē 是合适的——《斐德罗篇》便与早期对话中的方法联系在了一起；由于涉及了 genē 或 eidē——《智者篇》《政治家篇》和《菲利布篇》研究它们——它又与晚期对话中的辩证法联系在了一起。因此，《斐德罗篇》便构成了在这两组作品之间的过渡。

人们也许会质问，为什么《斐德罗篇》而非《菲利布篇》被认为是这样的一个过渡。后者也具有把上述地位合理地归于前者的那些特征。即便《菲利布篇》中的 dihairesis 止步于 atomon eidos，这篇对话也始终将具体事例的无限性考虑在内。③

回答如下：在方法上中间地位被归于《斐德罗篇》是由于三

---

① 《斐德罗篇》270c10 – d7，271b1 – 2。

② 《斐德罗篇》271e2 – 272a3。

③ 《菲利布篇》16c – 17a，18a – b。

个理由：首先，一方面《菲利布篇》相当晚①，而且晚于《智者篇》。《智者篇》中的二分法在《政治家篇》中得到纠正；这个纠正在《菲利布篇》中通过对无限数量的具体事例的一个额外的论述而被接受。② 另一方面，《斐德罗篇》仍然以早期对话中的柏拉图主义为其背景；其中一些特征可见于本文对这一对话的讨论中。因此，它的写作时期一定是在《智者篇》之前。其次，《会饮篇》中对美的相的认识被描述为瞬间性的；它不可能通过对美的具体事例的零碎的认识不断增加而达到，即便这些认识是在不断地拓宽。③ 对相的把握的发生，只是当这些事例被在一个单一的行动中直接看到，而这个行动不是由对事例的分散的认识的逐步拓宽而预先产生的。这就是《斐德罗篇》反复强调的 synoran（综观）④，而在《菲利布篇》中关于无限数量的事例是如何被把握的什么也没有说。最后，不管 anamnēsis 和 epagōgē 在其自身是如何不同，它们将分散的事例把握为一个相的功能是相同的。正因为这一点，在《斐德罗篇》中的 synopsis 被等同于 anamnēsis。⑤ 由于这一等同，这篇对话就与早期对话中的柏拉图主义的 anamnēsis 联系在了一起。但是，在《菲利布篇》中，辩证法被说成学和教；⑥ 但是，教是对 anamnēsis 误解，就像《曼诺篇》中所指出的那样。⑦ 这样，《菲利布篇》就返回到了作为一种教育方法的教上，忘记了 anamnēsis。

---

① ἄπειρον（"无限"）的类别接近于柏拉图"未成文学说"中ἀόριστος δυάς（"不定的二"）。

② 《政治家篇》287b – c；《菲利布篇》16d3 – e。

③ ἐξαίφνης，《会饮篇》210e4。它表现的是一个跳跃，而不是一个逐渐的过程。

④ 《斐德罗篇》265d3，249b – c。

⑤ 《斐德罗篇》249c1 – 2。

⑥ 《菲利布篇》16e3 – 4。

⑦ 《曼诺篇》81e – 82a。

这一方法在晚期对话中发生变化。在《斐德罗篇》中，旧方法还没有被完全抛弃，但新方法开始出现。方法上的情形揭示了在旧方法上新问题的出现。在早期柏拉图主义中的问题主要是那些仅仅关涉相的问题，而不是关于彼此联系的相的问题，更具体来说，例如"什么是相A？"，"什么是相B？"等，"它们同它们对应的事例如何相联系？"在晚期对话中的问题是"eidē 或 genē 如何彼此相联系？"①"一个 eidos 如何根据更高的 eidē 或 genē 被界定？"例如，要知道捕鱼者的本质，就要通过 dihairesis 来定义它，而不是通过 epagōgē 或 anamnēsis 来把握它。要知道一个 eidos 和另一些 eidē 的关系，就是要通过在《智者篇》中得到描述和练习、在《政治家篇》和《菲利布篇》中得到修正和补充的辩证法。在《斐德罗篇》中，对美的相的回忆和通过新的辩证法对爱的定义②是并列呈现的。在早期对话中没有任何借助划分的定义③，在《智者篇》《政治家篇》和《菲利布篇》中没有任何借助 anamnēsis 的关于 atomon eidos 的知识，但是，在《斐德罗篇》中这二者都有。

II

现在，我们转到柏拉图的神学。严格地说，在早期对话

---

① 这类问题在早期对话中没有得到处理。甚至 ἡ τοῦ διαλέγεσθαι δύναμις（"辩证的官能"）（关于这个术语，参见《理想国》VI 511b4）也不考察善的相和其他相之间的内在关系。《理想国》VI 的最后部分是处理这个问题的最恰当的地方。
② 具体内容参见本书第Ⅲ节。
③ 例如，在《高尔吉亚篇》中，划分并非为了定义被使用，参考第5页注释⑤。

中存在的有关诸神或神（对于柏拉图单复数是不重要的）的
思想几乎不值得神学的名称；《理想国》中关于文学审查制度
的章节①也没有触及晚期神学中的关键点。在这些对话中存在
着形而上学，相论构成了其核心部分。因此，就有这样一个
问题，什么构成了从早期柏拉图主义的这个部分到晚期对话
中的神学的过渡？

所谓的神学包含以下论题：

1. 神观看一个理智的模型来创制这个世界。"理智的
模型"是指一个生物的相，它具有四种生物的相和其他的
相在它之中。②

2. 神存在。

3. 神照看这个世界。

1. 在早期对话的某些场合，柏拉图把相看成是原型。当他
在《克拉底鲁篇》中考察人工制品时，他这样说：木匠观看梭
子的相制作一把梭子。③ 创制后来从人扩展到神，从而在《智
者篇》中创制有两个子类。④ 在《蒂迈欧篇》中关于神的创制

---

① 《理想国》II 376e-383c。

② 神注视它而创制世界的那个模型意指 ὃ ἔστι ζῷον（"那个是活着的东西"，
《蒂迈欧篇》39e8），亦即，ζῷον 的相。它被以别的几个方式描述（《蒂迈
欧篇》28a7、29a1、3、7、30d1-2）。它包含四种生物的相（关于这个术
语，参考《蒂迈欧篇》39e8）（《蒂迈欧篇》30c39e9-40a2，参考41b8-
c2）以及除此而外所有其他的 εἴδη（参见51b-52a4，关于 εἴδη 这个术
语，参见51d5），如果从理智的模型中没有什么东西被留下的话（参考
31a4-5）。

③ 《克拉底鲁篇》389a，b。类似的例子参见《理想国》X 596b。εἰώθαμεν 指示
《克拉底鲁篇》的那段话。

④ 《智者篇》265c。

柏拉图做了充分的说明，① 由此第二子类与第一子类的类比被严格保持。②

根据《蒂迈欧篇》神如何创制世界是值得提及的。柏拉图除了类比人的创制以外，不能够设想神创制世界的任何其他方式。"当这位工匠制作这个世界时他注视哪个模型——不可变者的模型还是被创制者的模型？"③ 这个问题的选言式排除了任何其他的选项。正是在蒂迈欧讲话一开始所奠定的三个命题的最后一个之中，就已经有了预先的排除。④ 这意味着仿照一个模型的创制在柏拉图的神学中是基础性的。所提问题的选言式绝不是偶然的。

既然我们现在的问题是神的创制的问题，我们的分析因此

---

① 《蒂迈欧篇》27d ff.。在《理想国》X 597b 中柏拉图就三种类型的床写道：μία μὲν ἡ ἐν τῇ φύσει οὖσα，ἣν φαῖμεν ἄν，ὡς ἐγῷμαι，θεὸν ἐργάσασθαι. ἢ τίν᾽ ἄλλον；(b5 – 7)（"一个是那按自然存在的，正如我所以为的那样，我们会说一位神制作了它。或者还有别的什么吗？"）人们也许会问：柏拉图真的是指神创制了相吗？他不可能这样，也不曾这样。1. 柏拉图没有设想过任何其他创制方式，除了仿照一个模型的创制外（参考本节的下一段）。如果神创制了相，他能在哪里获得一个创制要仿循的模型呢？2. 在早期对话中τὸ ὄν和τὸ γιγνόμενον之间的区别在柏拉图的相论中是基础的。相就是τὰ ὄντα（这在那段话被引用的语境中仍然保持着；参见 597a），具体事物是τὰ γιγνόμενα。如果相是被创制的，整个相论，无论是在其形而上学的方面（相是ἀεί ὄν，《会饮篇》211b1 – 2）还是在其认识论方面（相是正确知识的对象，例如《理想国》V 476b – 479e 论述知识和意见的区别，特别是 477b10 – 11，e4 – 7）都会崩溃。也许可以反驳说，为什么柏拉图不能改变他的想法呢？他的确可以，但鉴于这对构成他整个早期对话中哲学思考基础的理论的巨大效应，他不可能提出他的新观点而没有一句论证的话。所需要的论证恰好在上下文中没有被发现。事实上，他不是指神创制相。在我们引用的那段话之前"苏格拉底"的发言中，据说κλινουργός（"床的制作者"）不制作床的相（597a），这自然地得出，如果床的相是被制作的，我们只能将它描述为一件神的作品。

② 参见本页脚注③提及的文献。

③ 《蒂迈欧篇》28d – 29a。关于ἔβλεπεν（"注视"），参考《克拉底鲁篇》389b2 和《理想国》X 596b 中的βλέπων。

④ 《蒂迈欧篇》28a – b。

便集中于它。《蒂迈欧篇》中的基础论题，神观看理智模型创
制世界，这蕴含着另一个命题，即，观看相是神的创制的前提
条件。除非在神与相之间建立起一个认识论的关系，否则创制
故事就不可能被合理地讲述。对这个关系的建立在《斐德罗
篇》的神话中被发现。① 在那里，柏拉图说，为所有神圣的人
类的灵魂所跟随的最高神宙斯游遍诸天获得对诸相的观看。此
外，为什么对相的观看对于神的创制是本质性的，对此的一个
说明也可以从那里推导出来；神的心灵由关于相的知识所营养，
亦即，"真理的平原"，相的领域是神的智慧的来源。② 因此可
以说，神从他的模型中获得有关创制的指导；无此创制便是不
可能的。我们说"可以推导"是因为我们是从《蒂迈欧篇》回
看《斐德罗篇》。如果我们从《斐德罗篇》向前看《蒂迈欧
篇》，那么，《斐德罗篇》中的那段话就不仅使得《蒂迈欧篇》
中的创制通过满足其前提条件而成为可能，而且也澄清了为什
么作为前提条件的认识论关系是必需的。以此方式，《斐德罗
篇》形成了从早期柏拉图主义人仿照一个模型的创制到《蒂迈
欧篇》中神的创制的过渡。

　　在《斐德罗篇》中，建立神与相之间的认识论关系的意义
没有得到详尽的论述。对这个关系的一个运用是在《巴门尼德
篇》中，它被明确地用来展开那个最大的困难，以反驳相的
chorismos（"分离"）。③ 另外一个运用隐含在《智者篇》对"相
的朋友"的驳斥中④，它也许原本是被用来证明神的存在的。
因为那个知道所有的相的主体只能是神圣灵魂，而不是人类灵

① 《斐德罗篇》246a ff. 。
② 《斐德罗篇》246e，247d–e，248b–c。
③ 《巴门尼德篇》133b–134d。
④ 《智者篇》248e–d，e–249a。

魂。因此，神的存在在逻辑上就是结论。但这个论证柏拉图的确从未实际运用过。

2. 柏拉图用来证明神的存在的论证是一个形而上学论证。它开始于对运动的分类。首先有十种运动被区分，然后，前八种被归于第九种之下，而第九种又反过来与第十种相对立。最后一种与第九种（即与后者的八个子类）的区别标志就是，它是唯一推动自身的运动。① 被推动者依赖于推动者；因此，所有以前八种运动形式中的任何一种被推动的东西就其运动而言都依赖于推动者。自我运动是本原（archē）并且先于被推动者。② 因此，它被等同于灵魂③，而灵魂对于物体的优先性也被进一步推论出来④。推动所有物体并且先于所有物体的灵魂只能是一个神圣灵魂或者神，而不是人类灵魂。因此，物体的存在、物理宇宙都必然以神的存在在先。尽管柏拉图并不认为必须要用这么多的话来得出这一逻辑结论，但从他对神的存在问题的研究结论清楚可见，他认为灵魂对于物体的优先性证明了他的观点。⑤

有关灵魂作为自我运动相对于其他运动形式的在先性的一节最终导向这一结论——"神存在"，这整个一节都是对《斐德罗篇》中作为"运动来源和本原"的灵魂概念的阐述。借助这一概念，《斐德罗篇》为灵魂不朽提供了一个新的证明⑥，此外还有《斐多篇》中出于同一目的的那些论证，这和早期对话中

---

① 《法律篇》X 893c，894c。

② 参考《法律篇》894d – 895b。

③ 《法律篇》894e – 896b。

④ 《法律篇》896b – c，在《伊庇诺米篇》980d，991d 中被再次重复。

⑤ 《法律篇》X 899c – d，《法律篇》XII 996d – e 指向该处。

⑥ 《斐德罗篇》245c – 246a。有关 πηγὴ καὶ ἀρχὴ κινήσεων（"运动的来源和本原"）这一表达，参见 245c9。

其他地方对这个论题的许多神话表达是不同的。以此方式，它就构成了从早期柏拉图主义中的灵魂不朽理论向《法律篇》中的"神存在"的命题的过渡。

3. 在《斐多篇》中，苏格拉底针对一个有关灵魂的外邦学说，他说，"但我也相信诸神是我们的守护者"①。首先，在那里所说的神的看护是仅仅针对人的；另外，对这类看护没有提供任何理由。在《法律篇》中，神的看护被说成是针对整个世界的。② 在《斐德罗篇》的神话中，宙斯被说成看护一切。③ 在那里，神对一切的看护就像在《法律篇》中那样从神对人的看护得到了扩展，但仍然像在《斐多篇》中那样只有一个简单的断言。但是，这足以表明《斐德罗篇》与早期对话和晚期对话中的相关段落的联系了。

还有另一个事实需要被提及，无论是在《斐德罗篇》中还是在《法律篇》中，神的看护都是与世界的神圣秩序联系在一起的。④ 这个关联绝不是偶然的。在《斐德罗篇》中，关联的理由也许仅仅是隐含的，还没有得到阐明，但是，在《法律篇》中它就明显可见了。在前面的一个段落中，我们曾经指出，灵魂是本原（archē），并且先于身体。由此，灵魂被认为是当然的统治者（archousa），而身体是被统治者（archome-non）。⑤ 在宇宙论的层面上，神——在柏拉图看来它是一个灵魂——是世界的统治者。在一部早期的著作中有一个已经被证

---

① 《斐多篇》62b。
② 例如《法律篇》X 897c7 - 8，900d2 - 3；参考《伊庇诺米篇》980d。
③ 《斐德罗篇》246e4 - 6。
④ 参见《法律篇》X 897c7 - 8；参考 896d10 - e2 和 899b8；《斐德罗篇》246e4 - 6。
⑤ 《法律篇》X 896b - c，《伊庇诺米篇》980d - e（参考《伊庇诺米篇》983d）重复了它。这个论题不是新的，但从对运动的分析直接得出的推论（参考 896a 以下的上下文）是新的。

明的政治学命题，统治者之为统治者仅仅为被统治者的善而工作；甚至"牧羊人之为牧羊人也是按照羊群自己的善来照顾羊群"①。以政治学上的这个老生常谈作为思维背景，② 神对万物的看护在柏拉图看来是从世界的神圣统治者这个命题中融贯地得出的。

神对万物的这种看护究竟是怎样的，这也许在《政治家篇》的神话中多少有所体现，③ 而在《蒂迈欧篇》中神的意旨上则可以更充分地看到。就神对万物作为一个整体的看护而言，我们要提到神对世界灵魂的创造的设计，和他的在世界身体之构造中的意图；④ 就其对万物的各部分的看护而言，作为一个例子我们要提到对人的身体的构造。⑤

《斐德罗篇》的作者对神的看护与神对世界的统治的联系也许是有意识的，后者是从灵魂作为 archē 这个概念中得出的。如果有人认为神的看护的具体内容——就像在《蒂迈欧篇》中的天意里所描述的那样——可以在《斐德罗篇》中被现成地推论出来，他当然就走过头了。更稳妥的是仅仅主张《斐德罗篇》构成了从《斐多篇》中神对人的看护到《法律篇》中神对整个世界的看护以及《蒂迈欧篇》中的天意的过渡，但并没有具体地预示后者。⑥

―――――――――

① 《理想国》I 342e，345b-e。
② 参考《克里底亚篇》109b。人类与诸神的关系就像是羊群与牧羊人的关系。
③ 《政治家篇》273d-e。在《法律篇》中，神的看护仅仅用一般的术语来陈述（X 903b）。对作为一个整体的世界的看护，有关于此的更具体的表达参见本页脚注④提及的文献。
④ 《蒂迈欧篇》30b-c1 和 32d 以下。
⑤ 《蒂迈欧篇》44d 以下。这是一个有趣的目的论的解释，它后来在亚里士多德的生物学中得到扩展。
⑥ 关于恶的问题包含在神对世界的看护的问题之中的想法，也距离《斐德罗篇》很远。我们目前可以把它们撇在一边。

III

在第 I 节和第 II 节中我们曾经分别指出，《斐德罗篇》中的辩证法如何构成了从柏拉图早期著作中的方法到他晚期著作中的辩证法的过渡，他在这同一篇对话中作为运动的来源、作为诸相的观看者的灵魂概念如何构成了从他的早期形而上学到他的晚期神学的过渡。我们还有待指出，《斐德罗篇》的这两个部分如何属于一个单一的思想，它构成了那篇对话中柏拉图哲学的鲜明特征。

这个思想就是他的 erōs（编者按："爱欲"）理论，erōs 指恰当形式的爱，而非"不良的"爱。在那里，爱是根据它在自然关联的一般结构中的地位来被理解的。这个结构就是实在本身。辩证法的功能就是让它变得显而易见。方法和结构作为主观的和客观的相对部分彼此对应。既然结构是普遍的，方法就应当在研究任何主题时被正确地实施①。因此，迷狂便被划分为"两种，一种由人性的弱点所产生，另一种则是灵魂从习俗和惯例中的神圣的释放"②。爱被区分为"不良的"和神圣的。"不良的"爱归于第一种迷狂之下，而神圣的爱则与其他三种一起被归于第二种迷狂之下。③

迄今为止，爱唯一被表明是一种神圣的迷狂（这进而是一个更高的属迷狂之下的一个种），它与同一个属之下的其他三

---

① 有关自然关联，参见 265e。关于 διαίρεσις 的普遍运用，参见 270c10 – d7；关于其在修辞学中的运用，参见 263b。

② 《会饮篇》265a。

③ 《会饮篇》265e – 266b1；244a 以下和 265b。

个种之间的区别还没有被阐明；它与阿芙洛狄忒的关系和它的同级物与它们的神之间的关系不足以完成这一任务。这四个种的种差①必须以另一种方式被指出。既然唯有第四种神圣的迷狂在这里被涉及，因此就只有它的种差得到了澄清。它被根据爱者来说明。爱者是这样一个人，"当他看到大地的美，他就因为回忆起真正的美而欣喜若狂……他像一只振翼的鸟，看着上面，而不管下面的世界；他因此被认为发疯了"②。这样，回忆便构成了柏拉图《斐德罗篇》中爱的概念的本质部分。

回忆预设了其他两件事：灵魂的不朽和灵魂在其肉身化之前对相的知识的获得。头一件事在《斐德罗篇》中通过灵魂是运动的来源的论证得到确立。第二件事是通过一个神话的形式得到说明的，即，人类灵魂在投胎于肉体之前在其天上的旅行中观看诸相。

这两个元素，一个是逻辑—存在论的——辩证法及其客观对应部分亦即自然关联的结构；另一个是灵魂论的——灵魂作为运动的本原和诸相的观看者，它们一起构成了柏拉图有关作为一种神圣的迷狂的 erōs 的理论，在他的晚期对话中得到发展，产生了一个新的实在概念。根据这个概念，实在是一个多重等级结构，许多个等级以"最普遍的类"在其顶端，通过彼此结合而联结。每一个等级系列都是一个自然的关联，以最普遍的一个类在其顶部，与其他最普遍的类相结合，这些类划分、再划分，以致有一个从最普遍的类到不太普遍的类的下降，直至最低种。在这些最低种之下有无数可感的具体事物。在这二者

---

① εἰδοποιὸς διαφορά（"种差"），见《论题篇》VII 6, 143b7，这是一个亚里士多德的术语，在柏拉图那里找不到。但是后者有这个思想；如果我们借用亚里士多德的这个术语来解释柏拉图的理论，并没有任何时序倒错。

② 《斐德罗篇》249d – e。

之间没有任何通道，既不能借助 synagōgē（综合），也不能借助
dihairesis（分析）。相反，这个鸿沟是由人和神的创造所跨越。
人类工匠是文化的创造者；神圣的造物者是自然的创造者，他
还有统治和看护他的创造物的额外功能。文化的领域和自然的
领域一起囊括了具体事物的世界；两种创造一起完成了 eidē 和
具体事物的 syndesmos（共同联结），从而没有剩下任何东西是
孤立的。Chōrisomos（分离）的困难——柏拉图早期作品中的
相论在这个问题上遭遇了失败——在他后期对话的形而上学中
得以克服。① 从早期柏拉图主义到晚期柏拉图主义的这个过渡
在《斐德罗篇》这篇对话中被发现，这更准确地说是在他的作
为一种神圣迷狂的神圣之爱的理论中被发现，而这是由对美的
相的回忆引起的。

作者简介：陈康（1902—1992），又名陈忠寰（Chung-hwan
Chen），柏林大学哲学博士，曾任西南联大、中央大学、北京大
学、台湾大学、美国南佛罗里达大学等校教授，是享誉国际的古
希腊哲学研究专家，汉语学界古希腊哲学研究的重要奠基人之
一。

译者简介：聂敏里，哲学博士，中国人民大学哲学院教授，
博士研究生导师，主要研究方向为古希腊哲学。

---

① 要对这一点做一个详尽的说明本身就是一个工作；目前这必须被推后。

逻各斯的技艺？

——柏拉图《伊翁》对希腊传统语言艺术的批判①

宋继杰

摘要： 如果说知识或技艺（τέχνη）理论是柏拉图形而上学的一般性导言的话，那么《伊翁》就可以说是柏拉图知识或技艺理论的一般性导言。它通过论证游吟歌者甚至诗人本身没有资格自诩为技艺的拥有者而从相反的方向表明技艺之为技艺所需要满足的基本条件：任何技艺，包括语言艺术，都必须指向实在。笔者把《伊翁》分为三个部分，并认为第一部分（530A—533C）和第三部分（536E—542B）否定了诗歌之为技艺的合法性，而第二部分则从正面阐述了诗歌的本质。柏拉图的使命是要使"哲学"之为真正的知识或技艺，跟一切非哲学的伪知识、假技艺划清界限。

关键词： 柏拉图；《伊翁》；技艺（τέχνη）；诗歌；哲学

　　柏拉图的早期对话《伊翁》向来不受学界重视②，很少的几个诠释文本也多从诗学或美学文艺批评的角度予以解读，诸

---

① 本文最初发表于《清华哲学年鉴2004》，河北大学出版社2005年版。收入本辑刊时略有修改。中文摘要和关键词是本辑刊的主编所加。

② 例如著名的柏拉图学者泰勒认为"这篇有关诗歌灵感的小对话无须多谈"，参见 A. E. Taylor, *Plato: The Man and his Work* (London: Methuen and Co., 1926), p. 38。

如"灵感"那样的诗学问题自然成了本篇的核心。① 柏拉图的文学天赋和他本人在各篇对话中对于文学手法的广泛而娴熟的应用，很容易使研究者得出上述看法。但本文试图还柏拉图之为"哲学家"、柏拉图对话之为"哲学文本"的本来面目。作为一个在"哲学"本身尚未获得"合法身份"的时代的哲学家，柏拉图的使命是要使"哲学"之为真正的知识或技艺（τέχνη）②，跟一切非哲学的伪知识、假技艺划清界限。在早期对话中我们不难看到，柏拉图在证伪某些传统语言艺术（如诗歌和修辞术）具有知识或技艺的"合法身份"的同时，示范了一种涵涉语言逻辑、知识论和存在论三个层面的全新的知识或技艺模式和一种较高的知识或技艺标准，从而为理念论的出场作了某种准备。

如果说知识或技艺理论是柏拉图形而上学的一般性导言的话，那么《伊翁》就可以说是柏拉图知识或技艺理论的一般性导言。它通过论证游吟歌者甚至诗人本身没有资格自诩为τέχνη的拥有者而从相反的方向表明τέχνη之为τέχνη所需要满足

① 代表性的论著有：Kenneth Dorter, "The *Ion*: Plato's Characterization of Art," *Journal of Aesthetics and Art Criticism*, vol. 32, no. 1 (1973); Craig La Driere, "The Problem of Plato's *Ion*," *Journal of Aesthetics and Art Criticism*, vol. 10, no. 1 (1951); Robert Edgar Carter, "Plato and Inspiration," *Journal of The History of Philosophy*, vol. 5, no. 2 (1967); Timothy W. Boyd, "Where Ion Stood, What Ion Sang," *Harvard Studies in Classical Philology*, vol. 96 (1994); William Chase Greene, "Plato's View of Poetry," *Harvard Studies in Classical Philology*, vol. 29 (1918); Julius Moravcsik and Philip Temko (eds.), *Plato on Beauty, Wisdom and the Arts* (New Jersey: Rowan & Littlefield, 1982); 朱光潜：《柏拉图文艺对话集》，人民文学出版社 1963 年版，"题解与译后记"，第 315—366 页；汪子嵩等：《希腊哲学史》（第二卷），人民出版社 1993 年版，第 506—511 页；陈中梅：《柏拉图诗学和艺术思想研究》，商务印书馆 1999 年版。

② "ἐπιστήμη"（知识）与 "τέχνη"（技艺）在柏拉图对话中基本上是可以互换的，所以我们后面在知识、技艺和技艺性的知识之间不作区分。参见 D. Lyons, *Structural Semantics* (Oxford: Blackwell), 1963。

的基本条件：任何技艺，包括语言艺术，都必须指向实在。

对话分为三个部分，其中第一部分（530A—533C）和第三部分（536E—542B）否定了诗歌之为 τέχνη 的合法性，而第二部分则从正面阐述了诗歌的本质。现在我们就按其原有次序对《伊翁》做一细致的解读。

一

苏格拉底与诵诗比赛的桂冠得主埃菲索的伊翁不期而遇。苏格拉底首先声称游吟歌者的"技艺"值得羡慕，因为一方面他们需要扮美身体（τὸ σῶμα κεκοσμῆσθαι）；另一方面既要学习诗人们的言辞又要领会他们的思想，否则不可能成为优秀的传释者。① 伊翁承认这是他这门技艺中最费劲的工作（πλεῖστον ἔργον），同时他自诩吟诵和诠释荷马冠绝当世，接着他陈述了一个招致苏格拉底猛烈驳斥的事实：

事实1：作为游吟歌者的伊翁只精于荷马而不精于赫西俄德和其他诗人（531A）。

苏格拉底的反驳1：如果在某些事情上荷马与赫西俄德的言辞一致，那么伊翁对这两者的诠释也应该一致（531A）；

反驳2：如果在某些事情上，如占卜，荷马与赫西俄德的言辞不一致，那么是占卜师而非伊翁能更好地诠释他们之间的同一与差异；

占卜师与作为游吟歌者的伊翁之间的优劣也适用于某

① 参考《伊翁》530c：τὸν γὰρ ῥαψῳδὸν ἑρμηνέα δεῖ τοῦ ποιητοῦ τῆς διανοίας γίγνεσθαι τοῖς ἀκούουσι.

—τέχνη的技（术）师与作为诗人的荷马，所以，

事实2：如果荷马与其他诗人的言说主题相同，那么差别在于荷马比他们说得更好；

反驳3：在有关某一技艺（如"数"和"健康食品"）的诸多言说的优劣好坏上，这门技艺的拥有者，如"算术师"和"医生"，最有发言权；

反驳4：要比较并鉴别出好的言说与坏的言说，就必须同时了解好的言说与坏的言说；既然伊翁能够指出荷马比其他诗人言说得更好，那他也一定了解其他诗人的"坏"的言说，他不可能只有能力对荷马做出判断，而且也应该有能力对所有其他诗人做出判断，因此他必须同样精于其他诗人——事实1不成立。

但事实1对于伊翁来说的确存在，如何解释这个事实呢？伊翁本人大惑不解。从上述对话可见，苏格拉底与伊翁在各自的陈述与反驳中有一个共同预设，即作为游吟歌者的伊翁的工作是一门τέχνη。因此，唯一的可能是，事实可以依然成立，但其预设不成立，也就是说，作为游吟歌者的伊翁的工作不是一门τέχνη。果然，苏格拉底说：

Οὐ χαλεπὸν τοῦτό γε εἰκάσαι, ὦ ἑταῖρε, ἀλλὰ παντὶ δῆλον ὅτι τέχνη καὶ ἐπιστήμη περὶ Ὁμήρου λέγειν ἀδύνατος εἶ· εἰ γὰρ τέχνῃ οἷός τε ἦσθα, καὶ περὶ τῶν ἄλλων ποιητῶν ἁπάντων λέγειν οἷός τ' ἂν ἦσθα· ποιητικὴ γάρ πού ἐστιν τὸ ὅλον. ἢ οὔ; ... Οὐκοῦν ἐπειδὰν λάβῃ τις καὶ ἄλλην τέχνην ἡντινοῦν ὅλην, ὁ αὐτὸς τρόπος τῆς σκέψεως ἔσται περὶ ἁπασῶν τῶν τεχνῶν;

这并不难解释，我亲爱的朋友；任何人都看得出你没有能力以技艺或知识来解说荷马。因为假如你能以技艺来解说，那么你也就能解说所有其他诗人。看看，有一门作为一个整体的诗歌的技艺，不是吗？……而且，当一个人获得作为一个整体的任何其他技艺时，所有这些技艺都有其一以贯之的同一探究方式？（《伊翁》532C）

在提到其他诗人时，伊翁"打瞌睡"的原因是他"没有能力以技艺或知识来解说荷马"。如果创作诗歌或诠释诗歌是一门技艺，就应该像所有其他技艺一样，是一个整体，具有统一性，从而有其一以贯之的同一探究方式或原则。例如绘画或雕刻或音乐等技艺的拥有者就应该有能力对其所精通的某一整个领域做出判断，而非仅仅精通其某一方面或某一代表。至此，伊翁必须在那个"事实"和那个"预设"之间做出抉择：要么放弃他一开始所说的只精于解说荷马的说法，要么承认游吟歌者的工作不是一门τέχνη。既然伊翁只精于解说荷马无论对于他本人还是对于听众都是不争的事实，那么只剩下最后一个选择，而伊翁也确实接受了这后一选择，认为诠释诗歌是"神力"的结果，不过这是第二部分的核心论旨了，我们暂且搁置一边。

这样我们就获得了柏拉图有关τέχνη的最初规定：每一个特殊的技艺领域，都有相同的探究方式或原则，适用于这一领域所涵盖的所有情形；或者说，每一门技艺，都有其自身的一系列具有普遍适用性的规则和原理；从而，医术领域里的τέχνικος（医生）能够说出其他人是不是好医生，而这是因为他用以做出判断的原理是相同的，无论把谁放在他面前，探究的方法都是相同的。这又意味着，技师本人是最好的技艺评论者：假如作诗是一门技艺，诗人是诗歌的作者，那么除了诗人任何其他人都无资格担当诗歌评论者。后面我们会发现连诗人都无权评论诗歌——因为作诗并不是一门技艺，诗人也不是诗歌的原创者——更不用说像伊翁这样的游吟歌者了！

柏拉图在这篇对话里所探讨的是语言艺术，并且所关注的重点是作为游吟歌者的伊翁的诠释性工作而非仅仅吟诵活动，因此游吟歌者的"技艺"不仅是言说的"技艺"，而且是关于某一主题——如诗人荷马——的言说的"技艺"；可是诗人本身也是关于某一主题的言说者，如占卜师的占卜技艺，这表明所谓"技艺"是有等级区分的：

游吟歌者（伊翁）	精于言说	诗人（荷马）
诗人（荷马）	精于言说	占卜师
占卜师	精于（言说）	占卜术

很显然，如果说诗人的"技艺"是关于技艺 X 的"技艺"，那么游吟歌者的"技艺"则是关于技艺 X 的"技艺"的"技艺"，因此，如果我们把占卜师的技艺称为"一阶技艺"的话，那么诗人和游吟歌者的"技艺"自然就是"二阶技艺"和"三阶技艺"了。这里的差别在于，后二者的主题都是关于其他主题的，而前者的主题则无关乎任何其他主题。不难看出，占卜师与占卜术之间的关系完全不同于诗人或游吟歌者与其言说对象之间的关系；而这一点恰恰隐含了"真技艺"与"假技艺"——确切地说是"技艺"与"非技艺"①——之间的本质

---

① 不同于有真假之分的"信念"，"知识"没有真假之分，因而某人要么是"有知"要么是"无知"。而"技艺"和"知识"一样。

差异以及作为一门技艺所应该满足的条件。

　　前面提到，柏拉图以算术和医术为例证明，判断在关于"数"的问题上的好的言说者与坏的言说者的权威乃是拥有算术技艺的算术师本人而非其他任何人，因为只有他能够以他本身所拥有的技艺或知识来言说这门技艺，而诗人或游吟歌者却只能借助自身以外的某个资源，如神启。柏拉图显然承认只有算术师和医生才是真正的技师，他们的技艺是真正的技艺，他们提供了诗人或游吟歌者所无法满足的标准，那就是，一个真正的技师必须有能力鉴别其自身领域中的好的言说者与坏的言说者；达到这一点的前提无疑是，一个真正的技师必须有能力解释整个这一领域的主题事物；而这似乎蕴含了一个更深的前提：一个真正的技师必须有关于整个这一领域的主题事物的知识。"技能—知识—语言表述"的高度统一乃是柏拉图哲学的最隐秘的前提。这里，"技能"蕴含了"产品或成就"（ἔργον）之为某种实在，而合理的语言表述（λόγος）只是技艺性知识的必要条件和内在要素，就其本身而言不足以成为技艺（τέχνη）。这似乎意味着任何诸如诗歌或吟诗那样的所谓"语言艺术"本身其实都不是τέχνη；所谓的"语言艺术"（λόγου τέχνη）是不可能的。

　　以早期对话常用的方式来例示：如果你拥有作为一种技艺的"勇敢"——亦即你是个"勇敢"的人，你就必定拥有关于"勇敢"的知识——知道什么是"勇敢"，那么你就必定能够说出什么是"勇敢"——"勇敢"的定义；反之，如果你作为一个言说者，并不具有关于你所言说的主题事物的知识，更没有实践这一主题的能力，那么你所说的一切不是谬误就是废话：如果你并不是个"勇敢"的人，那么你就不可能知道什么是"勇敢"，你关于"勇敢"所说的一切都是胡说八道！

于是，我们可以从"技能—知识—语言表述"的统一性中引申出另一个更加严苛而又隐秘的准则，即"技师—技艺功能—对象或目标"的统一性原理。[①] 如果辨识好的言说者的能力与辨识坏的言说者的能力在同一个人身上结合了起来，那么这个人所辨识的对象必然是一个同时包含了好与坏的双重的对象。这意味着，从认识上说，认识一对象之官能以某种方式决定了这个对象的性质，反之，被认识之对象以某种方式决定了那认识它的官能的性质[②]；而就我们目前的讨论而言，似乎可以说，把握或实现某一对象或目标之技艺功能以某种方式决定了这对象或目标的性质，反之，要被把握或实现的对象或目标以某种方式决定了那把握或实现它的技艺功能的性质。这只是上述原理的一个方面。

它的另一方面是：拥有一种技艺功能的人同样由其所拥有的这种技艺功能决定其性质与职能。因为某人能够辨识出关于健康食品的好的言说者与坏的言说者，所以我们称他为"医生"。这就意味着，作为技师的人与其技艺功能之间没有实质性的差别：作为技师的人是其技艺功能的具体显现，技艺功能是作为技师的人的身份的来源。所以当苏格拉底询问"高尔吉亚是谁？"时，正确的回答只能是"演说家"（参考《高尔吉亚》）。再进一步说，技艺或知识是"自我的根源"，是判断一个人有无"自我"或"自性"或"个性"的

---

① 这里我们借鉴了斯普拉格（Sprague）教授的"expert—faculty—object"原理，参见 Rosamond Kent Sprague, *Plato's Philosopher-King: A Study of the Theoretical Background* (Columbia: Univ. of South Carolina Press, 1976), Preface, p. xiv。

② Sprague, p. 9.

唯一准绳。①

　　值得注意的是，《伊翁》所呈现的"技师—技艺功能—对象或目标"的统一架构，实际上也渗透了构成柏拉图思想之核心的"关于好与坏（善与恶）的知识"：技师乃是那个认识以好的言说者与坏的言说者为表征之"好与坏（善与恶）"的人，反过来，好的言说者与坏的言说者，作为被认识的对象，构成了一个自在地是好的与坏的或善的与恶的之整体。② 这样，技艺或拥有技艺的人又获得了一个更为普遍、必要和严苛的要求或特征：**拥有关于好与坏或善与恶的知识**。然而，《伊翁》与柏拉图早期道德对话之间这一内在关联似乎被极大地忽视了。

二

　　对伊翁来说，无论是专属于某一主题的系统完整的知识还是关于好与坏（善与恶）的知识，都是他以及他的技艺所不具备的，不过他还是希望对他的"职业活动"有所界定，于是引出了所谓的"柏拉图诗学理论"。苏格拉底说：

　　　　因为，正如我刚才所说的，你美妙地解说荷马所依据的

---

① Raphael Woolf 就此认为《伊翁》蕴涵了一个"行动中的自我理论"（the theory of selfhood in agency）：只有知识使得一个人能够控制他的信念，从而控制源于他的这些信念的各种事件；因此只有知识可以被适当地称为产生了行动，从而只有那些有知识的人可以被适当地视为行动者；行动与行动者相互预设；既然只有知识使得一个人成为一个行动者，那么这个"自我"就是有知识的自我；自我就意味着控制使某人成为一个行动者的那些信念，但这个规范性的自我并不是每个人都能达到的。参见 Raphael Woolf, "The Self in *Ion*," *Apeiron*, vol. 30, no. 3 (1973), pp. 189 – 210。

② Raphael Woolf, "The Self in *Ion*," *Apeiron*, vol. 30, no. 3 (1973), pp. 189 – 210.

并不是技艺，而是一种神力（θεία δύναμις），它推动你，恰如一块"磁石"推动铁环——欧里庇得斯这么称呼它，但大多数人称之为"赫拉克勒斯石"。因为这石头不仅吸引铁环，而且还将力置入铁环中，由此这些铁环也能够像这石头一样吸引其他的铁环；从而有时就形成铁片和铁环的长链，彼此悬挂；而所有这一切中的力都依赖于这块石头。以同样的方式，缪斯自己将灵感赋予了人，然后通过这些被赋予了灵感的人，再传给了其他人并将他们悬结成一个链条（οὕτω δὲ καὶ ἡ Μοῦσα ἐνθέους μὲν ποιεῖ αὐτή, διὰ δὲ τῶν ἐνθέων τούτων ἄλλων ἐνθουσιαζόντων ὁρμαθὸς ἐξαρτᾶται）。所有好的史诗诗人都不是出于技艺（οὐκ ἐκ τέχνης），而是被赋予灵感、被附体了（ἔνθεοι ὄντες καὶ κατεχόμενοι），他们就这样道出许多美妙的诗篇。正如克吕班特们跳舞时神智不清，抒情诗人们创作这些美妙的诗篇也是神智不清（οὐκ ἔμφρονες ὄντες），相反，每当他们沉浸在谐乐和韵律之中，他们就被酒神的迷狂所占有。恰如酒神崇拜者们迷狂而神志不清时从河里吸饮蜜和奶，抒情诗人们的灵魂也做同样的事情，如他们自己所说的。当然，诗人们告诉我们，他们在缪斯的丛林和花园的流蜜的泉源中采集诗歌——并且仿佛蜜蜂一般飞舞着将诗歌带给我们。而他们说的是真话。因为诗人是一种轻盈的、有翼的、超凡的东西，当且仅当他被赋予灵感、神智出窍、心不在焉时才能作诗：只要人们保有其心智，就完全没有能力作诗或吟唱谕言。所以，不是由于技艺（οὐ τέχνῃ），他们创作和吟诵许多有关各种事迹的美丽诗篇（譬如你之于荷马）——而是由于神的命定（θεία μοίρᾳ）——每一位诗人都只能完美地创作缪斯所启示于他的，这人能作διθυράμβους

（赞美酒神的狂诗），那人能作 ἐγκώμια（颂歌），这人能作
ὑπορχήματα（舞歌），那人能作 ἔπη（史诗），又有人能作
ἰάμβους（格律诗）；而他们中的每一个对于其他类型的诗歌
来说无足轻重。因为他们发表这一切不是由于技艺，而是由
于神力（θεία δυνάμει）；因为，假如他们知道如何通过技艺
来表达一类主题，那么他们也会知道如何通过技艺来表达一
切其他主题。正因为此，神将这些人的心灵拿走，并把他们
当作奴仆来使用，正如他之使用预言家和占卜师，以便我们
这些聆听者能够知道他们并不是具有如此巨大价值的诗句的
陈说者，因为他们的心灵并不在场（νοῦς μὴ πάρεστιν），
相反，神自己是说话者，它通过他们向我们发话。我这种
说法的最佳证明是查尔基底人图尼克斯，他从未写过一
首值得称道的诗，除了那首人人吟唱的赞美诗，几乎是
抒情诗中最美丽的，也只是——如他自己所说的——
"缪斯的创造"。因为在我看来，神想通过他来提示我们，
以便我们不会怀疑这些美妙的诗歌既非出于人也非属于
人，而是出于神且属于神的；诗人们只不过是神的传释
者，被附体于他们的神所控制。这表明：神有意通过最
卑贱的诗人吟唱最美丽的抒情诗：难道你不认为我说得
对吗，伊翁？（《伊翁》533d—535a）

这段话有几个方面值得注意：

（1）柏拉图在这里似乎肯定了两类理智活动：一类是所
谓的"出于技艺"的，以及使用既有知识，尤其是遵循已知
的规则和原理；另一类是依赖于神力的原创。很多人会以为
诗人（如荷马）或游吟歌者（如伊翁）的活动属于后一种具
有原创性的活动，从而应该高于技艺才是，其实不然。尽管

柏拉图并不否认原创的作品可能有很高的价值，但这不意味着就应该高估显示出这种原创性的人，因为这种原创性归因于神力而非任何人的理智活动，说出这些好东西的不是诗人而是神，是神借诗人发话，诗人仅是工具或媒介；诗歌的真正作者不是诗人，而是神。因此，在一切原创活动中，作品与作者，在这里是诗歌与诗人，应该得到区别对待：作品——如诗歌——可以称得上是有价值的，但诗人却不被认为是好的。诗歌与哲学之间本无所谓"争吵"，诗人与哲学家也可以相安无事——假如诗人不像《申辩》里所描述的那样自诩有知识的话。① 所以一方面我们看到柏拉图毫不吝啬地赞美神所赋予诗人的灵感和诗歌作品的美妙②，但另一方面却又毫不留情地抨击伊翁，因为伊翁认为他的传释活动必定包含了理智或知识的成分。③

（2）从"赫拉克勒斯之石"的隐喻反观，"神"处于原创活动的开端，是"力"的发源之地，离这个开端愈远的环节，其所包含的"力"就愈弱，但诸环节之间没有本质的区别：荷马低于占卜师，伊翁又低于荷马；诗人（荷马）是"诸神的传释者"，那么游吟歌者（伊翁）就是"传释者的传释者"（ἑρμηνέων ἑρμηνῆς），但他们都不具备"一阶技艺"，因为真正拥有一阶技艺或真正的技艺的人不应该只是传释者，更不用说是"传释者的传释者"了！所以，诗人和游吟歌者最卑贱。

（3）技艺或知识与"神的分派"（θεία μοίρα）的一个本质区别是，前者是一个结构性的整体，而后者是零零碎碎的。不

---

① 《申辩》22A—C。
② καλός的使用极为频繁，尤其在我们所引证的这一段里。
③ "τὸν γὰρ ῥαψῳδὸν ἑρμηνέα δεῖ τοῦ ποιητοῦ τῆς διανοίας γίγνεσθαι τοῖς ἀκούουσι· τοῦτο δὲ καλῶς ποιεῖν μὴ γιγνώσκοντα ὅτι λέγει ὁ ποιητὴς ἀδύνατον. ταῦτα οὖν πάντα ἄξια ζηλοῦσθαι." (《伊翁》530C)

同种类的诗人由不同的神所启发，不同的游吟歌者由不同的诗人所启发，不同的诗人之间、不同题材和类型的诗歌之间没有内在的关联，因此某个诗人只能做出特定种类的诗歌，游吟歌者只会吟唱某个诗人而不会其他；诗人与游吟歌者的职业活动的"零碎性"由此可见一斑。相反，技艺或知识是一个系统的整体（τὸ ὅλον，532C9，E5）；把一门技艺与另一门技艺相区别的是其不同的特定主题，但是把技艺与非技艺相区别的则是技艺本身必须是一个系统的整体。这也解释了为什么同样是和"诗歌"一样被我们现代人称为"艺术"，柏拉图却没有把"绘画"与"雕刻"和诸如医术与算术等实用技艺相区别，因为至少它们全都是一阶技艺，都有一个确定的主题，都有一系列专属于它们的具有普遍适用性的规则和原理，也就是说，都是一个系统的整体。

（4）诗人的活动既不属于技艺又没有原创性的根本原因是，他们的心灵在其创作或吟诵活动中被诸神所赋予的灵感所占有和控制，从而神智不清（οὐκ ἔμφρονες ὄντες）和心不在焉（νοῦς μὴ πάρεστιν）。这表明，控制或被控制也是技艺与非技艺的分界线：既然是神而非诗人对诗歌作品有所有权，诗人之为诗人的一切活动都是被动的，他甚至没有"行动的自决权"，在这个意义上可以说，他连"自我"都没有；在一个由各种各样、不同层次的技师构成的社会中，诗人和游吟歌者都只能是没有任何身份的人；如果一个人的人格是由他在其社会中的身份所确立的话，那么他们甚至不配被称为完全意义上的"人"！相反，技师对其技艺拥有所有权，技艺活动首先是一种主动地运用既定规则和原理的思想活动，技师之为技师对其自身的心灵及其活动内容有绝对的控制，其次才能有效地控制他的产品。如果说主动"控制"就是技师的特征的话，那么在实施控制的过程中那些认知的方面就构成了技师的"自我"或"人格"。只有当一个人拥有技艺性知识时才是一个真正意义上的"人"；拥有技艺与拥有人格身份是一回事。

（5）既然诗歌作为通常所理解的"语言的艺术"真正说来是神的创造，诗人仅仅是神的代言人，那么诗人的活动本身无关乎是非、善恶、美丑，神让他们说什么他们就说什么，诗人不会关心其中所蕴含的是非、善恶、美丑，也不必对自身的活动及其后果负责。诗歌和诗人的这种价值中立或非道德主义倾向从根本上颠覆了他们原来所担当的道德教化的合法地位。这从反面证明了，一种真实有效的语言或言说取决于它是不是一门技艺或知识的表达。教化依赖于语言，语言取决于技艺：既然诗人以及与诗人类似的智者和演说家都没有真正的技艺，他们那混淆了是非、善恶、美丑的语言只会败坏而非提升希腊人的灵魂，从而无权担当希腊人的老师。

三

第一部分的论辩表明伊翁作为游吟歌者的解说与吟诵活动如果仅限于荷马史诗，那就过于狭隘，而不足以成为一门技艺；与此形成对照的是，第三部分的论辩表明，如果伊翁的解说与吟诵的主题过于宽泛，同样不符合技艺的标准。

既然伊翁自称为"荷马专家"，苏格拉底就追问他擅长诠释和吟诵荷马史诗中的什么事情，没想到自负的伊翁的回答是"所有事情，无一例外"，完全出乎苏格拉底的意料。不过，伊翁还是中了苏格拉底的圈套，因为攻击这类全称判断乃是苏格拉底的拿手好戏。不过我们所关心的是他在反驳过程中所显露出来的对技艺的各种规定，因为他的目标很明确，就是要否定诗歌或诗歌诠释是一门技艺，而这种否定必然隐含了否定所依据的标准。苏格拉底的论证如下：

（1）在某些事情上，如赛马方面，驭手而非医生是判断荷马讲的是否正确的更好的裁判（537C）（这是第一部分论辩的反驳3）；

（2）因为，每一门技艺都被神分派了认识某一特定工作的能力（537C）；

（3）所以，一门技艺的特定工作不能被另一门技艺所认识；例如从"医术"所知的东西不可能从"航海术"所知的东西中获得，从"木工"的知识学不到"医术"的知识（537C—D）；

（4）亦即，技艺与技艺之间由于其各自所属的知识（ἐπιστήμη）种类的不同而彼此有别（537D）；

（5）如果两门技艺是关于同一些事情的知识，那么它们就是同一门技艺；例如我和你都知道我们每只手有五个指头，就是由于同一门计数的技艺而非两门不同的技艺（537E）；

（6）由相同的技艺得到相同的知识，由不同的技艺得到不同的知识（538A）；

（7）技艺之间不可相互僭越："没有某种技艺的人将不可能很好地知道有关这门技艺的工作与言说（或实践与理论）"（538A）；

（8）相反，拥有这门技艺的人最有资格评判有关这门技艺的工作与言说之好与坏（538B—539D）。

从"技师—专门知识—特定领域的工作"的严格对应中，我们获得了柏拉图技艺理论至关重要的原则——个体化原则：一门技艺同时由其特定的工作（或功能或主题或对象或目标①）所界定和个体化。这一原则规定了不同的技艺之间绝对不可彼此僭越，即使一个人同时拥有两门技艺，如驭马术和弹奏竖琴，那也是因为他拥有两种不同的专门知识，甚至可以说他像一个分裂为二的人，但无论如何，他只能用特定的技艺去解决相应的问题，决不会用弹琴技艺来驾驭赛马，或用驭马术来弹奏竖琴（540E）。

至此，伊翁不得不承认对于荷马史诗中有关各种技艺——如驭马术、医术、渔术、占卜术等——的描述，不是游吟歌者，而是这些技艺的专家们——驭马师、医生、渔夫、占卜师等——最有能力做出最好的评判。应该说，柏拉图这里的论证隐然使用了前述一阶技艺、二阶技艺和三阶技艺的划分：既然三阶技艺的拥有者不具备一阶技艺，那就没有能力辨识二阶技艺的好坏；既然作为游吟歌者的伊翁不具备所有一阶技艺的知识，那么他不仅不可能像他自己所说的那样擅长解说"所有事情，无一例外"，甚至对荷马本身也不可能有发言权了；以此类推，与一阶技艺的拥有者们相比，诗人（如荷马）和游吟歌者（如伊翁）之间也只是五十步和百步的区别了。这里容易被忽视的是，一阶技艺与二阶或三阶技艺的根本差别在于后者是关于"语言"本身的"技艺"，而前者只是将语言表述或论理（λόγος）视为该技艺不可或缺的构成要素或必要条件，语言表述或论理本身不能脱离该技艺，更不能视语言表述或论理为构成某种语言技艺的充分条件；换言之，有关某一阶技艺的言说

---

① 柏拉图用同一个词ἔργον表示所有这一切。

（λόγος）必指向该技艺的 ἔργον（功能、成就、产品、业绩），λόγος 与 ἔργον 实际上构成了技艺之为技艺的实在性，不指向特定 ἔργον 的 λόγος 本身不足以成为技艺。所以，与其说是柏拉图偏爱一阶技艺，不如说是他对二阶或三阶技艺本质上只是"语言艺术"的拒斥。① 尽管这里据以批判诗歌之"技艺"的标准是以一阶技艺为范式而确立的，但柏拉图的本意还是在于强调 λόγος 与 ἔργον 在知识或技艺中的不可分离性，所以在其他语境中，他也会反过来强调缺乏 λόγος 的 ἔργον 也不是真正的技艺。② 我们将看到，这里既有现实的政治道德方面的考量，又不乏形而上学的蕴涵。就前一方面而言，他要通过揭露诗人（以及演说家，这是《高尔吉亚》的内容）等所谓的"语言艺术家"的无技艺性而剥夺其作为"教育者"的资格，但正是诉诸技艺，他的这一"政治道德"甚或"文艺批评"活动才获得了形而上学的深度支持，因为在他心目中，唯有真正的技艺指向实在，也唯有指向实在的技艺才能具有最强大、最现实的说服力，一种任何"语言艺术"都难以企及的说服力。从这一点上讲，大多数诠释者都误解了《伊翁》最后部分的论辩的实质。

伊翁失却了其最后的堡垒，但苏格拉底却不依不饶、紧追不舍，要求他从荷马史诗中挑出那些属于游吟歌者及其技艺的段落，那些对之游吟歌者能够比其他任何人都更好地做出判断与考虑的段落（539D—E）。合乎逻辑的、坦率的回答应该是"无"，但伊翁的回答却是"一切"。苏格拉底骂他健忘。既然

---

① 尽管 Sprague 在 *Plato's Philosopher-King* 中作了这样的区分，但没有意识到"语言"问题在这种区分中的重要性，所以他在这种区分基础上所做的有关柏拉图思想发展的论述是值得怀疑的。

② "τέχνην δὲ αὐτὴν οὔ φημι εἶναι ἀλλ' ἐμπειρίαν ὅτι οὐκ ἔχει λόγον οὐδένα ᾧ προσφέρει ἃ προσφέρει ὁποῖ' ἄττα τὴν φύσιν ἐστίν ὥστε τὴν αἰτίαν ἑκάστου μὴ ἔχειν εἰπεῖν ἐγὼ δὲ τέχνην οὐ καλῶ ὃ ἂν ᾖ ἄλογον πρᾶγμα ."（《高尔吉亚》465 A）

游吟歌者都以记忆力出众为豪，那么伊翁此刻已无地自容了：作为一名游吟歌者，不仅不能自诩有技艺，而且最终落得浑身上下一无是处。这当然也是将柏拉图的"技师—技艺功能—对象或目标"的统一性原理贯彻到底所不可避免的结局。

伊翁接下来的答复对于反击苏格拉底的游吟歌者"百无一用论"毫无意义，但引出了柏拉图本人对于技艺的另一个富有深意又不易察觉的规定。

伊翁试图不以拥有专门技艺的技师的事情而用较为抽象笼统的"男人"与"女人"等来规避苏格拉底对于游吟歌者一无所知、一无所能的贬斥。他认为他所知道的包括"适合于男人或女人、奴隶或自由人、被领导者或领导者言说的事情（ὁποῖα ἀρχομένῳ καὶ ὁποῖα ἄρχοντι）"（540B）。苏格拉底随即追问（540B—C）：

> Ἆρα ὁποῖα ἄρχοντι, λέγεις, ἐν θαλάττῃ χειμαζομένου πλοίου πρέπει εἰπεῖν, ὁ ῥαψῳδὸς γνώσεται κάλλιον ἢ ὁ κυβερνήτης; ... Ἀλλ᾽ ὁποῖα ἄρχοντι κάμνοντος πρέπει εἰπεῖν, ὁ ῥαψῳδὸς γνώσεται κάλλιον ἢ ὁ ἰατρός;
>
> 你是说游吟歌者比船长更明白一艘在海上遭受风暴袭击的船只的领导者所应该说的那种事情？……游吟歌者比医生更明白病人之领导者所应该说的那种事情？

苏格拉底这里的论辩似乎重复了前面依据技艺的个体化原则而做的驳斥，并无多少新意，但值得我们注意的是柏拉图在此将"船长"（κυβερνήτης）与"海上的领导者"（ἄρχοντι ἐν θαλάττῃ）以及"医生"（ἰατρός）与"病人的领导者"（ἄρχοντι κάμνοντος）并举：掌握一门技艺的技师乃是一个"领导者"（ἄρχον）。这种措词绝非偶然，我们可以用柏拉图的方式描述其他技师，譬如，牧牛者（βουκόλος）是牛群（βοῶν）的领导者，纺织女（ταλασιουργῷ）是羊毛（ἐρίων）的领导者，骑士（ἱππεὺς）是马匹（ἵππος）的领导者……这是否意味着，技艺无非是领导者（ἄρχον）领导（ἄρχειν）被领导者（ἄρχουσα）的活动？我们在其他对话里找到了一些类似的用语和观点：

ΣΩ. ... ὥσπερ εἰ σὲ ἐγὼ ἐρωτῴην, **πάντων ἄρχουσα ἡ ἰατρικὴ ὧν ἄρχει**, τί ἔργον παρέχεται; οὐ τὴν ὑγίειαν ⟨ἂν⟩ φαίης;

ΚΡ. Ἔγωγε.

ΣΩ. Τί δὲ ἡ ὑμετέρα τέχνη ἡ γεωργία; **πάντων ἄρχουσα ὧν ἄρχει**, τί [ἔργον] ἀπεργάζεται; οὐ τὴν τροφὴν ἂν φαίης τὴν ἐκ τῆς γῆς παρέχειν ἡμῖν;

ΚΡ. Ἔγωγε.

ΣΩ. Τί δὲ ἡ βασιλικὴ **πάντων ἄρχουσα ὧν ἄρχει**; τί ἀπεργάζεται; ἴσως οὐ πάνυ γ' εὐπορεῖς.

苏格拉底：如果我问你，当医术领导一切被领导者时会产生什么结果，你不会说是健康吗？

克里同：是的，我会。

苏格拉底：你自己的耕作技艺又如何呢？当它领导一切被领导者时，会产生什么结果呢？你不会说它从地里给我们提供食物吗？

克里同：是的，我会。

苏格拉底：那么政治技艺又如何呢，当它领导一切被领导者时，它会产生什么？也许这回你不会如此轻易地找

到答案了。(《欧绪德姆》291E4—292a5)

Τί δὲ κυβερνήτης; ὁ ὀρθῶς κυβερνήτης **ναυτῶν ἄρχων** ἐστὶν ἢ ναύτης;

Ναυτῶν ἄρχων.

Οὐδὲν οἶμαι τοῦτο ὑπολογιστέον, ὅτι πλεῖ ἐν τῇ νηί, οὐδ' ἐστὶν κλητέος ναύτης· οὐ γὰρ κατὰ τὸ πλεῖν κυβερνήτης καλεῖται, ἀλλὰ **κατὰ τὴν τέχνην καὶ τὴν τῶν ναυτῶν ἀρχήν.**

舵手是什么呢? 真正的舵手是水手的领导呢还是水手? ——水手的领导。——我认为, 我们无须考虑他在船上航行这一事实, 他也不该因此而被称为水手; 因为他被称为舵手不是由于他的航行而是由于他的技艺或他对水手们的领导。(《理想国》341C9—D3)

从这两段文字本身以及其各自的语境来看, 至少它们有一个共同的特征, 那就是都将普通的技艺与政治相联系: 前者通过类比政治与其他技艺而寻求政治之为技艺的结果或成就; 后者则试图从普通技艺的特征推论政治之为技艺的一般原则, 例如严格意义上的"领导者"并不追求他自身的利益而是追求"被领导者"的利益。由此可见, 柏拉图在技艺问题上的一个未曾明言的预设: 一方面, 技艺都包含"领导者"领导"被领导者"的活动, 那么凡是技艺都应该具有一定的政治色彩; 另一方面, 既然政治也是一门技艺, 就应该符合技艺的基本准则。技艺与政治在柏拉图这里获得了一种相互规定的关系。可以预见, 技艺的政治性与政治的技艺性的高度统一与完美体现乃是理想城邦的必要且充分的条件, 不过在达到这一点之前, 柏拉图尚需解决政治之为技艺的合法性问题以及政治技艺与其他技艺的关系问题，首要的自然是澄清"语言艺术"与"政治技艺"的关系，从理论上彻底排除单纯"语言艺术"成为"政治技艺"的可能性——尽管雅典民主政治的实践已经将这种可能性变成了现实。

然而，《伊翁》至此为止的论辩似乎还没有显露出明确的政治意向或动机，难道我们上述讨论仅是一厢情愿的过度诠释吗？答案是否定的。我们看到对话最后部分的论辩紧紧围绕着在雅典政治生活中举足轻重的一类技师——将军（στρατηγός）。

伊翁认为像他那样的游吟歌者能言说一切技艺，其中也包括"将军之术"（στρατηγική），因为他自以为知道一个将军在激励部下时应该说什么。苏格拉底依然用技艺的个体化原则来应对伊翁的僭越：如果按照伊翁的逻辑推论，那么游吟歌者的技艺和将军的技艺就不能不是同一种技艺，那么"好的游吟歌者就是好的将军"，同时，"好的将军也就是好的游吟歌者"（541A）——这意味着所有二阶技艺都可为一阶技艺所取代，更不用说三阶技艺了；后一推论不是伊翁所能接受的，但代价却是逻辑上前后不一、自相矛盾。再退一步从事实上也可印证伊翁的僭越不可能有实际的功效，因为即便承认他既是希腊最好的游吟歌者又是希腊最好的将军，那么为什么他要作为一名游吟歌者而不是作为一名将军游走于希腊诸城邦之间？难道希腊更需要歌者而非将军吗？伊翁抱怨因为自己不是雅典人而"怀才不遇"，但实际上雅典选择了多名非雅典人担任将军或其他要职，看来雅典更在乎他们的才能而无视其"籍贯"。苏格拉底最终逼迫伊翁承认，他之所以能够赞美荷马，靠的不是技艺而是神赐。

这里的论辩本身就其形式而言在很大程度上是重复了前面的套路，关键在于其讨论的主题：为什么是"将军"？

如果我们设身处地为柏拉图考虑，似乎可以找到两方面的理由。

首先，就"将军"的技艺和诗歌或诗歌吟诵之为语言技艺的关系而言，表面上看，两者风马牛不相及，其实有相通之处，至少在伊翁或诸如伊翁那样以语言为其营生的人看来，"将军之术"在某种意义上说也是语言艺术，我们看到《伊翁》对将军之术的唯一描述是"将军劝说其所统率者"（στρατηγῷ στρατιώταις παραινοῦντι, 540D）——将军的技艺显然远远不止于此，可苏格拉底单挑这一点说事，是因为伊翁不仅相信所有涉及领导者与被领导者之间的关系的技艺都含有不同程度的"劝说"的成分，而且和舵手对水手、医生对病人甚至牧牛者对牛群、织女对羊毛的"劝说"相比，"将军"对"士兵"的"劝说"之"技术含量"要少得多，无非是鼓舞士气、激发斗志而已！

对语言的迷信自然导致对语言艺术家的迷信，同时低估了技艺本身和真正的技师的各自的不可取代、不可僭越的功能。纵然我们承认所有技艺都不同程度地涉及语言——尤其在"人事"上更为明显，但"语言"不能因此而主宰技艺本身，特别是当这语言与技艺相互外在的时候，语言只是表达了技艺的某些内容，甚至仅是其肤浅的内容，而非技艺的实质。我们说过，"技能—知识—语言表述"的高度统一乃是柏拉图哲学的最隐秘的前提，这一方面是说，有 X 的技艺 = 有 X 的知识 = 能够言说 X（我们用" = "表示"必然的蕴涵"），那么很明显，柏拉图的目标是要将语言和知识还原为技艺，只有以技艺为其内在支持的知识和言说才是真正的知识和真实的言说，没有"技艺"亦即"实在"支持的语言本身不足以成为技艺，并不存在所谓的"语言的艺术"——这构成了我们后面要讨论的《普罗泰戈拉》和《高尔吉亚》的基本内容。与此相反，伊翁以及绝大多数自诩的"语言艺术家"都有这样一个先入之见，即：能够言说 X = 有 X 的知识 = 有 X 的技艺。持这种看法的人恐怕不只有伊翁或游吟歌者，应该说，民主制度助长了雅典人对于语言的迷信和对语言艺术家的崇拜，这种迷信和崇拜又不可避免地激励这些自以为是的"艺术家"僭越到其他技术领域而不自知，甚至于把所有其他技艺都仅视为语言游戏，其对政治甚至整个雅典社会生活的危害不难想象。"民主制度"和"语言技艺"之间的这种恶性循环正是柏拉图力求克服的顽症。对此，仅仅否定伊翁这类人的"能够言说 X = 有 X 的知识 = 有 X 的技艺"是不够的，关键在于，什么样的言说才算是有"技艺"或"实在"支持的真实的言说？这个超出了《伊翁》讨论范围的问题恰好构成了"定义"类对话——《拉凯斯》《卡尔米德》《欧绪弗洛》等——的出发点。

其次，就"将军"在古典时代的雅典的独特政治地位而言，我们发现一个非常有趣的事实：那个被我们译成"政治家"或"politician"的希腊词"πολιτικός"，其实是特指"ῥητήρ καίστρατηγός"（演说家和将军）① 的！

历史学家按照政治活动把民主制下的雅典人分为三个群体：首先是一小部分对政治持消极态度的公民，不参加公民大会，也不自愿竞选执政官的职位；其次是一大群参加公民大会并且担任法院的立法者和陪审员的公民，不过这一大群公民参与政治仅限于倾听和投票，不在讨论中发出自己的声音；最后是一小撮发表和提出动议的人，他们是真正的政治活跃分子，是公民大会上的演说者、立法和公共诉讼的策动者，他们的活动多

① Mogens Herman Hansen, *The Athenian Democracy in the Age of Demosthenes* (Oxford: Blackwell, 1991), pp. 266 – 277。

少有点职业性，正是这最后一群活跃分子被称为雅典的"政治家"①。

　　作为"政治家"的"演说家和将军"的角色有时是分离的，但很多时候又集中到某一个人身上。"演说家"是公民大会或议会或法院或立法会上的各种事情的提议者或提出议案的人，也包括支持或反对别人所提动议的人，它有两个同义词，其中之一的ὁ πολιτευόμενος意为"主动行使其公民权的人"，另一个δημᾰγωγός，本义为"民众的领导者"，但民主制的反对者常常在"煽动者"和"蛊惑者"的意义上使用它。跟演说家的"自告奋勇"不同，"将军"是由十位当选的执政官选出的，其职责不仅包括指挥雅典军队，还包括处理许多重要的非军事性事务，例如，他们主持人民法院审理一切涉及军法的案子、调解三层桨舰艇指挥官们的纠纷；他们有权出席议会并发言，任何时候都无须回避；在与邻邦签订协议时，通常由他们和议员一道代表城邦宣誓。雅典人严格限制执政官的权力，但将军是例外：他们是被选出来的，但不是通过抽签而被选中的；而且他们可以无限制地反复入选。这种特殊地位显然是势所必然："古典时代的雅典是一个在其中战争是常态、和平是例外的社会。"② 既然如此，当将军和演说家一道作为民主制的政治领导者被相提并论时，我们无需感到惊奇。

　　不过，令柏拉图感到揪心的可能是这样一个事实，即，"演说家和将军"（ῥήτηρ καί στρατηγός）虽然因为其代表的是两种不同的政治领导技术而有不同的来源，但是当时的雅典没有什

---

① Mogens Herman Hansen, *The Athenian Democracy in the Age of Demosthenes* (Oxford: Blackwell, 1991), p. 267.

② Mogens Herman Hansen, *The Athenian Democracy in the Age of Demosthenes* (Oxford: Blackwell, 1991), p. 269.

么能够阻止同一个公民同时担任这双重角色，甚至在公元前5世纪的雅典这是最正常的事情，如，忒弥斯托克勒斯、阿里斯忒德、吉蒙、伯利克里、克莱翁、尼基阿斯和阿尔基比阿德等赫赫有名的当选将军，同时又作为公民大会上的发言者和提案人主导着雅典的政治进程。也许，在某些时候，不同技艺之间的相互僭越所产生的不良后果在这些卓越的领导人身上变得无足轻重，但城邦政治生活却也因此而毫无确定性可言。

问题在于决定城邦命运的"政治的技艺"就是演说家的"言论"（λόγος）与将军的"功业"（ἔργον）的简单相加吗？如果答案是否定的，那么"政治"作为"技艺"有没有属于它自身的内在统一的λόγος与ἔργον？如果有，它们是什么？

这样，在这篇久被忽视的小对话中，我们发现了柏拉图哲学的真实起点。

作者简介：宋继杰，哲学博士，清华大学人文学院哲学系教授，博士研究生导师，研究方向为古希腊哲学、欧洲现代哲学等。

第欧根尼的"无耻"之辨正[*]

于江霞

摘要：作为古希腊昔尼克派的创立者，第欧根尼在世说传统中常以"无耻"形象示人，这不仅引起反对者对其道德哲学的攻击唾弃，而且还令他的追随者都哑口难仿。然而这一形象并非一种道德退化的表现，而恰恰代表着医治道德退化现象的一种"高调"的伦理努力。透过第欧根尼公开的夸张、戏仿言行以及坚持不懈的德性训练，可以说其蓄意、一贯的"无耻"生活方式正是他用以推销其伦理主张、毁损习俗和扫清社会烟雾的带有理智慎思的哲学工具，传递的则是其始终关切的简易、自制、自足、自由等重要价值。

关键词：第欧根尼；无耻；价值；习俗；自然

作为古希腊昔尼克派的真正创立者，锡诺普的第欧根尼（Diogenes of Sinope，c. 404－323 BCE）的哲学与实践一直备受争议，后人评价褒贬不一。这在虚实相间的世说传统下尤

　＊ 本文最初发表于《伦理学研究》2020 年第 3 期。基金资助：国家社会科学基金重大项目"希腊罗马伦理学综合研究"（13&ZD065）。

为如此。① 虽然爱比克泰德、塞涅卡、朱利安等古代哲学家都赋予其"贤哲""王者",甚至"神"一般的美誉,卢梭、狄德罗、尼采等近现代哲学家也对其哲学颇感兴趣,但历史上看不惯他惊世骇俗的外表与行为,瞧不起其无智识、反人类的学说与言论的哲学家亦大有人在。例如,柏拉图骂他是"发了疯的苏格拉底"(*DL* 6.54; Aelian, *Varia Historia* XIV. 33)②,西塞罗、奥古斯丁视他为无耻之人,黑格尔则说他抛弃了伦理③。事实上,第欧根尼的"无耻"(ἀναίδεια)甚至让其追随者都颇为尴尬,更难以效仿。由于羞耻同样也是希腊

---

① 通常认为,世说(单数χρεία,复数χρεῖαι,主要由轶事、趣闻、格言构成)传统作为一种虚构和历史的混合体,传达了哲学家的精神或个性(χαρακτήρ),甚至某些观念。作为修辞学教育的基石,世说最重要的特点就是其有用性,即可以作为范例,通过凸显哲学家的品性和气质而以一种活生生的方式达到某种教育、示范的效果。相关的讨论可参见 J. F. Kindstrand, "Diogenes Laertius and the *Chreia* Tradition," *Elenchos*, 1986 (7), pp. 219 – 243; Derek Krueger, "The Bawdy and Society: The Shamelessness of Diogenes in Roman Imperial Culture," in R. B. Branham and M. -O. Goulet-Cazé (eds.), *The Cynics: The Cynic Movement in Antiquity and its Legacy* (Berkeley and Los Angeles: University of California Press, 1996), pp. 223 – 224. 克鲁格尔(Derek Krueger)在该文中指出,关于第欧根尼的世说可能居于古代名人之首(p. 224)。

② 本文用*DL*指拉尔修的《名哲言行录》,英译本见 Hicks, R. D. (trans.), *Diogenes Laertius: Lives of Eminent Philosophers* (Cambridge, MA: Harvard University Press, 1925),中译本见第欧根尼·拉尔修《名哲言行录》,徐开来、溥林译,广西师范大学出版社 2010 年版;第欧根尼·拉尔修:《名哲言行录》,马永翔等译,吉林人民出版社 2003 年版;用 *Diss.* 来指爱比克泰德的《论说集》,英文版见 Oldfather, W. A. (trans.), *Epictetus: The Discourses as reported by Arrian, the Manual, and Fragments*, vols. 2 (London and Cambridge, Mass.: Harvard University Press, 1925 – 1928); Robin Hard (trans.), *The Discourses of Epictetus* (London: Everyman, 1995),中译版见爱比克泰德《爱比克泰德论说集》,王文华译,商务印书馆 2009 年版;爱比克泰德:《哲学谈话录》,吴欲波等译,中国社会科学出版社 2004 年版。

③ 黑格尔:《哲学史讲演录》(第二卷),贺麟、王太庆等译,上海人民出版社 2003 年版,第 140 页。

传统道德的基石①，这种有道德与反伦理之间的鲜明比照恰恰使"无耻"成为我们理解第欧根尼的伦理主旨、实践目的与生活方式的重要窗口。如何看待他的无耻，如何评价他对人的本性与行为之间关系的独特规定，不仅直接影响着我们对其哲学的具体主张、语言风格和实践方法的认识与评价，而且有助于历史地理解作为重要伦理学运动的古代昔尼克主义的发展演变与现代回响。

一　"无耻"抑或"知耻"

提到第欧根尼，人们首先想到的往往是他"狗一般的"（κυνικός）生活方式。历史上大多关于第欧根尼的世说都是围绕于此，例如记述他自称或被称为"狗"，模仿、解释、赞誉狗的行为，并因此受到唾弃歧视、言语攻击、肢体伤害等（如 DL 6.33；6.40；6.46；6.55；6.60；6.61）。奥古斯丁从基督教立场曾对其"狗一般的"行为给予了严厉的批评：

　　第欧根尼曾经因这么做而被赞美，他们还以为，如果他们的无耻行为可以在人类的记忆中留下深刻印象，他的教派以后会变得高贵。但是后来的昔尼克派却不这么做了，羞感于是战胜了谬误。羞感会使人在别人面前脸红，谬误却把人变得像狗一样。因为我认为，据说这么做过的第欧根尼和别的几个人，只是在人们面前做出了性交的动作，别人并不知道他们衣服下面在发生什么。他们不可能在众

---

① R. B. Branham, M.-O. Goulet-Caze（eds.）, *The Cynics: The Cynic Movement in Antiquity and Its Legacy*, p. 5.

目睽睽之下纵情享乐（《上帝之城》14.20）。①

在这里，奥古斯丁痛斥了第欧根尼的公开性交行为的无耻至极，并认为这是虚荣心在作怪。在奥古斯丁看来，任何人都有原罪，因此他宁愿相信第欧根尼和一些模仿者的做法只是为出名而做的伪装、表演；相比之下，当代的昔尼克派在世俗威胁之下，甚至都不敢伪装。类似于奥古斯丁，一个关于亚里士多德的评注也将"昔尼克"（即"狗"）这一称号与无耻联系起来："狗是一种不知羞耻的动物，他们（即昔尼克派，笔者注）推崇无耻，不将其置于羞耻之下，而是将其置于羞耻之上。"②似有同感的伊壁鸠鲁声称贤哲不会践行昔尼克主义（*DL* 10.119）。西塞罗则批评昔尼克派在无耻与羞耻之间的混淆，并给昔尼克派背上了不道德的罪名："整个昔尼克派都应该被摒弃，因为他们代表着羞耻的敌人，没有羞耻也就没有公正和诚实。"（《论义务》1.41）

但另一方面，罗马时期的思想家克利索斯东（Dio Chrysostom）、琉善（Lucian）、爱比克泰德以及几乎与奥古斯丁同时期的朱利安皇帝都痛斥同代的徒有虚表、庸俗无比的伪昔尼克主义者，并同时追忆、赞扬第欧根尼的高贵、纯粹与可敬。甚至黑格尔也反复强调第欧根尼的富有教养，并将其与"极突出的无耻"的晚期昔尼克派区分开来。③ 在这些哲学家看来，很多伪追随者只是追逐、效仿第欧根尼的外表，但抛弃了自足、自制等可贵品质，因而歪曲、丑化了昔尼克哲学。

---

① 奥古斯丁：《上帝之城：驳异教徒》（中），吴飞译，上海三联书店 2008 年版，第 216 页。

② D. R. Dudley, *A History of Cynicism from Diogenes to the 6th Century* (Cambridge：Cambridge University Press, 1937), p. 5.

③ 黑格尔：《哲学史讲演录》（第二卷），第 141、143 页。

　　鉴于两大阵营分歧之大，我们不妨先回到古希腊人的文化背景，尽可能还原第欧根尼"无耻"言行的发生情境。在古希腊的伦理观念中，羞耻也是首先与他人在场（看见）情况下的肉体赤裸，尤其是跟"性"联系在一起，其所包含的基本意象是"赤裸"和"观看"。① 所以亚里士多德提到谚语"羞耻以眼为家"（《修辞学》2.6.18）。② 就第欧根尼而言，除在众人面前的性、排泄活动外，羞耻还特别地与公开地"食"有关（DL 6.22–23），如在市场（ἀγορά）上捡掉在地上的面包（DL 6.35）、手捧咸鱼或廉价奶酪（DL 6.36）、吃东西（DL 6.58；6.61）等都被视为可耻之事。虽然前者更像是本能的，后者则更多地夹杂有习俗文化的因素，但无疑都围绕的是身体。

　　但第欧根尼公开蔑视、攻击这些在他看来极为反自然的羞耻观念，而且他显然也并不畏惧为此身败名裂。在行动上，他对传统羞耻观的首要反抗就是使以一个对折斗篷、一个食物口袋和一根棍棒为标志的昔尼克生活方式深入人心。正如苏格拉底自比为牛虻和助产士，第欧根尼则自称是猎犬（DL 6.33）和星探（DL 6.43, cf. Diss. 1.24.10；3.22.23–25），并对一些盲目无知、充满矛盾的大众行为进行了更为公开、猛烈的"吠叫"。当然，第欧根尼的"无耻"不仅表现在不得体的言论上，而且还体现于公共场合下的不得体行为：例如在公开场合性交，在桶（πίθος）里生活，在寺庙睡觉，在雪地上赤脚走路，吃生肉等等。

　　也正因此，虽然第欧根尼表面上颇为认同"吠犬"这一

---

① 伯纳德·威廉斯：《羞耻与必然性》，吴天岳译，北京大学出版社2014年版，第85—86、95页。
② 亚里斯多德：《修辞学》，罗念生译，生活·读书·新知三联书店1991年版，第86页。

称号，但他对那些羞辱他的人却予以了坚决回击。因为这些人实际上并不理解狗的生活或他自己的生活，也不懂得什么是真正的耻辱，他要为捍卫尊严而战。第欧根尼也不认为自己就是一般的乞丐，因为他说自己并不是求施舍，而只是在索回（*DL* 6.46）——"万物都属于有智慧的人"（*DL* 6.37, cf. *DL* 6.11）。在他看来，吃、睡、性等皆自然之事，本无"耻"可言。相反，他还惊讶于世人的所作所为：人们为什么总是想尽办法来隐藏这些自然之事，却肆无忌惮地做道德败坏之事呢？

　　行文至此，至少可以说，考虑到世说这种文学体裁的影响，第欧根尼并不是一般的无耻之徒，我们需要严格地将他与某些满足于模仿外表的追随者区分开来。尽管其行为可能有其乖张、任性之处，但其绝不单是为了名誉而调动观者的情绪（多负面）与注意力，而更多的是为了积极地作用于他们的内心。正如爱比克泰德所揭示的，真正的昔尼克主义者不是像那些伪昔尼克主义者那样满足于某种外在形象（*Diss.* 3.22.80），而是一定要深入心灵、德性和价值观念；之所以公开赤裸身体而不觉不雅（ἀσχημονήσει），是因为昔尼克主义者在用羞耻感（τὴν αἰδῶ）来保护自己，这才是他们的门和房子（*Diss.* 3.22.15）。简言之，第欧根尼是用道德上的羞耻来鄙视、对抗礼俗上的羞耻。

　　如此说来，第欧根尼是深谙雅典人的羞耻观念，并且深知羞耻在雅典熟人社会中的约束价值的。在这个意义上，他是知耻的。他不仅通过各种夸张表现来为自己的"无耻"言辞和行径辩护，而且还将羞耻作为一种惩罚工具来反击各种羞辱、嘲笑（*DL* 6.33），并在这一方面表现出独有的才能。

　　不仅如此，他还力图将他所认为的可耻之事展示给雅典人：其一，迷信之事，以可耻的姿态跪在神像面前。（*DL* 6.37）其二, 惧怕不应恐惧之事、鄙视自己的父亲、不得体地说话、不能使自己的灵魂与生活相和谐 (*DL* 6. 65), 即一般意义上的无德之事。我们看到, 亚里士多德对"不觉羞耻"(ἀναισχυντία) 的定义也是指向"做坏事":"一种由于做了或正在做或将要做这些同样的 (即'有伤自己的名誉的', 笔者注) 坏事而引起的轻慢和不在乎的情绪。"(《修辞学》2. 6. 2)[①] 相似地, 爱比克泰德也从昔尼克派角度这样来诠释"真正的羞耻":"应当遭到谴责的 (ψεκτόν)、值得谴责的事情。"(*Diss.* 3. 26. 9) 照此而论, 第欧根尼的"无耻"至多是在着装、吃饭、性行为、谈话等方面不遵守社会礼节、有伤风化, 即不知"羞", 但尚不违背严格意义上的伦理, 尤其是其眼中的伦理——他并没有不节制、不自足、行无德之事, 因而无"耻"可言。这也就再次印证了他的"知耻"——但这里的"耻"的标准不来自众人, 也不在于名声, 而是源于自我信仰的价值。

二 从"知耻"到重铸羞耻观

羞耻问题与伦理价值观问题总是密切相关的。第欧根尼的"无耻"、恣意之为不是单纯为了表演作秀, 而是为了宣扬、实践其所珍视、信奉的价值观。即使是奥古斯丁也会承认第欧根尼的无耻外表与他对城邦价值的批评是结合在一起的。[②] 尽管我们无法凭借残言片语和亦虚亦实的格言轶事而对第欧根尼及其哲学做出全面、公正的评价, 但在某种意义上可以说, 第欧根尼哲学的核心特质就是始终围绕"什么是有价值的"这一问

---

① 亚理斯多德:《修辞学》, 第85页。
② Krueger, "The Bawdy and Society," p. 234.

题，持续地探求何物、何事更值得拥有、践行（如对简约、节俭、自足生活的推崇），何物、何事不值得关注、模仿（如对宗教制度的漠视、对各种习俗的攻击）。正是对这些价值的比较与考量显示出他对传统价值观的重铸以及对新的价值与生活方式的捍卫。

与古希腊的主流伦理观一样，昔尼克派也是持幸福论立场的。正如朱利安所言："像任何一种哲学一样，昔尼克哲学的目的和目标是幸福，但幸福在于按照自然而生活，而不是按照大众的意见而生活。"（朱利安《演说集》6.193）关于昔尼克派的幸福观，古典学者 A. A. 朗曾做过较为全面的概括：一、幸福是与自然相一致的生活；二、幸福是愿意从事身体和心灵训练的人所能获得的东西；三、幸福的本质是自制（ἐγκράτεια，或曰"自我掌控"），它体现于即使在极度不利的环境中也能幸福地生活的能力；四、自制等于或者带来一种德性的品格；五、照这样想，幸福的人是唯一明智、具有王者风范和自由的人；六、传统上被视为对幸福是必要的东西，例如健康、名誉和政治权力，在本质上没有价值；七、幸福的主要障碍是对价值的错误判断，以及由这些错误判断引起的情感纷扰和恶的品性。①这些基本价值观对于我们理解第欧根尼的羞耻观至关重要。其中所涉及的训练、自制、自足、自由等事关荣辱的价值，主要是通过第欧根尼哲学所关涉的自然与习俗、私人与公共两个维度得到显现，尽管可以说后者是前者的一个方面。也只有透过这些维度，我们才能理解第欧根尼的某些反习俗的行为和言论，

---

① A. A. Long, "The Socratic Tradition: Diogenes, Crates, and Hellenistic Ethics," in R. B. Branham and M. -O. Goulet-Cazé (eds.), *The Cynics: The Cynic Movement in Antiquity and Its Legacy* (Berkeley and Los Angeles: University of California Press, 1996), pp. 28 – 46.

揣摩其喜剧性背后的伦理严肃性与可能张力。

(一) 自然与习俗之维——损毁习俗的哲学

这是考察第欧根尼羞耻观的首要视角。据说"损毁城邦的习俗"(παραχαράττειν τὸ νόμισμα) 是德尔斐神庙给予第欧根尼的神谕，只不过彼时彼刻的第欧根尼以为"νόμισμα"在这里是仅仅指"钱币"(而非指代或隐喻"习俗")(DL 6.20)。但拉尔修同时也强调到，他"'确实重铸了伪币'，因为他没有把自己赋予自然的价值赋予习俗"(DL 6.71)。不管第欧根尼滥造伪币和德尔菲神谕之事是历史事实还是纯粹世说，可以确定的是，由于其所创立的昔尼克派对人的本性与行为之间的关系做了新的规定，其哲学主张必然会与既有习俗发生对立。① 实际上，损毁习俗后来成为第欧根尼伦理学的公开主旨。他不仅反对一般的社会礼节、规则、信仰、法律（但不是像有些学者所认为的那样，即绝对地反对②），而且还强调习俗的相对性（DL 6.73），反对一些宗教上的行为（DL 6.42）。如果说"损毁城邦的习俗"是第欧根尼生命与哲学的座右铭，那么可以说"无耻"便是他最为著名的品性特征，③ 二者紧密相关。

虽然自然与习俗之辩是公元前 5 世纪第一次智者派运动留下的遗产，但第欧根尼的主张却与智者有很大不同。如 A. A. 朗所言，第欧根尼并没有像智者那样主张一种对欲望不加约束的自由，也没有反对希腊习俗道德的一般原则及其价值，而更多的是批评它们的虚伪与不一致性。④ 换言之，第欧根尼对习

---

① Philip Bosman, "Selling Cynicism: The Pragmatics of Diogenes' Comic Performance," *Classical Quarterly*, 2006, 56 (1), pp. 93 – 104.

② 杨巨平：《古希腊罗马昔尼克现象研究》，人民出版社 2004 年版，第 71—72 页。

③ Bosman, "Selling Cynicism," pp. 93 – 104.

④ A. A. Long, "The Socratic Tradition," pp. 28 – 46.

俗的批评和抨击恰恰是为了重估、再现习俗的真实意义与价值。他所主张的按照自然而生活、将自然置于习俗之上（*DL* 6.71），其要义无不在此。因此在下文将要讨论的"主人"的权威性（*DL* 6.29）与男子气概（*DL* 6.65），以及盗窃的不恰当性（*DL* 6.45，52）等面前，他会坚定地站在习俗价值一边，批评人们对这些习俗之义的颠覆与滥用，挑战人们关于语言或伦理判断之关联的一些未经反思的观点。①

当然，我们更多地看到的是第欧根尼对自然之道的推崇，这既包括对孩童、动物、异质文化的兴趣，也包含对人的性、吃、喝等自然行为的态度。换言之，对自然的理解直接相关于对羞耻概念的界定。虽然昔尼克派的"与自然相一致"这一信条具有一定的含混性，但这里的自然并不同于原始、野蛮、赤裸、动物或孩童等外在表象，而是更多地指向符合人的自然本性的某种存在状态或生活方式。换言之，与古希腊哲学中一般意义上的自然概念相一致，② 第欧根尼的"自然"是具有规范性的；其中蕴含着他所推崇的简易、自足、自制等价值。之所以通过做出动物式的一些极端行为来向人们诉说自然之"理"，第欧根尼自己其实做出了解释：③ "他常说他是在模仿合唱队教练。因为他们把音调调得有点高，以保证其他人唱对音。"（*DL* 6.35）

因此，第欧根尼"高调的无耻"主要服务于他顺应自然、改变习俗的目的，尽管他并不指望别人会严格效仿他。如上所述，所以他才会在做出"无耻"之行的同时，又批评他眼中的

---

① A. A. Long, "The Socratic Tradition," pp. 33 – 34.

② Luis E. Navia, *Diogenes of Sinope: The Man in the Tub* (Westport, Conn.: Greenwood Press, 1998), pp. 116 – 118.

③ Luis E. Navia, *Diogenes of Sinope: The Man in the Tub* (Westport, Conn.: Greenwood Press, 1998), p. 118.

另类无耻与反自然之为。由于有些人的灵魂愚昧麻木、难以救治，因此他不得不身体力行，通过在市场上的"吠叫"、演示，以一种最让人震惊的方式来展示何为自然与自然之为：

第一，自然的生活首先意味着简单寡欲，放弃简约、易得之物而追求复杂、奢侈的生活是可耻的。他之所以喜欢、称赞孩童，很大程度上就在于孩提生活的简易、纯朴。因此当看到一个孩子用手捧水喝，他将口袋里的杯子扔掉，说："一个小孩在简朴上战胜了我"（DL 6.37）。当看到孩子用面包壳来盛扁豆，他也将自己的碗扔掉了（DL 6.37）。在第欧根尼看来，一个严重的习俗弊病是，神已经给了人简易的生活方式（即所谓的"捷径说"），但是人往往对此视而不见（Diss. 6.44）。作为其伦理学的重要方面，这也体现了第欧根尼对于苏格拉底和安提斯泰尼的重要继承。

简单的重要含义之一就是物质上的贫困，贫困被公认是昔尼克派的基本特征。作为实际的创立者，第欧根尼对贫困的推崇可以说在古希腊哲学家中首屈一指，甚至精神上富足的苏格拉底和安提斯泰尼都不能与之相比。据说，第欧根尼曾斥责安提斯泰尼"太柔弱"，苏格拉底生活太奢侈，而他自己唯一拥有的就是盛食物的袋子。[①]

第二，按照自然而生活也就是按照理性而自足地生活，不能自足的人是可耻的。尽管乞讨生活本身并不自足，但第欧根尼通过赋予其新的功能和意义，从而突出了自足之更重要的内涵。当第欧根尼的唯一一个奴隶摩尼（Manes）逃走，他并没有抓其回来，而是说："如果第欧根尼没摩尼不能生活，而摩尼

---

① Susan Prince, "Socrates, Antisthenes, and the Cynics," in Sara Ahbel-Rappe and Rachana Kamtekar (eds.), *A Companion to Socrates* (Blackwell Publishing, 2005), pp. 75 –92.

没第欧根尼也能生活，那将是一种耻辱。"（塞涅卡《论心灵的安宁》8）另有阿拉伯资料记载：有一次亚历山大叫第欧根尼到他面前，但是这位哲学家回话说："你太强大了，不需要我；我太自足了，不需要你。"[1]

第三，强压（βιάζειν）自然，违背自然的安排是可耻的。第欧根尼主张，应当尊重人性，成为自然要求所是的人。因此当看到一个小伙子表现得很女人气，第欧根尼当面羞辱道：你对你自己的安排要比自然对你的安排差，对此你不感到羞愧吗？因为自然让你成为一个男人，而你却强迫你自己成为一个女人（DL 6. 65[2], cf. DL 6. 46)。[3]

第四，挑战习俗偏见，不为世俗所累，不是耻，反是荣；有德性、能自主的人最荣耀。因此第欧根尼赞扬那些最终摆脱习俗约束，而选择另类生活的人："他常常赞扬那些要结婚但没有结婚的人、想航海但没有航海的人、打算参与城邦事务却没有参与城邦事务的人、准备生儿育女却没有生儿育女的人、准备同权势者一同生活却又没有前去的人。"（DL 6. 29[4]）当被沦为待售奴隶而被问及自己擅长什么时，第欧根尼不仅自信地回答说"统治人"，而且还要求自己作为"主人"而卖给别人（DL 6. 29, 6. 74）。这显然是在宣告，掌控自我的有德之人在指导、教授他人（尤其是无德之人）、管理家政等方面都拥有绝对的权威。[5]

---

① Navia, *Diogenes of Sinope*, p. 122.

② 第欧根尼·拉尔修：《名哲言行录》，徐开来、溥林译，第 563 页。

③ 另见：Martin Sirois, *The Early Cynic Tradition*: *Shaping Diogenes' Character* (Princeton, NJ：Princeton University, 2014), p. 139, note 39。

④ 第欧根尼·拉尔修：《名哲言行录》，徐开来、溥林译，第 531 页。

⑤ 第欧根尼被贩卖为奴一事是否是历史事实，尚待考证。参见相关讨论：Sirois, *The Early Cynic Tradition*, pp. 103 – 107。

（二）私人与公共之维——自我展示的哲学

从另一个角度而言，第欧根尼对习俗的最大挑战之一就是他模糊了传统的公私之界。作为乞丐、"吠犬"和星探，第欧根尼的特殊身份在于，他永远是一个公众人物。由于他生活在雅典人最重要的公共场所——繁忙的市场，并频频出入神庙、运动场、浴池、宴会、剧院、商店（e. g. *DL* 6.37 – 38；6.45，6.46，6.64，6.66），因此没有私人空间的他无时无刻不生活在公共的视野下。这些公共场域自然也是他实践哲学，做出一些"可耻"之事，并引来嘲笑、羞辱的场所。因此拉尔修说，第欧根尼经常当众做与得弥忒耳（农神）、阿芙罗狄忒（爱神）相关的事（*DL* 6.69）。以往有不少学者据此把第欧根尼仅仅看成是为了吸引公众目光而依赖于市场这个"公共剧场"，迷恋于自我表演的喜剧演员。[①] 这种理解其实很片面。第欧根尼显然是有其独立的哲学抱负和生活目标的，所以他说即使自己是假装有智慧，这本身仍是哲学（*DL* 6.64）。对于自己在市场上的"无耻"行为，他曾做了一番具有昔尼克特色的论证和辩护：

> 如果吃饭不荒唐，那么在集市上吃饭也不荒唐。现在吃饭是不荒唐的，因此在集市上吃饭也就是不荒唐的。他时常当众手淫，还说道："但愿我的肚子这样揉一揉就不饿了。"（*DL* 6.69[②]）

---

① Mansfield, *CR* 38（1988），p.163，转引自 A. A. Long, "The Socratic Tradition," p.33, note 17。另见：Bosman, "Selling Cynicism," pp.93 – 104.

② 第欧根尼·拉尔修：《名哲言行录》，徐开来、溥林译，第567页。

在这里，第欧根尼以一种亚里士多德所言的谬误形式，把笑话打扮成了正式论证。[①] 但除了言语间的讽刺意味外，第欧根尼的意思还是清楚的：在公共领域中做通常发生在私人领域的性、食行为不应被看成是可耻的，因为这些事情对人而言并不是重要的，内在的德性才是价值重心之所在。第欧根尼所展示给人的这种外在的丑陋、寒酸与心灵的高洁、卓越之间的鲜明对比给人一种强烈的震撼力与冲击力。如爱比克泰德所评论到的，昔尼克派不惧外在之物，也不需要隐藏所做之事，因为他们是真正地生活在阳光下，享受着真正的自由 (*Diss.* 3.22.16)；遗憾的是，人们往往被表象所迷惑，却看不到他们的语言、品格和生活目标 (*Diss.* 3.22.50)。这些解释虽有些斯多亚色彩，并有为第欧根尼遮丑之嫌，但总体上并不失其本意。

我们还需注意的是，ἀγορά这个公共场所在古典时期的雅典也是哲学的市场，各路哲学家都在各显神通，竞相推销他们的产品。[②] 鉴于这种竞争情境，即使第欧根尼是出于自身性格和哲学气质的原因而对在公众前表现自己有所偏好，但并非就是哗众取宠、自寻其辱，或仅仅表达对社会的愤懑与悲

---

① R. B. Branham, "Defacing the Currency: Diogenes' Rhetoric and the Invention of Cynicism," in R. B. Branham and M. -O. Goulet-Cazé (eds.), *The Cynics: The Cynic Movement in Antiquity and its Legacy* (Berkeley and Los Angeles: University of California Press, 1996), pp. 81 – 104.

② Bosman, "Selling Cynicism," pp. 93 – 104. 博斯曼 (Bosman) 认为，竞赛一直是古希腊哲学的一个特征，直到各学派的学校最终关闭。哲学竞赛包括许多方面，既涉及哲学内容，又涉及哲学家的品格。尽管其历史价值值得怀疑，但第欧根尼与脱离现实的理论之间的机智较量有助于我们深入理解昔尼克派立场的被接纳过程 (pp. 97 – 99)。此外，琉善在对话录《待售的哲学家》中也描绘了一幅类似的情景，在那里第欧根尼是作为第二个待售哲学家出场 [Lionel Casson, *Selected Satires of Lucian*, Lionel Casson (ed. & trans.), (New York: W. W. Norton and Company, 1962)]。

观。因为与对习俗的态度相对应，第欧根尼并非反对一切社会组织和政治设置——他只是通过批评社会而矫正，而非颠覆社会。或许他仅仅是选择了一种自认为于众有益的哲学教育方法与扬名历史的方式。① 如福柯所言，"昔尼克主义者通过例子和与之相关的解释进行教学。他们希望自己的生活成为基本真理的明证，这些基本真理将作为指导方针或他人学习的榜样"②。

因此，第欧根尼最终所关切的仍是那个困扰所有古希腊哲学家的问题：何为真正的好与真正重要之物。他给出的诊断同样是，人们总是执着于"表面上好的东西"，而不是"真正好的东西"（*DL* 6. 42）。这些错误的看法显然影响了他们的礼义廉耻之心。因此第欧根尼试图告诉、教导雅典人，应该大胆、公开、自信地表达、实践那些真正好和重要的东西。

令人惊讶的是，与人们津津乐道的荷马史诗中的反英雄角色特尔西特斯（Thersites）这一丑陋粗鄙、敢说敢骂的形象相比，虽然第欧根尼的"无耻"对习俗、权威形成了巨大的挑战，但他还是受到了雅典人的热爱（ήγαπᾶτο），甚至是尊敬，以至于在一个年轻人打坏他的桶后，雅典人鞭笞了这位年轻人，并重新给第欧根尼买了一只（*DL* 6. 43）。③ 不仅如此，人们还喜欢谈论他、传颂他的故事，甚至成为他和他的学派的追随者。雅典人为什么对古怪烦人、格格不入的第欧根尼如此宽容？是因为希腊的气候温和而适于户外生活，当时的希腊人对异邦人

---

① 朗认为，鉴于古希腊人对于纪念自己的兴趣，第欧根尼其实是想作为一条"吠狗"而载入史册，但这一点似乎为现代研究所忽视。参见 A. A. Long, "The Socratic Tradition," p. 31.

② Michel Foucault, *Fearless Speech*, J. Pearson（ed.）[Los Angeles：Semiotext（e），2001], p. 117.

③ Sirois, *The Early Cynic Tradition*, pp. 211－227.

和流浪者很开明，对乞丐很慷慨，① 因此乐于接受第欧根尼这样极具幽默感的表演哲学家吗？还是因为第欧根尼说出、做出了雅典人想说、想做，但又不敢说、不敢做的事情，而且雅典人在某种程度上认同或至少能容忍第欧根尼的怪异声音？

尽管我们对上述问题无法给出确定的答案，但可以推定的是，第欧根尼的"无耻"与直言（παρρησία）始终密切地联系在一起，尽管是以一种诙谐、讽刺的方式。自由对第欧根尼而言无疑是至关重要的价值——他说他从安提斯泰尼那里得到了真正的自由（Diss. 4.1.114）。黑格尔批评昔尼克派的自由只是抽象的自由，即躲避欲望和日常事务，而不是投身现实并超越现实。② 然而物质上的随遇而安或文化上的不合时宜作为一种身体语言，恰恰暗示了第欧根尼对直言（即语言的赤裸）的珍视：他称在一切情境下说真话的自由是人间最好（κάλλιστον）的事物（Diss. 6.69）。甚至可以说，第欧根尼的"无耻"的积极方面就凝结在"直言"这一口号之中，③ 它本身就代表着一种直言不讳。以παρρησία为口号和保护伞，他就可以借助哲学话与俏皮话混合在一起的语言与旨在展示自己哲学信仰的行动，通过挑战权威（如柏拉图、亚历山大等）和扭曲的习俗观念而为自己的哲学信念公开做辩护，同时将人类生活的虚伪、扭曲予以暴露和拨正。就像一条墓志铭所写的："啊，冥府渡神[Charon]，接受昔尼克第欧根尼，他揭露了生活的全部虚荣心（Greek Anthology, VII, 63, On Diogenes）。"

对自由的捍卫使昔尼克派的哲学实践多少已涉足政治领域。

---

① 详见 Sayre, *Diogenes of Sinope*, pp. 97 – 98, 转引自 Navia, *Diogenes of Sinope*, p. 23。

② 黑格尔:《哲学史讲演录》（第二卷），第137、140页。

③ A. A. Long, "The Socratic Tradition"; Sirois, *The Early Cynic Tradition*, pp. 167 – 168.

第欧根尼在言论和实践上的极端尝试使他对于各种人为界限表
现出极度的不屑，但他始终是热爱雅典人民、坚守道德边界的。
所以他才会选择做无妻无儿的昔尼克派，选择这种虽受尽耻辱，
但能最广泛、深入地与雅典人交流互动的生活方式（*Diss.*
3.22.67），督促、劝解、责骂遇见之人。"他是所有人的父母，
所有的男人都是他的儿子，所有的女人都是他的女儿，他就是
这样对待所有的人，他就是这样照料着每一个人"（*Diss.*
3.22.81）①。正是在这个意义上，爱比克泰德将昔尼克派称为
"众神的朋友、宙斯的臣仆和参与宙斯权力的人"（*Diss.*
3.22.95）。尽管第欧根尼的生活方式为很多人所不齿，但他为
之骄傲和努力，并宣称自己"过着赫拉克勒斯（Heracles）所
特有的生活方式，后者喜欢自由（ἐλευθερία）胜过一切"（*DL*
6.71）。

三　新羞耻观：一种训练的哲学

　　赫拉克勒斯之所以被昔尼克派，尤其是第欧根尼公认为道
德榜样，另一个可能原因是他的辛勤劳作和惊人意志激励了后
者的训练（ἄσκησις）观念，即通过努力训练而抛弃自然不允
许的行为，进而获得品性的力量。另外，安提斯泰尼的苦干
（πόνος）和训练思想无疑也深刻地影响了第欧根尼：通向德性
的捷径虽简易，但异常艰苦。作为训练本身或训练的结果，第
欧根尼的无耻之为及其背后的伦理严肃性也只有透过"训练"
这一视角才能得到更好的理解。正如他自己所言，生活中没有

―――――――――

① 爱比克泰德：《爱比克泰德论说集》，王文华译，商务印书馆2009年版，第
406页。

训练，就没有成功（*DL* 6.71）；哲学的训练使人为各种命运做好了准备（*DL* 6.63）。福柯对此也合理地诠释道，对于昔尼克派而言，哲学教导的功能本质上不是传递知识，而特别地在于一种知识和道德的训练。这是一种应对各种事件的生活装备。①

因此，第欧根尼并没有完全走向否定教化的"文化原始主义"②，也没有"逆来顺受""戏谑生活"③。尽管他反对单纯的书本教育（*DL* 6.48），认为音乐、几何学、天文学等没用，也没必要（*DL* 6.73），但他却极力强调对人自身的研究（如作为星探而侦查世人、世事之疾）和身体力行的"真正训练"（*DL* 6.48）。为此，他尊重希腊社会中的身体训练（如骑马、射箭、投石和掷矛）（*DL* 6.27），自己则在严冬的雪地里行走（*DL* 6.34）、抱着盖满雪的雕像，夏天在热沙上打滚等（*DL* 6.23）。他还强调训练的适度，主张不要以训练运动员的方式训练男孩，而是以达到好肤色和好体魄为准（*DL* 6.30）。由于第欧根尼实践哲学的路径是以反身体控制来反社会控制，④ 其形式是一种以身体为媒介、道具，甚至是教材的批判、对抗与展示，因此虽然其训练的目的是获得一种心灵的德性，但却始终关联于身体及其训练。

训练合理的羞耻观，在坏名声前守护真正的价值是第欧根尼训练思想的重要内容。其基本目的就是，不以人们通常所认

---

① Foucault, *Fearless Speech*, p. 204.
② 博厄斯（George Boas）认为第欧根尼对自然与不自然的区分完全以动物为标尺，他代表着反理智、反对一切艺术和科学的"最极端形式的文化原始主义"[G. Boas, "Primitivism," in Philip p. Wiener（ed.）, *Dictionary of the History of Ideas：Studies of Selected Pivotal Ideas*, vol. 3（Baltimore, 1973）, p. 585]。另见朗对此的反驳：A. A. Long, "The Socratic Tradition," p. 39.
③ 孙春晨：《犬儒主义病态道德文化剖析》，《伦理学研究》2017 年第 1 期，第 11—15 页。
④ Krueger, "The Bawdy and Society"；Branham, "Defacing the Currency".

为的可耻为耻，为了展示、传习德性与真正的价值，承受"无耻"之恶名，勇做"无耻"之行为，以坚毅的品格换取幸福的生活。实际上，第欧根尼与奥古斯丁之所以对羞耻表现出截然不同的看法，原因之一就在于，尽管二者都主张禁欲式的训练，但不同于奥古斯丁对于幸福的理解，第欧根尼眼中的幸福显然是内在的、世俗的、非自我否弃的，① 而这反过来又进一步造就了其独具特色的训练方式。

第一，训练不以为"耻"或无耻可言的身体习性。在这一点上，第欧根尼总是身体力行，亲身予以示范和教导。他在衣、食、住、行、性上的行为以及对他人身体姿态、行为的观察和评论等，都旨在训练对身体之事与相关习俗、礼节的简易从之、近乎自然的态度。例如，对于面包掉在地上却羞于捡起来的人，他的做法是用一根绳子拴在一个酒瓶的颈部，然后拖着它走过克拉梅科斯（Cerameicus），以此来告诫这个人（*DL* 6.34）。他甚至把这种训练作为进行哲学学习的前提，对欲追随其学习的人进行某种预备性考察（*DL* 6.36）。

事实证明，能通过考验，真正愿意并有足够的勇气而成为其追随者的人是极少的。因此第欧根尼感叹道："由于你们害怕要受到的折磨，你们也不能跟我一起生活。"（*DL* 6.55）鉴于这是一种积习的训练，他从小孩子抓起，教导他们在家里照顾自己的需要，靠简单的食物和水生活，蓄短发、朴实无华、赤脚、不穿短袍、在街上走路时保持安静、眼睛低垂（*DL* 6.31）等。

第二，训练面对羞辱的"不动心"态度，即一种忍耐的精神。除了转变羞耻观念，内在地克服羞愧和困窘，在外在行动上又应如何面对别人对自己行为的羞辱、嘲笑呢？第欧根尼的

---

① R. B. Branham, M. -O. Goulet-Caze（eds.），*The Cynics: The Cynic Movement in Antiquity and Its Legacy*, pp. 19, 26.

策略是：从容面对之，如石头一般屹立不倒、无动于衷，进而使侮辱不再成其侮辱（*Diss.* 3. 22. 100）。因此当有（些）人对第欧根尼说："很多人嘲笑你"，第欧根尼在一处回答道："然而我没有被笑倒"（*DL* 6. 54）；在另一处则诙谐地回应："有可能驴也在嘲笑他们，但他们不会在意驴；我也不会在意他们"（*DL* 6. 58）。[①] 尽管可以说，不时面对各种指责、质疑和嘲笑，甚至打骂的昔尼克派过着一种终生训练的生活，但这种生活并不好过。因此爱比克泰德曾将昔尼克主义者的生活形容为"鞭打的人生"。

这种生活的背后其实是一种在坚持训练的基础上所达到的坚毅、豁达的心态。所以第欧根尼甚至有意"练习被拒绝"，并在回应恶意询问时说，流放使他成了哲学家（*DL* 6. 49）。但值得注意的是，第欧根尼并非完全漠视或不关心公众的耻笑、谴责，因为他总是根据情境而做出不同的回应，如口头上的"不在意"（*DL* 6. 58）、行动上的宽容或针锋相对的回应等。如此就会逐渐与众人形成一种互动：通过将部分观众拉入他的展示舞台，就可以以直接或间接的方式达到宣传自己的观点、使尽可能多的人信服的目的。[②]

结　语

综上，尽管第欧根尼的羞耻观与其哲学主张一样看起来反常识、非主流，但这一思想却是扎根于常识和主流哲学中。通过将其置于第欧根尼的哲学化的生活方式中，并充分思量世说

---

① 第欧根尼·拉尔修：《名哲言行录》，徐开来、溥林译，第 557 页。
② 博斯曼也持相似看法（Bosman, "Selling Cynicism," p. 98）。

传统的影响，我们可以肯定地说，第欧根尼不但没有给哲学带来耻辱，反而还增添了荣耀，因为他的"无耻"恰恰是为了世人的知耻。据说第欧根尼曾颇为悲情地说到，尽管悲剧里的所有诅咒都降临到身上，但他会"以勇气反对命运，以自然反对习俗，以理性反对激情"（*DL* 6.38）。这既是其哲学精神的本真写照，也是他的骄傲、自尊之所在。在后来的一些哲学家，尤其是爱比克泰德和朱利安那里，第欧根尼都是作为自主、自由的化身，而非无耻之徒示人、教导人。[①] 朱利安甚至评论道，第欧根尼和柏拉图追求的是相同且唯一的目标——"认识自己，鄙视空虚的意见，运用一切来把握真理"（*Oration*，6.188）。只不过柏拉图是通过文字，而第欧根尼是通过行动，但后者不应因此受到批评（*Oration*，6.189）。可见，对于朱利安来说，第欧根尼的所作所为，包括他的无耻，都是有哲学内涵的。[②] 当然，包括他在内的后世哲学家并不主张在实践中仿效第欧根尼的所有行为，更没有利用第欧根尼的轶事来倡导以"无耻"行为颠覆社会秩序。[③] 或许在他们看来，当然也是在第欧根尼本人预料之中，几乎不可能再有人完全以第欧根尼的方式，以超凡的勇气来从事这项宏伟之业。更重要的是，不是单

① Margarethe Billerbeck, "The Ideal Cynic from Epictetus to Julian," in R. B. Branham and M. -O. Goulet-Cazé (eds.), *The Cynics*: *The Cynic Movement in Antiquity and its Legacy* (Berkeley and Los Angeles: University of California Press, 1996), pp. 205 – 221.

② Margarethe Billerbeck, "The Ideal Cynic from Epictetus to Julian," in R. B. Branham and M. -O. Goulet-Cazé (eds.), *The Cynics*: *The Cynic Movement in Antiquity and its Legacy* (Berkeley and Los Angeles: University of California Press, 1996), pp. 205 – 221.

③ Margarethe Billerbeck, "The Ideal Cynic from Epictetus to Julian," in R. B. Branham and M. -O. Goulet-Cazé (eds.), *The Cynics*: *The Cynic Movement in Antiquity and its Legacy* (Berkeley and Los Angeles: University of California Press, 1996), pp. 205 – 221.

纯的模仿，而是真正学会辨明善恶、恰当行事才是第欧根尼的期许与精神之所在，因此如能讲好这只"猎犬"的哲学与故事，或许就足以启示人们在笑声中践行德性之事。

作者简介：于江霞，哲学博士，陕西师范大学哲学与政府管理学院副教授，主要研究方向为古希腊伦理学，尤其是斯多亚学派伦理学。

亚里士多德理论哲学研究中的发展史问题*

王　纬

摘要: "发展史"研究范式是 20 世纪亚里士多德哲学研究的一个主要潮流,而根据这种假设,我们在亚里士多德著作内部发现的一些主要矛盾并非来自其思想自身的张力或者我们的误解,而是来自其思想的发展。笔者分别从形而上学、宇宙论和灵魂论方面介绍发展史学说的主要代表人物耶格尔、欧文、冯·阿尔宁、格思礼、纳彦斯和罗斯的观点,并且从方法论的角度出发探讨了这一研究范式面临的问题。

关键词: 亚里士多德;耶格尔;发展史;形而上学

本文主要介绍和探讨了 20 世纪亚里士多德哲学研究的一个主要潮流:"发展史"(Entstehungsgeschichte)。维尔纳·耶格尔(Werner Jaeger)的教师资格论文《亚里士多德形而上学的发展史》(1911)及其著作《亚里士多德发展纲要》(1923)是这一研究范式的开端。① 根据发展史学说的假设,我们在亚里士多

---

* 本文最初发表于《西方古典学辑刊》第二辑(2019),第 161—176 页。中文摘要和关键词是本辑刊主编所加。

① Werner Jaeger, *Studien zur Enstehungsgeschichte der Metaphysik des Aristoteles* (1911); *Aristoteles: Grundlegung einer Geschichte seiner Entwicklung* (1923; 英译本: Richard Robinson *Aristotle: Fundamentals of the History of His Development*, 1934)。

德著作内部发现的一些主要矛盾并非来自其思想自身的张力或者我们的误解，而是来自其思想的发展。以这些主要矛盾为线索，我们可以将亚里士多德的哲学思想划分为早期、中期和晚期，进而将包含这些思想的文本分别定位为早期、中期和晚期著作。

从其诞生之初，发展史学说就受到了不少研究者的质疑，并且不再被晚近的研究者所认同。然而，作为最后一种从整体上把握亚里士多德哲学的尝试，发展史学说仍然是任何研究者所无法绕过的。下面，笔者分别从形而上学、宇宙论和灵魂论方面介绍发展史学说的主要代表人物耶格尔、欧文、冯·阿尔宁、格思礼、纳彦斯和罗斯的观点。之后，笔者从方法论的角度出发，探讨这一研究范式所面临的问题。

一　形而上学（耶格尔、欧文）

耶格尔的发展史学说发端于一个著名的疑难：亚里士多德《形而上学》中存在两种看似矛盾的对于形而上学的理解。

根据《形而上学》E1 以及 Λ，世界上存在两类存在者，一类可朽，其实在性依赖于它物；另一类永恒，可独立于它物而存在，且是它物的本原和原因。处理前一类存在者的是科学、是"第二哲学"或"物理学"；而处理后一类存在者的科学是"第一哲学"或"神学"，亚里士多德后学又称之为"形而上学"。在此意义上，形而上学是一门**特殊的**科学：它处理的是存在者中的一类，其目的是发现这类存在者的**独有特性**。这种理解研究者们一般称为"形而上学的神学解读"。

然而，根据《形而上学》Γ1 以及 E1 中的陈述，存在着一门研究作为存在的存在（τὸ ὄν ἧ̓ ὄν）的**普遍科学**。它和特殊科学之间的不同在于，特殊科学讨论的是作为某种特殊存在的存在（如数学讨论的是作为量的存在，物理学讨论的是作为可变者的存在），而普遍科学讨论的是抽离了特殊性的作为基础的存在本身以及属于存在本身的性质，比如同一性。在此意义上，形而上学本身恰恰不是一门特殊科学：它处理的并非某一类特殊的存在者，而是任何存在者之为存在的**普遍特性**。对于这种理解研究者们一般称之为"形而上学的存在论解读"。

对这两种理解之间的矛盾的讨论并非仅局限于 20 世纪，9—10 世纪的阿拉伯哲学家阿尔法拉比（Al Fārābī）在其《论形而上学的目的》中，就记述了他自己的存在论解读和其他人的神学解读之间的差异。① 然而，耶格尔的解决方式是独特的。② 耶格尔认为，亚里士多德著作内部的矛盾和张力来自于其哲学思想本身的发展变化。具体到形而上学，这种思想变化以其与柏拉图的形而上学思想的关系为度量标尺。在耶格尔看来，亚里士多德的形而上学思想的发展可分为三个阶段。

首先，纯柏拉图主义阶段。这一阶段以两部佚失著作《欧德谟斯》（*Eudemus*）和《劝勉》（*Protrepticus*）为代表。在这一阶段当中，亚里士多德完全认同柏拉图的理念论。根据耶格尔的重构，《欧德谟斯》采纳了柏拉图《斐多篇》的灵魂论和形

① 参见 McGinnis & Reisman ed. , *Classical Arabic Philosophy* Hacket 2007，pp. 78 – 79。

② 当然，这仅仅是就亚里士多德研究而言。对于整个古代科学（Altertumswissenschaft）来说，发展史式的研究是 19 世纪末 20 世纪初流行的研究方式，而耶格尔所在的柏林大学，正是此方式的发源地。另外，鲜为人知的是，在耶格尔之前，Thomas Case 在 1910 年的《大英百科全书》词条"亚里士多德"中独立提出了类似的对于亚里士多德哲学的发展史式解释。耶格尔认为他自己的发展史解释有其历史根据。对于耶格尔的历史根据的反驳详见 Lachterman，"Did Aristotle develop?" *Revue de Philosophie Ancienne*，vol. 8，no. 1（1990），pp. 20 – 27。

式学说，特别是他的灵魂不朽学说。耶格尔看到，中晚期的亚里士多德学说认为灵魂仅有一个部分——努斯——是不朽的，然而根据《欧德谟斯》，整个灵魂是不朽的，而这和柏拉图在《斐多篇》中的想法是一致的。[①] 亚里士多德的另一部仅仅留存残篇的著作《劝勉》是耶格尔立论的又一根据。耶格尔认为，《劝勉》对于哲学在实践生活中的地位采取了柏拉图主义的立场：对于理论生活的抬高和对于实践生活的贬低。耶格尔以《劝勉》的核心概念"明智"（φρόνησις）为例，试图证明，《劝勉》中的"明智"和柏拉图对该词的用法一样，指的是理论智慧。在亚里士多德中后期著作《尼各马可伦理学》中，"明智"则指实践智慧，而和理论智慧相对应的词则变成了σοφία。并且，《劝勉》中对于政治学和伦理学的理解是几何学化的，[②] 即要求明确的定义和对于"X本身"的知识，这些要求在耶格尔看来是柏拉图式的，并且我们所熟悉的中后期亚里士多德对于政治学和伦理学的看法与之相左。耶格尔将《劝勉》中的这种几何化的伦理学同柏拉图《菲莱布》《政治家》和《法律篇》中的后期理念论联系起来，该理论认为善的形式是一切事物实在性和可知性的尺度，而亚里士多德在其中后期哲学中对于善作为最高原则持批判态度。因此，《劝勉》和亚里士多德的中后期理论是有显著矛盾的。[③]

　　第二，"半柏拉图主义"阶段。这一阶段以其残篇著作《论哲学》以及《形而上学》的一部分为代表。在耶格尔看来，亚

---

① Werner Jaeger, *Aristotle*：*Fundamentals of the History of His Development*, p. 50.

② "*more geometrico*," Werner Jaeger *Aristotle*, *Fundamentals of the History of His Development*, p. 86。

③ "*more geometrico*," Werner Jaeger *Aristotle*, *Fundamentals of the History of His Development*, pp. 87 – 88.

里士多德在这一阶段中开始了他对于柏拉图的理念论的反思和批判。在《论哲学》中，这表现为对于晚期柏拉图及其学生色诺克拉底（Xenocrates）的"理念即数"的信条的批判；而在《形而上学》的"神学"部分中，这表现为对于柏拉图整个理念论的批判。耶格尔认为，虽然亚里士多德摒弃了柏拉图的理念学说，但是他仍然认为第一哲学的研究对象是理智的、神圣的、可分离的不变的存在者，他只是将柏拉图的理念替换为他自己的不动的推动者。在捍卫柏拉图学说的意义上，亚里士多德的主要任务是批判斯彪希波（Speussipus）的学说。斯彪希波认为，第一哲学的对象并非形式和作为理念的数，而是作为数学对象的、号数上为多（numerically many）的数。亚里士多德认为这是一种错误的对待理念论所引起的诸多问题的方式，因为它完全放弃了柏拉图主义。而亚里士多德通过假设至善作为最高原因和不动的推动者，在某种意义上仍然在推进柏拉图的研究计划。[①] 耶格尔认为这一较早版本的《形而上学》包含我们今天所看到的 A、B 的一部分、Γ、E 的一部分、Λ6—10、M9—10 以及 N。

第三，"成熟的亚里士多德主义"阶段。在《形而上学》E1 中，耶格尔发现了一种新的、非柏拉图主义式的形而上学。如前述的"存在论阐释"，这一科学是关于存在的普遍科学，它研究内在于所有存在者，使其得以存在的范式性根据：作为存在的存在（τὸ ὂν ἦ ὄν）。对于可感实体来说，这就是它们的内在形式（immanent forms）。和早期、中期不同的是，亚里士多德不再认为第一哲学的研究对象是在严格意义上可分离的东西，并且不再认为第一哲学和可感世界无关。相反，亚里士多

---

① "*more geometrico*," Werner Jaeger *Aristotle*, *Fundamentals of the History of His Development*, pp. 190 – 193.

德主义获得了其关注可感世界这个和柏拉图主义截然相反的特征。这两点，尤其是后一点，是耶格尔将"成熟的亚里士多德主义"和柏拉图主义做严格划分的关键。在此基础之上，耶格尔认定的最终版本的《形而上学》是 α、B 的一部分、Γ、Δ、E、Z、H、Θ 以及 M1—9。

下面我们总结一下耶格尔的大体想法。除了假设亚里士多德本人的思想发展体现在其现存著作之中，耶格尔的发展生成学说有三条更具体的预设。首先，耶格尔假设亚里士多德的思想发展是一个逐渐远离柏拉图的过程。其次，他假设柏拉图形而上学思想的核心是对于理智世界和可感世界的截然二分，以及对于一个独立存在的永恒的善的信仰。在此意义上，亚里士多德从第二阶段到第三阶段的发展是对于柏拉图主义的抛弃。最后，值得注意的是，耶格尔仅仅在形态意义上指出亚里士多德各阶段的理论的差别，他并不试图通过内在线索指出，亚里士多德的思想转变的机缘何在，是为了回答什么问题。然而，能够说明某个人的思想发展的原因是什么，似乎恰恰是发展史学说这类广义的思想史研究之所以吸引人的原因，而耶格尔的做法恰恰将之抛弃了。

20 世纪另一位著名的古代哲学研究者欧文（G. E. L. Owen）正是从以上三点出发试图修正耶格尔的学说。① 欧文也认为亚里士多德的思想发展体现在其文本之中，因此，欧文也是某种意义上的发展论者。然而，和耶格尔不同的是，欧文试图为亚里士多德的思想发展寻找哲学论证方面的根据。欧文的发展史学说的特点在于，它并非仅仅局限于形而上学理论本身，而是试图展示亚里士多德的形而上学理论的变化与其所面对的

---

① 欧文的相关论文主要是 "Logic and metaphysics in some earlier works of Aristotle"（1960）以及非常著名的 "Aristotle on the Snares of Ontology"（1965）。

哲学问题及其所采取的哲学方法之间的互动关系。①

　　和耶格尔的看法相反，欧文认为亚里士多德的形而上学理论的变化，即从所谓的神学到存在论的变化，是一种从反柏拉图主义到柏拉图主义的回归。欧文看到，在所谓的神学部分中，亚里士多德的出发点是反柏拉图主义的。亚里士多德在这些文本中反复论证的一个核心主题是"并没有一个关于存在的普遍科学"，而从《形而上学》B 卷的讨论中我们可以看出，这正是瞄准柏拉图以及柏拉图派的相关学说的。亚里士多德持有这个看法的理由在于，"存在"以及"善"这样的词，并不被同名同义地（synonymously）谓述，而一门科学必须有一个被同名同义地称为"某某"的对象。打比方说，动物学是一门科学是因为有一种东西被同名同义地称为"动物"，而"奥德赛学"不 是 一 门 科 学 是 因 为 "奥 德 赛" 被 同 名 异 义 地（homonymously）谓述于一部史诗和一种本田牌小汽车。同样，"存在"指出的是不同类的东西，如实体、质、量和关系的存在。因为这些不同类的东西，就像史诗和小汽车不在"奥德赛"的意义上属于一类一样，并不在"存在"的意义上属于一类，所以不存在一门关于普遍"存在"的科学。因此，欧文认为，亚里士多德在"神学阶段"认为"并没有一个关于存在的普遍科学"这一观点和柏拉图派所寻求的关于善和存在的普遍科学是矛盾的。

　　欧文的创见在于，他认为亚里士多德在其"存在论阶段"通过被他称为"核心含义"（focal meaning）的方式试图调和以

---

① 关于耶格尔和欧文理论之间的异同，参见另一位著名的亚里士多德研究者 Alan Code 收录在 William Wians 所编的论文集 *Aristotle's Philosophical Development*：*Problems and Prospects*（Rowman & Littlefield Publishers 1996）中的论文 "Owen on the Development of Aristotle's Metaphysics," pp. 303–325。

上矛盾。"核心含义"也因此是亚里士多德回归某种意义的柏拉图主义者的一把钥匙。① 欧文指出，亚里士多德在《形而上学》Γ2 中，以"健康的"一词为例，给出了在同名同义和同名异义之间存在第三种谓述方式，即欧文所谓的围绕"核心含义"的谓述方式。在这个例子中，当我们用"健康的"一词谓述食品、脸色和身体时，"健康的"一词并没有一个同一的定义。对于食品来说，"健康的"意味着它促进健康；对于脸色来说，"健康的"意味着它展现健康；对于身体来说，"健康的"意味着它拥有健康：我们不能在拥有健康的意义上用"健康的"来谓述食物，我们也不能在促进健康的意义上用"健康的"来谓述脸色。然而，和上述"同名异义"的情况不同的是，有一个共同的核心——"健康"——作为所有三种谓述所共同指向并且因之得名的东西：我们用"健康的"来谓述某物是因为它和健康有种关系。因此，虽然"健康的"并不被同名同义地谓述同一类对象，但仍然可能存在一门研究谓词"健康的"的科学，比如说养生学，它研究其诸多对象和"健康"之间的关系。欧文认为，亚里士多德在其存在学说中也运用了类似的"核心含义"的谓述方式：虽然"存在"并不被同名同义地谓述同一类对象，但存在某个作为核心含义的"存在"，其他所有的用法通过与核心含义构成某种关系而得名。欧文认为，正是在这种意义上，亚里士多德在他的"存在论阶段"认为第一哲学是一门研究作为存在的存在的普遍科学。

　　如前所述，欧文认为亚里士多德的"神学阶段"是反柏拉图主义的，其理由在于，亚里士多德在其中否定了柏拉图式的普遍科学，而代之以某种特殊的、关于特殊对象的科学。

---

① "核心含义"理论是欧文 1965 年的论文的核心观点。

正是在这个意义上，欧文认为亚里士多德的"存在论阶段"是柏拉图主义的。这是因为在这一阶段，亚里士多德通过"核心含义"这一谓述方式，认为仍然存在着一门研究所有存在者之存在的普遍科学。这样，虽然耶格尔和欧文对于亚里士多德的学说的阶段划分是类似的（他们都认为"神学阶段"在前，而"存在论阶段"在后，欧文并不关注耶格尔所谓的"纯柏拉图主义"阶段），但是因为他们对于什么算作柏拉图主义的认识不同，他们对于亚里士多德的思想发展的刻画是截然相反的。耶格尔认为亚里士多德的形而上学思想从早年的柏拉图主义发展到了晚年的反柏拉图主义，而欧文则认为亚里士多德从早年的叛逆学生变成了晚年的柏拉图主义的同情者。

欧文的"核心含义"理论预设了这样一种流行的、对于亚里士多德存在论的理解，即，存在论研究的核心任务是发现"存在"一词的核心含义。① 顺着这个思路，亚里士多德在"存在"的多种含义中找到了作为核心含义的"范畴性存在"，接着从多种范畴性存在中找到了作为核心含义的"实体性存在"，然后从实体的多种含义中找到了作为核心含义的"形式"，以及形式之为形式的最根本意义："隐德莱希"（ἐντελέχεια）和作为最高的隐德莱希的"努斯"（νοῦς）——神。

值得注意的是，核心含义理论和柏拉图以理念论为代表的本质主义有非常强的相似性。对于柏拉图来说，理智世界的"X 本身"（即"X 的形式/理念"）是可感世界的众多 X 的本质："X 本身"在最严格的意义上是 X，而可感世界的众多的 X 仅仅在和"X 本身"相似的意义上是 X。同样的，"核心含义"

---

① 布伦塔诺的《论亚里士多德的存在的多种含义》（1862）即采取了这种理解。海德格尔对于亚里士多德存在论的理解继承了布伦塔诺。

理论也认为亚里士多德的可感的形式和作为最高的隐德莱希的神之间的关系是模仿和相似性，神的存在是其他存在者存在的模版（paradigm）。在这个意义上，"核心含义"理论所理解的亚里士多德存在学说与柏拉图主义的关联比欧文所认定的更为紧密。同样，"核心含义"理论所面临的问题恰恰在于它似乎**仅仅是柏拉图理念论的翻版**，而亚里士多德在《形而上学》A 卷中对于柏拉图的批判恰恰是，善应该作为目的造成世界的变化和存在，而不能仅仅作为形式和定义。笔者认为，仅仅从这点来看，"核心含义"理论是站不住脚的。

就当下的《形而上学》研究来说，亚里士多德本人的思想发展已经不再被当作研究目的。然而，发展史学说所发端的一些内在于亚里士多德形而上学理论的根本矛盾，以及亚里士多德理论和柏拉图理论之间的张力，仍然是研究者们关注的根本问题。在这个意义上，耶格尔和欧文的研究是当代的研究者们所无法绕过的。

二　宇宙论和物理学（冯·阿尔宁、格思礼）

受到耶格尔研究的指引，冯·阿尔宁（Hans von Arnim）和格思礼（W. K. C. Guthrie）分别给出了关于亚里士多德宇宙论的发展—生成学说。[①] 和耶格尔类似，他们的学说也假设

---

① 参见 Arnim, Hans von, *Die Entstehung der Gotteslehre des Aristoteles* (1931). Wien, Hölder-Pichler-Tempsky A. -G. Guthrie, W. K. C., "The Development of Aristotle's Theology—I," *Classical Quarterly* 27 (3 – 4, 1933): 162 – 171. idem. "The Development of Aristotle's Theology—II," *Classical Quarterly* 28 (02, 1934): 90 – 98. idem, *Aristotle: On the Heavens* (Loeb Classical Library, Cambridge, Mass.; London: Harvard University Press, 1939)。

亚里士多德理论的发展分三个阶段，其观点逐渐远离柏拉图的相关学说。首先，亚里士多德在其哲学写作生涯的开端认同柏拉图《法律篇》中的宇宙推动者理论。受迫运动（forced motion）的最终原因是自发运动（self motion），而柏拉图将自发运动者（self mover）定义为灵魂。① 据此，宇宙运动的原因是内在于世界的世界灵魂（world soul）。冯·阿尔宁和格思礼认为亚里士多德的佚失著作《论哲学》代表了这个理论阶段。② 接着，亚里士多德抛弃了天球的运动由灵魂发起这一观点，转而认为它们的运动由其质料——以太（aether）——决定。就像火上升和水下降不需要灵魂推动一样，以太的圆周运动源于其自然禀赋，因此天球的运动是质料性的自我运动。格思礼将《论天》2.1 视为亚里士多德这一阶段观点的代表。③ 最后，亚里士多德到达了物理学后半部以及《形而上学》Λ 卷中的观点，即所有的运动和变化都需要一个外在的推动者，并且最终的推动者必须自身不动。冯·阿尔宁认为这和亚里士多德在《物理学》前半部分中关于自然是内在的运动原因的想法相抵牾。④ 在这个意义上，成熟的亚里士多德抛弃了早期和中期中所持有的、宇宙运动是自发运动的观点，转而认为，宇宙的运动是由外在于宇宙的不动的推动者（unmoved mover）所造成。在《物理学》卷八的末尾，亚里士多德将宇宙的推动者置于宇宙天球的外围而非中心。

---

① 参见《法律篇》10 892a—899b。
② 二者做出以上判断的根据是西塞罗在其《论神的本质》1.33 中对于亚里士多德《论哲学》中的宇宙推动者理论的描述。
③ 有一种观点认为，亚里士多德在《论哲学》中已经提到了作为质料的以太，因此《论哲学》和《论天》中的理论并没有什么不同。关于这个问题的讨论参见 Hahm, David E., "Aristotle's De Philosophia and the Introduction of the Fifth Element," *The Society for Ancient Greek Philosophy Newsletter*（1971），p. 191。
④ Hans von Arnim, *Die Entstehung der Gotteslehre des Aristoteles*, pp. 10 – 13。

冯·阿尔宁和格思礼的观点的成立，在很大程度上依赖于他们对于《论天》这部著作的解释和定位。然而，就像切尔尼斯（Harold Cherniss）在其名著《亚里士多德对柏拉图和学院派的批判》（1944）中早已指出的，冯·阿尔宁和格思礼认作《论天》的内在运动论的根据的四个段落（1.9 279a17—b3、2.1 284a18—b5、3.2 300b16—25、286a8—12），都存在着作外在运动论理解的可能性。① 另外，在《论天》的两个段落中（2.6 288a27—b6、4.3 311a9—12），亚里士多德明确表达了宇宙运动来自外在推动者的观点。冯·阿尔宁和格思礼（包括与他们持相思观点的耶格尔）的策略是将这些与其观点相抵牾的段落认作来自亚里士多德成熟时期对早期作品的修改（interpolation）。然而，如果以上的前四个段落并不能够证明内在运动论，那么将后两个证明外在运动论的段落视作修改就显得武断了。

在笔者看来，亚里士多德在其《物理学》3.1—3 中对于运动定义的讨论显示出，亚里士多德的运动、变化学说以及因果理论在根本上和柏拉图相对应的学说不同。我们从《物理学》3.2 以及其他相关文本中可以看出，在亚里士多德看来，柏拉图以及毕达哥拉斯学派将运动（以及变化）与不确定性、否定性相等同，将其视作一种一阶的概念，并且万物运动、变化的最终原因是那些在其自身中就包含不确定性和否定性（即自我运动）的东西。亚里士多德认为运动、变化并非一种不可还原的一阶概念；相反，运动总是从某个确定状态到某个确定状态的过度，并且，某物的运动的原因并非其自身或者他物的运动，而是其自身或者他物的某个非运动的确定状态。在这个意义上，

---

① 参见笔者博士论文《亚里士多德的不动的推动者和必然性》的第二章，其中详细讨论了这些段落。

亚里士多德在《物理学》3.1—3中的运动定义本身就蕴含了作为最高原因的不动的推动者以及某种意义上的外在运动论。因此，我们必须在另一个意义上理解亚里士多德在《物理学》2.1中提出的自然概念和他的外在运动论之间的关系，而不能像冯·阿尔宁那样简单地认为，《物理学》1—4（或者6）中的理论是中期的，5—8中的理论是后期的，因为在《物理学》3这一对于亚里士多德自然、运动学说最核心的卷目中，我们已经可以找到外在运动论。

冯·阿尔宁和格思礼关于亚里士多德宇宙论和物理学的发展史研究同样提出了很多对于后续研究来说非常重要的问题，比如柏拉图的灵魂、运动学说和亚里士多德灵魂论、运动学说之间的关系，这些问题是当前的亚里士多德研究者所不能回避的。但是，冯·阿尔宁和格思礼的研究也有所有学术工业化理论的追随者们所共有的毛病：他们所掌握的研究方法并非原生于他们所要研究的对象，因此使用起来往往给人削足适履之感。耶格尔所面对的形而上学问题的确是亚里士多德文本中所真实存在的，而冯·阿尔宁和格思礼关于《论天》与《物理学》以及《形而上学》之间的矛盾的阐释则并不那么令人信服。切尔尼斯早在1944年就指出过冯·阿尔宁和格思礼阐释中存在的问题，然而，令人遗憾的是，至少就《论天》的研究而言，切尔尼斯的著作并未获得其应得的重视。

三　灵魂论（纳彦斯、罗斯）

同样受到了耶格尔研究的指引，纳彦斯（Franciscus Nuy-ens）在其著作《亚里士多德灵魂论的演变》中重构了亚里士多德灵魂学说的三个阶段。① 罗斯（W. D. Ross）在其《自然学诸短篇》的注释本前言中复述了纳彦斯的观点。② 下面，笔者根据罗斯的复述作简要介绍。

（一）"纯柏拉图主义阶段"。这一阶段以亚里士多德的佚失对话《欧德谟斯》（*Eudemus*）和《劝勉》（*Protrepticus*）为代表，其核心观点与柏拉图在《斐多篇》中给出的观点类似。我们在第一个部分中已经介绍过耶格尔对于这两部著作中所包含的形而上学理论的观点。在灵魂论方面，纳彦斯认为，这一阶段的亚里士多德仅仅关注人类灵魂。亚里士多德认为肉体是不朽的灵魂的阻碍：在灵魂和肉体结合的有限时间之内，灵魂被肉体所束缚因而违反其本性而存在，而在灵魂脱离肉体之后，灵魂复归其本性。因此，死亡对于灵魂来说是值得追求的，而在我们活着的时候，应该投身哲学思考以练习死亡。不难看出，这些观点的确和柏拉图在《斐多篇》中所阐述的立场十分相似，并且与亚里士多德在其传世著作中所持的立场迥异。③ 纳彦斯和耶格尔据此判断这两部佚失对话代表了亚里士多德"早期观点"。

在笔者看来，这种立场差异也可以通过对话的体裁（genre）和传世的亚里士多德著作的不同来解释：亚里士多德在其发表的作品中通过某种柏拉图主义的方式劝导外行对哲学

---

① Nuyens, Franciscus Johannes Christiaan Jozef, *L' évolution de la psychologie d' Aristote*（trans. from Dutch by Augustin Mansion）. Université catholique de Louvain（1835 -1969）, Institut supérieur de philosophie, traductions et études. Louvain, Institut supérieur de philosophie（1948）.

② W. D. Ross, *Aristotle's Parva Naturalia: a revised text with introduction and commentary*, Clarendon（1955）, pp. 3 -8.

③ 在《论灵魂》开篇，亚里士多德即从方法论的角度批判了仅仅以人类灵魂来研究灵魂的路向："现在，那些谈论和研究灵魂的人似乎仅仅考察人类的灵魂。"（402b3—5）

生活产生兴趣（其目的并非讨论灵魂的本性），与其在学院内部就灵魂的本性是什么展开非柏拉图主义的科学探讨是不矛盾的。这样，我们也可以解释为什么亚里士多德在其佚失对话中仅仅关注人类灵魂。

（二）"工具主义阶段"。这一阶段以亚里士多德的动物学、生理学著作为代表。在纳彦斯看来，这一阶段的灵魂论有两个特点。首先，亚里士多德关注的重点不再仅仅是人类，而是扩展到了动物甚至包括植物。其次，更为重要的是，灵魂被和热以及身体中最热的部分——心脏——联系起来。① 灵魂和身体的关系类似船长和船的关系：灵魂作为一种非物质实体在身体的中央控制作为工具的身体。② 在这个意义上，身体对于灵魂来说，不再是某种否定性的，类似于束缚的东西，而是被设想成灵魂的工具。

（三）"成熟的亚里士多德主义阶段"。这一阶段以亚里士多德的《论灵魂》为代表、以亚里士多德成熟时期的形式质料理论（hylomorphism）为基础。就像一部手机的形式或者其功能的实现（隐德莱希）并不在手机的三维延展的任何一个位置而弥漫于整个手机，灵魂作为身体的形式或者隐德莱希，不再有一个具体的位置。纳彦斯和罗斯看到，《论灵魂》中提到心脏的所有段落中，亚里士多德并没有给它一个比其他器官更突出的地位。在这个意义上，工匠、工具模型和形式、质料模型被认作两种截然不同的对于灵魂和身体之间关系的描述。工匠、工具模型更近似一种身心二元论，因为工匠和工具是分别占据

---

① 对于植物来说，亚里士多德认为它们有某种类似心脏的东西。

② 当然，船长也是物质性的：他通过手的**触碰**来掌舵。因此，严格来说，船的灵魂并不是船长的身体，而是船长的非物质性灵魂。同样，心脏只是灵魂的居所，而非灵魂本身。

不同位置的不同存在者。另一方面，因为形式或者功能总是与其材料占据同一位置，我们很难将材料和材料的实现设想为两个在形而上学意义上不同的存在者，因此形式、质料模型更接近一种身心一元论。

正是在这个意义上，《论灵魂》中所展现的灵魂身体关系得到了当代心灵哲学研究者的关注，亚里士多德的形式、质料模型被认为是当代物质主义一元论和身心二元论之间的一条中间道路。① 纳彦斯的发展生成学说对此最重要的贡献在于，它指出了灵魂身体关系的两种模型之间的差异。然而，纳彦斯对于工具主义和形质论的截然二分也受到了许多亚里士多德哲学研究者的反对。② 亚里士多德在《论灵魂》2.1 中明确地将灵魂定义为"自然的作为工具的身体的第一隐德莱希"（412b5—6：ἐντελέχεια ἡ πρώτη σώματος φυσικοῦ ὀργανικοῦ）。并且，灵魂并不仅仅是作为工具的身体的功能的实现。亚里士多德的确认为，灵魂作为隐德莱希，在某种意义上**使用**作为工具的身体。从四因说的角度来看，灵魂既是身体的形式因和目的因，也是身体运动变化的动力因。因此亚里士多德并不认为工具模型和形式—质料模型是截然对立的。形式因和动力因的合一，恰恰是自然物和人造物的不同之处。在这个意义上，我们有理由认为，对于亚里士多德来说，工匠、工具模型和形式、质料模型可以在某种意义上被调和，因此并不存在所谓中期和晚期灵魂论之间的矛盾。

① 不同于物质主义者，亚里士多德认为灵魂存在，并且它在存在论上不依赖于身体的存在；不同于身心二元论者，亚里士多德认为灵魂并非独立于身体，并且二者的统一性就像形式和质料的统一性一样，是毋庸置疑的（《论灵魂》2.1，412b6 - 9）。

② 其中比较著名的有 Martha Nussbaum。

四 总结

发展史的研究方式并非亚里士多德研究所独有，它是 19 世纪末 20 世纪初流行于西方古代研究领域的一种研究范式，这种范式根植于 19 世纪的历史主义思潮。该思潮受歌德和赫尔德影响，认为任何自然和社会有机体，包括个人、国家和民族，在其是活生生的有机体的意义上，必然包含一个连续变化的生成过程，而我们认识一个有机体的关键，并非在于理解它的任何静态本质，而在于认识它的生成过程、它的生命。这样，如果我们想要真正理解一个古代作家，并不能够仅仅局限于理解他在任何一个特定时期的观点，而是需要认识他的观点的生成、变化过程。①

出于这一点，古代研究的集大成者、耶格尔的老师维拉莫维茨（Ulrich von Wilamowitz-Moellendorf）将人物传记（Biographie）这一体裁看作语文学阐释的最高形式。② 在其研究著作《柏拉图》（1920）的开篇，维拉莫维茨这样描述语文学家的任务："语文学家从根本上说是阐释者和翻译者，但他并不仅仅是文字的阐释者。如果他不理解文字所从之而来的灵魂，那么他也不会完全理解文字。他必须是灵魂的阐释者。**传记**（Biographie），

---

① 著名古典学家赫尔曼（K. F. Hermann）在其《柏拉图哲学的历史与体系》（1839）一书中，仿歌德的小说《威廉·迈斯特》，命名柏氏思想的三阶段为："学徒时期"（Lehrjahre）、"漫游时期"（Wanderjahre）和"大师时刻"（Meisterzeit）。维拉莫维茨在其《亚里士多德与雅典》（1893）中将这个用法赋予了亚里士多德。耶格尔在其《亚里士多德发展纲要》中沿用了这个说法。

② 20 世纪早期的许多古典学研究都采取了传记的方式。其中较著名的有耶格尔的亚里士多德研究以及 Jebb 的索福克勒斯研究。

这一完全依赖于阐释的技艺，因此恰恰是语文学家的正当工作，只是这工作的要求更高。但其实这任务仅仅是理解这个人**如何成为其所是**，他想要什么、想过什么、有什么成就（wie dieser Mensch geworden ist, was er gewollt, gedacht, gewirkt hat）。"

维拉莫维茨所倡导的古代科学（Altertumswissenschaft）的目标，是将古人展现成活生生的人（*bios*）。然而，对维氏来说，想必也很显然的，将任何已经故去的东西展现成活生生的东西在原则上都是不可能的，① 古代的人和事尤甚。因材料所限，20 世纪初的研究者们甚或为使其研究对象看上去活生生的、充满内在痛苦而如马伯庸那般大开脑洞。缺乏材料也是古典语文学的研究热点转移到历史书写（historiography）、文本间性（intertextuality）和叙述学（narratology）等就文本谈论文本的研究的原因。

然而，如果仅仅就维氏的理想本身而言，假设我们的确能够获得尽可能多的材料，从而重现某人灵魂的内在转变，这对于理解一个哲学家的哲学来说，是否足够？笔者认为这是不够的。

发展史和传记式研究假设，某人的哲学思想的生成过程就是其哲学思想的本质。我们有理由怀疑这一点，特别是当生成被理解成对于其个体性（personality）的某种刻画的时候。在耶格尔的研究里我们看到，耶格尔通过亚里士多德著作中的理论观点的矛盾来证明亚里士多德思想的发展，从而勾勒构其个体性。耶格尔的做法同时也预设了对于亚里士多德的理论观点与其在特定时刻的决断的截然二分，因为按照这样一种看法，是个体性决定了其理论观点的转变，而非相反，因此个体性本身中并不包含理论因素。我们看到，耶格尔及其追随者，除了欧

---

① 我甚至不能将五年前的我活生生地展现。

文以外，的确并不从理论内部寻找亚里士多德观点之矛盾的原因，而将其诉诸发展本身。在这个意义上，发展史和传记式研究的目标恰恰是外在于哲学理论的。换言之，通过发展史研究，我们知道的仅仅是某人在不同时期持有 A、B、C 三种不同的观点（opinions），以及从 A 到 C 的发展过程中所体现出的个体性（personality）。① 然而，从哲学的角度来说，重要的是理解 A、B 或 C 在什么意义上并非仅仅是观点，而是对于某个或者某些哲学问题的合理的回答，并且将从 A 到 C 的立场转变（假设这种立场转变确实存在）理解为哲学家内在于思想本身的、从真理角度出发的、对于自身错误理论或者错误思维范式的修正。在这个意义上，发展史和传记式研究，对于理解哲学思想来说，具有先天缺陷。

　　将哲学思想仅仅理解为观点（opinions）和教义（doctrines）并不为耶格尔式的发展史学说所独有，它也是我们今天哲学史研究的一个特点。② 我们今天的哲学史研究发端于 19 世纪的历史主义思潮，特别是黑格尔的《哲学史讲演录》。就通史而言，它以时间为线索展开，为每个哲学家或哲学流派的思想归纳其核心思想或教义（core doctrines），并试图在哲学家之间以及流派之间构建某种发展关系。如果我们像黑格尔那样假设并试图证明哲学思想的发展遵循某种更高的目的，是理性或者真理本身的实现，这种操作方式当然无可厚非。然而，如果我们不再相信并试图证明哲学家们的核心教义构成一条无限接近真理的序列，那么，以归纳核心教义为内容的哲学史研究本身就是可疑的。因为，失去了作为准绳的真理，我们对于教义

---

① 同样，通过阅读某个数学家的人物传记，我们也许可以了解他的宗教观点和政治取向，但是我们并没有办法在数学的意义上理解他。

② 在这里，笔者特指受到黑格尔的哲学史范式影响的哲学史研究传统。

（doctrines）的态度只可能是**审美的、阐释的**。举例来说，一些研究者关注亚里士多德的实现学说的出发点仅仅在于，它是一种与其所不赞成的、被称为"现代性"的思想方式相左的思想（thought），并且它碰巧是古代最伟大的哲学家提出的。作为一种思想，人们并不关心它的真假和原初语境，人们关心的是它的伟大出身，以及它对于其时代的功效和美，哲学史研究者的任务是阐发这种思想，并站在亚里士多德的肩膀之上，批判与其相左的"现代性"思想方式。在笔者看来，从哲学的角度看来，这种态度是不可取的。因为首先，哲学和教义的区别恰恰在于，前者需要为自己的真理性进行彻底辩护。如果一个人想哲学地理解任何思想，那么他必须关心该思想是如何得到辩护的，而非假设它已经得到了辩护，进而仅仅阐发其意义。其次，审美的态度使得阐释者们仅仅从自身的问题出发，关注某些"核心思想"或者"经典文本"。历史告诉我们，阐释者们的问题往往是带有其时代烙印和政治倾向的特殊问题，因此，他们在关注某些核心思想和教义的同时，往往会错过古今哲人所思考的那些真正带有普遍性的、可以互相沟通的问题。

在笔者看来，对于任何哲学家的思想的理解必须建立在两个基础之上。首先，我们必须尽可能地还原该哲学家的原初语境和原初问题。其次，我们必须将该哲学家对于该问题的回答理解成一个哲学的回答，即我们需要理解该哲学家是如何为其真理进行辩护的。对于古代哲学来说，这是一件非常困难的工作，然而古代哲学的魅力也恰恰在此。

作者简介：王纬，普林斯顿大学古典学博士，复旦大学哲学学院副教授，研究方向为古希腊哲学史、西方形而上学史和西方科学史。

亚里士多德论灵魂的
多部分与统一性*

曹青云

摘要： 亚里士多德批评柏拉图对灵魂部分的划分，他认为灵魂的各部分在空间上不可分，仅在定义上可分。"灵魂在定义上可分"指的是各个部分的定义不包含彼此。因此，灵魂仅有三个真正的部分：营养、感知和理性。然而，灵魂的多部分如何构成统一体对于亚里士多德是一个迫切的问题，因为任何一个生物体的灵魂都是单一的形式。《论灵魂》第二卷第三章解释说灵魂的统一性是由于"低级部分潜在地存在于高级部分之中"。本文指出这个解释是不清晰的，灵魂的统一性辩护另有两种可能，一种是在亚里士多德之后的传统中发展起来的"虚拟潜在性"概念，另一种是亚里士多德将生命活动作为整体目的的论证。

关键词： 亚里士多德；柏拉图；灵魂；形式；属

柏拉图在《理想国》第四卷中说过这样一段话："我们是否用我们自身之中的同一个部分做这些事情，或者我们用三个不同的部分做它们？我们是否用一个部分学习，用另一个部分生

---

* 本文为国家社科基金"亚里士多德心灵哲学研究"（17CZX042）阶段性成果，原载《哲学研究》2020 年第 2 期，有改动。

气，用第三个部分欲求饮食、性和其他类似的东西的快乐？或者，当我们寻求某物时，我们每次都是用整个灵魂来活动的？"（436A）他在这里提出了以下问题：灵魂是否具有不同的部分？如果是，那么灵魂根据何种原则被划分为不同的部分？灵魂部分之间的关系如何？这些问题不仅主导着柏拉图对灵魂的理解，而且也是亚里士多德关注的重要问题。①

亚里士多德批评柏拉图对灵魂的三分——将灵魂分为理性、激情和欲望三个部分。他从生命功能和生物学的角度定义灵魂并划分部分：植物只拥有营养灵魂，这是最低级的部分；动物却至少拥有两个部分，营养灵魂和感知灵魂——感知灵魂比营养灵魂高级，而人至少拥有三个部分，即营养灵魂、感知灵魂和理性灵魂——理性灵魂是最高级的。但是，亚里士多德考虑的是与柏拉图同样的问题。

既然灵魂可分为不同的部分，那么亚里士多德立即面临着两个问题：一是划分灵魂部分的标准是什么？二是灵魂的不同部分如何构成一个统一体？第一个问题体现了亚里士多德与柏拉图的差异，而第二个问题是尤为关键的，因为倘若灵魂不是一个统一的"形式实体"和最严格意义上的"一"，那么亚里士多德的理论就存在难以调和的矛盾。本文指出，亚里士多德认为灵魂的各个部分在空间上是不可分的，但在定义上是彼此分离的；并且，因为灵魂的低级部分潜在地存在于高级部分之中，所以灵魂是统一体。然而，亚里士多德对上述两个问题的回答言之不详，似乎在灵魂的可分性和统一性之间存在着难以消除的张力。

---

① 亚里士多德在《论灵魂》第一卷第五章中也说过与柏拉图类似的话，参见《论灵魂》411a26—b26。对亚里士多德文本的翻译出自笔者，《论灵魂》的文本主要参考的希腊文为 D. Ross 的希腊文校勘本，英文译本为 C. Shields 的评注本；其余亚里士多德文本主要参考英文全集本 Jonathan Barnes（ed.），*The Complete Works of Aristotle*（Princeton, NJ: Princeton University Press, 1984）。

一　划分灵魂部分的标准和灵魂的三部分

　　我们先来讨论第一个问题：灵魂的部分是依据什么标准得到划分的？亚里士多德在《论灵魂》的开篇指出："想要确定这些部分中的哪一个在本性上与另一个区分是一件困难的事情。"（《论灵魂》402b11—12）尽管如此，他认为除了灵魂的理性部分似乎可以在空间上与其他部分相分离——它因而被认为是"另一种"灵魂（《论灵魂》413b26），灵魂的其他部分只在定义上可分，在空间上是无法彼此分离的。例如，有些昆虫在被切割成不同的部分之后，每个部分都能感知和运动并能够存活一段时间（《论灵魂》413b20—21）。因此，昆虫的感知灵魂和营养灵魂并不是分布在不同的身体部位上的，否则，被切割成两段的昆虫应当一段仅拥有感知灵魂，而另一段仅拥有营养灵魂。所以，对于拥有多个灵魂部分的一个生物体而言，灵魂的各部分不能在空间上分离，但我们可以从逻各斯或定义上区分它们。亚里士多德说：

　　　　我们现在还没有证据阐明努斯（νοῦς）或理性能力（θεωρητικῆς δυνάμεως）；它似乎是另一种（γένος ἕτερον）灵魂，（它与其他部分的）差异就像不朽者与可朽者的差异；只有它是可分离的。根据我们说过的，其他所有的灵魂部分都是不能分离而存在的，尽管有人不这样认为，显然，这些部分在定义上是不同的（τῷ δὲ λόγῳ ὅτι ἕτερα）。（《论灵魂》II. 2，413b25—29）

因此，亚里士多德划分灵魂部分的标准似乎是清楚的：除了理性灵魂或许在空间上可分，其他灵魂部分在空间上不可分，只在定义上可分。① 然而，我们还需要对"在定义上可分"的含义做进一步澄清。

惠庭（J. Whiting）指出，两个事物在定义上可分需要区分定义的"不同"与定义的"独立"。如果 X 的定义和 Y 的定义不仅是不同的，而且 X 的定义不指涉 Y 的定义（无论 Y 的定义是否指涉 X 的定义），那么 X 的定义是独立于 Y 的定义的。她认为亚里士多德所谓的灵魂部分在定义上可分指的是它们在定义上"独立"。② 约翰森（T. K. Johansen）采纳了惠庭的观点，他把定义的"不同"称为"弱的意义的在定义上可分"，把定义的"独立"称为"强的意义的在定义上可分"，他同样认为亚里士多德对灵魂部分的划分是强的意义上的在定义上可分。③我们同意惠庭和约翰森的思路，但认为需要对"强义"和"弱义"的区分给出更清晰的分类，因为定义的"不同"包含了不同的类型，通过对这些不同类型的辨明，我们才能对定义的"独立"有清晰的理解。

我们把 X 和 Y "在定义上可分"分为四种类型：（1）X 的定义不指涉 Y 的定义，但 Y 的定义指涉 X 的定义。例如"房

① 亚里士多德反对灵魂的各个部分在"空间上可分"的观点，甚至理性灵魂在某种意义上也不能与其他的灵魂部分在空间上分离。因为他认为倘若没有想象，理性活动就是不可能的，而想象又是感知的一种形态，所以理性灵魂也必须与感知灵魂在同一个人之中。一方面，这表明了灵魂的各部分不是独立的实体；另一方面，这主要是为了反对柏拉图对灵魂部分的划分，尤其是反对柏拉图在《蒂迈欧》（69D—70C）中将灵魂的理性部分放置在头部、激情部分放置在胸部、欲望部分放置在腹部的观点。

② Jennifer Whiting, "Locomotive Soul: The Parts of Soul in Aristotle's Scientific Works," *Oxford Studies in Ancient Philosophy*, vol. 22 (2002), pp. 141 - 200, esp. p. 145.

③ Thomas. K. Johansen, *The Powers of Aristotle's Soul* (Oxford: Oxford University Press, 2012), pp. 54 - 55.

子"和"潜在的房子"、"动物"与"雄性"等。设想"房子"的定义是"遮风挡雨的处所",而"潜在的房子"的定义是"能够被建造成遮风挡雨的处所的砖石",因此"房子"的定义不指涉"潜在的房子"的定义,但后者指涉前者。所以,我们也说 X 在定义上可以与 Y 相分离,但 Y 在定义上不能与 X 相分离。(2) X 的定义指涉 Y 的定义,但 Y 的定义不指涉 X 的定义。第二种类型是第一种类型的反面。因此,对于(1)和(2)类型,X 和 Y 的关系是不对称的。(3) X 的定义不指涉 Y 的定义,同时 Y 的定义也不指涉 X 的定义。例如"白色"与"三尺长"。(4) X 的定义指涉 Y 的定义部分,同时 Y 的定义也指涉 X 的定义部分,但它们并不完全重合,例如"快车"与"慢车"、"雌性"与"雄性"等。因此,类型(1)(2)和(4)都属于 X 的定义与 Y 的定义"不同",或者 X 与 Y 在弱的意义上定义可分,而类型(3)是 X 的定义与 Y 的定义"独立",或者在强的意义上 X 与 Y 在定义上可分。

那么,灵魂的部分在定义上可分的含义是属于哪一种情况呢? 亚里士多德选择的是上述第三种,即各部分的定义完全不指涉彼此。他意识到如果不加限制地使用"在定义上可分"的标准来划分灵魂的部分,那么我们可能会得到任意和无穷多的部分;只要这些部分的定义不是完全相同的,它们属于类型(1)(2)和(4)。他说:

> 在某种意义上,部分是无穷多的: 有些人认为区分出理性的(λογισικòν)、激情的(θυμικòν)和欲望的(ἐπιθυμιτικòν)部分是不足够的,还有些人认为区分出理性的部分和非理性的部分是不足够的;因为,如果我们采用这些人的划分方式,那么我们就应当发现比我们已经提

到的那些部分之间的区别更大的其他诸部分，（我们已经
提到的部分是）：营养的部分——这是属于所有植物，也
是属于所有动物的，感知的部分——它不能被简单地划归
为理性的或非理性的；此外还有想象的部分——它的所是
（εἶναι）与其他部分不同，但很难说它与其他某个部分相
同还是不同，倘若我们决心要在灵魂中区分出不同的部
分；最后还有欲求的部分（ὀρεκτικὸν）——它似乎在定义
上和能力上都与迄今列举的部分不同。将最后这个部分再
次划分是荒谬的：因为想望（βούλησις）产生在理性的部
分中，而激情和欲望产生在非理性部分中；如果灵魂具有
三个部分，那么欲求在三个部分中都存在。（《论灵魂》
III. 9，432a24—432b7）

这段文本出现在《论灵魂》第三卷第九章，它的主要内涵
有两层。首先，亚里士多德批评了柏拉图将灵魂划分为理性的、
激情的和欲望的三个部分的做法，并质疑了将灵魂划分为理性
部分和非理性部分的做法——尽管他自己在伦理学中也有这样
的划分（例如《尼各马可伦理学》1102b30）。亚里士多德不仅
反对柏拉图在《蒂迈欧》中将灵魂的理性部分放置在头部、激
情的部分放置在胸部、欲望的部分放置在腹部的观点，因为他
不认为灵魂的各部分在空间上可分，而且他从根本上反对柏拉
图"灵魂三分"的原则。[①] 他指出，像柏拉图那样仅仅依据

---

① 柏拉图对灵魂部分的划分原则是有争议的。例如希尔兹指出柏拉图并未真正坚持
"灵魂具有三个本质部分"的观点，而是认为理性的、激情的和欲望的部分不是灵
魂的"实体部分"（essential parts）或"构成部分"，而仅仅是"方面部分"（as-
pectual parts），因此柏拉图的灵魂是一个不可分的实体。参见 Christopher
Shields, "Plato's Divided Soul," in Klaus Corcilius and Dominic Perler（eds.），*Par-
titioning the Soul：Debates from Plato to Leibniz*（Berlin：De Gruyter, 2014），p. 32。

"定义的不同"，可以划分出无限多的部分，譬如再次将欲求划分为"理性的欲求"和"非理性的欲求"。其次，亚里士多德认为，在他列举并讨论过的灵魂部分中，有些部分并不是一个真正的部分，而是从属于一个部分的，例如想象和欲望。想象并不是一个"真正的"部分，尽管它的"是什么"和感知、理性等并不相同，但"想象来自于对感知能力的现实运用"（《论灵魂》429a2）。因此"想象"的定义包含"感知"，它的存在是依赖感知的——即想象是感知的从属部分。事实上，欲望也是从属于感知的，亚里士多德说"无论何物拥有感知，它就拥有快乐和痛苦的能力，因此能够将周遭的对象视作快乐的和痛苦的，而哪里有这些物体，哪里就有欲望，因为欲望就是对快乐之物的索求"（《论灵魂》414b4—7）。因此，"欲望"的定义也包含了"感知"，但"感知"的定义并不包含"欲望"。

因此，亚里士多德否定了的灵魂的各个部分"在定义上可分"的意义是（1）（2）和（4）的类型。如果两个部分是在定义上可分的，并且它们的关系是（1）或（2）的情形，那么它们之中一个是从属于另一个的，例如想象和欲望是从属于感知的。如果两个部分是在定义上可分的，并且它们的关系是（4）的情形，那么它们仅仅是有差别的，但不具有真正可分离的界限，如"理性的欲求"或"非理性的欲求"。所以，亚里士多德认为灵魂的各个部分在"定义上可分"属于（3）的情形，即它们不指涉彼此的定义。

既然划分灵魂部分的标准是部分与部分之间在"定义上可分"，并且它们自身不包含彼此的定义，那么亚里士多德究竟划分了多少个灵魂的部分呢？他说："灵魂是这些现象的本原，并且被它们定义（ὥρισται），即自我营养的能力、感知的能力、思想的能力和运动的能力。"（《论灵魂》413b10—12）因此，这里似乎给出了灵魂部分的名单：营养的部分、感知的部分、理性的部分和位移运动的部分。

然而，"位移运动的灵魂部分"（简称"运动灵魂"）不是一个真正的部分，因为它的定义指涉了"感知灵魂"和"理性灵魂"。亚里士多德发现，当我们问"在动物之中是什么引起了向前的位移运动"时，我们不得不涉及灵魂的多个部分。唯有知识没有欲望是无法引起运动的，但欲望自身也不是引起运动的唯一原因。他说："欲望和实践理性是运动的原因是可以得到辩护的；因为欲望的对象开启了一个运动，并且为了获得它，理性开始运动，即欲望的对象是开启理性的原因。类似地，当想象引起运动时，它也必然包含着欲望。"（《论灵魂》433a17—20）

因此，动物和人的运动的能力应当还原为理性能力（更具体地说是实践理性的能力）和欲望能力的联合，而欲望能力又是依赖于感知能力的。所以，"运动灵魂"是感知灵魂和理性灵魂相结合而产生的，或者在动物之中，运动的灵魂依赖于想象和欲望，并最终依赖于感知灵魂。因此，灵魂的真正的部分有三个：营养的灵魂、感知的灵魂和理性的灵魂。①

_____

① 亚里士多德认为灵魂仅分为营养、感知和理性三个部分，而想象、欲望和运动不是真正的灵魂部分。K. Corcilius 和 J. Whiting 也支持这个观点，不过，他们是从区分灵魂的"能力"与灵魂的"部分"入手来论证有多种灵魂能力属于灵魂的同一个部分的。虽然笔者在这里不是通过区分灵魂的一个部分可能拥有多种能力来解释灵魂部分的划分标准，但我们的结论是一致的。事实上，有多种能力属于同一个部分的原因，正是这些能力依赖于一个更基础的能力。关于灵魂部分的划分的更多讨论，参看 Klaus Corcilius and Pavel Gregoric, "Separability and Difference: Parts and Capacities of the Soul in Aristotle," *Oxford Studies in Ancient Philosophy*, vol. 35（2010），pp. 54 – 79, esp. p. 72, 以及 Whiting, "Locomotive Soul," pp. 141 – 200, esp. p. 142。

二　灵魂三部分的统一：一个含混的阐释？

现在，既然灵魂可以划分为不同的部分，那么多个部分是如何构成一个统一体的？对于亚里士多德而言，这是一个极为迫切的问题。因为灵魂是形式，而形式被认为是单一的实体和严格的定义对象（《形而上学》Z5，1031a10—14；Z13，1039a16—18）。此外，灵魂还是复合实体（即灵魂和身体）之为统一体的根本原因，即灵魂使得各元素生成为统一体（《论灵魂》410b11—14），所以，假若灵魂自身的统一性不能得到保证，那么复合实体的统一性就无从谈起。

灵魂的统一性问题包含两个层面：首先，如果灵魂的各部分的定义不包含彼此，那么我们是否以及如何能够对"灵魂"给出一个普遍的定义？这是逻辑层面的问题。其次，亚里士多德认为灵魂是"形式"意义上的实体，而灵魂的部分是"形式部分"，那么，不同的形式部分是否以及如何能够构成一个统一的实体？这是本体论层面的问题。

对于逻辑层面的问题，亚里士多德肯定了"灵魂"有一个适用于各个部分的"共同定义"。① 他说：

---

① 有的学者，如 J. K. Ward，认为亚里士多德不能对灵魂给出一个共同的定义，除非他放弃灵魂与图形的类比，因为这个类比表明，"灵魂"和"图形"之中的成员没有"共同属性"。因此，Ward 认为亚里士多德不能为灵魂给出一个普遍的定义，并且他对灵魂自身的统一性所做的解释是失败的。参见 J. K. Ward，"Souls and Figures：Defining Soul in *DA* ii. 3，" *Ancient Philosophy*，vol. 16 (1996)，pp. 113 – 128。然而，Ward 的解释明显是夸大的，亚里士多德已经在 414b19 中肯定了灵魂可以有普遍的定义，只是这个定义不同于属或种的定义。

明确的是，可以对灵魂给出一个单一的定义，但只能在我们可以对图形给出一个单一定义的意义上。因为，正如在那种情况中，在三角形及其后继的图形之外，不存在任何图形，在这里，在我们所列举的那些灵魂之外，不存在任何灵魂。我们可以对图形给出共同的定义，这个定义将适用于所有图形，但它不能表达任何图形的特定本质（ἴδιος）。对于灵魂和它的特殊形式，情况也是如此。（《论灵魂》II. 3，414b19—25）

这段文本表明，灵魂与图形类似，但它们不是属概念，灵魂的各部分也不是属之下的不同的种。"灵魂"像"图形"一样是序列概念，① 它们的成员不是像一个属之下的不同种那样是并列关系，而是具有相继的先后顺序，例如"三角形"在"四角形"之先，而"营养灵魂"在"感知灵魂"之先。属概念可以视作种概念的共同性质，但序列不是序列成员的共同性质，尽管序列也可以谓述它的成员，例如"三角形是图形""感知灵魂是灵魂"。因此，对一个"序列"概念的普遍定义也表达了它的成员的共同之处，但这个"共同"不是它们分有的普遍属性。

亚里士多德意识到对灵魂定义的统一性的解决最终要回溯到本体论的层面，因为"定义的统一性"取决于"定义对象的统一性"。因此，灵魂在本体论层面上的统一性问题才是更为根本的。那么，灵魂的多部分是如何构成一个实体的？营养灵魂、感知灵魂和理性灵魂在人之中究竟如何作为一个单一的

---

① 亚里士多德除了在《论灵魂》第二卷第三章中谈到"序列"概念之外，比较典型的文本还包括：《尼各马可伦理学》i. 6，1096a17—29；《欧德谟伦理学》i. 8，1218a1—8；《形而上学》B3，999a6—14；《政治学》iv. 1，1275a35—37。

形式？

亚里士多德的解释只有一句话：

> 灵魂和图形的情况是完全类似的；因为在这两者中，即图形和拥有灵魂的存在者（τῶν ἐμψύχων）构成了一个序列，每一个在先的成员（τὸ πρότερον）总是潜在地存在于（ὑπάρχει δύναμει）后继的成员中，正如三角形潜在地存在于四角形中，自我营养的能力潜在地存在于感知的能力中。（《论灵魂》II. 3，414b28—31）

因此，"某物潜在地存在于另一物中"成为我们理解灵魂之统一性的关键，但亚里士多德在这里没有阐释"营养的能力潜在地存在于感知的能力中"的意义，评注者们也莫衷一是。① 然而，我们可以从其他文本中获取它的基本意义，亚里士多德对"某物潜在地存在于另一物中"的使用大致有四种意义。

第一种意义是说"属潜在地存在于于种之中"。"种"的定义

---

① 例如 Ross 的注释说："这个类比只是粗浅的和现成的。四边形必然预设了三角形，因为它能够被划分成两个三角形，而只是在事实上，营养灵魂从不与感知灵魂分离而存在。"Ross 根本没有解释营养灵魂在何种意义上是潜在地存在于感知灵魂之中的。参见 David Ross, *Aristotle De Anima: with Introduction and Commentary* (Oxford: Oxford University Press, 1961), p. 224。另外，Hicks 注释说："图形之间的关系不是种之间的关系，因为种和种是相互排斥的，但感知灵魂同时是潜在的理性灵魂。"因此，他同样没有解释这里的"潜在性"的意义。参见 R. Hicks, *Aristotle De Anima: with Translation, Introduction and Notes* (Cambridge: Cambridge University Press, 1907), p. 337。Hamlyn 指出："在这里，图形和灵魂的类比是依据序列的发展来理解的——较先的或在某种意义上优先的成员被后来的成员预设。"因此，Hamlyn 只是用"预设"代替了"潜在存在"的解释。参见 D. W. Hamlyn, *Aristotle De Anima Books II and III* (New York: Oxford University Press, 1993), p. 94。

公式是"属加种差",种差是现实的,而属是潜在的。这个意义出现在《形而上学》H6 中,亚里士多德问定义何以能够是"一",假若"人"的定义是"两足的动物"——为什么这是一个单一的定义,而不是"动物"与"两足"两个概念的叠加?他回答说:"如果一部分是质料,而另一部分是形式,并且一个是潜在的(τό δυνάμει),而另一个是现实的,那么这个问题就不再是一个困难。"(《形而上学》1045a22—25)这意味着,当我们把"两足"与"动物"的关系视作形式与质料或现实与潜在时,它们就不是两个分离的概念,而是一个统一的概念。①因为属只是定义中的潜在部分——即属提供了一个可规定的范围,而种是在这个范围中的某个规定性或者说对这个范围的具体化,所以种的内容已经预设了属的内容,或者说种完全吸收或"实现"了属。因此,"属加种差"是一个统一的定义,而不是两个概念的单纯叠加。

那么,"营养灵魂潜在地存在于感知灵魂中"是否是像属潜在地存在于种之中呢?我们似乎可以说动物是"有感知的植物",而人是"有理性的动物"。但是亚里士多德必须做出否定的回答,因为他已经表明灵魂不是一个属概念,而是序列概念,营养灵魂不是感知灵魂的属,感知灵魂也不是理性灵魂的属,它们是具有先后的相继顺序的序列成员。

第二种意义是说质料是潜在的,而形式和实体是现实的。

---

① 我们并不认为"属概念是潜在的"意味着"属就是质料",例如"动物"不是构成人的"质料"。因为亚里士多德只是说,在一个定义中的属与种的关系是质料与形式的关系,这仅仅是说属概念相对于种概念(或种差)是潜在的,而不是说属等于质料。事实上,"属是潜在者"与"质料是潜在者"并不是在相同的意义上说的,它们只是在类比的意义上作为潜在者,即属的相应的现实者是种,而质料的相应的现实者是形式和可感实体。参见 M. Grene 对"属等于质料"的观点的批评,Marjorie Grene, "Is Genus to Species as Matter to Form? Aristotle and Taxonomy," *Synthese*, vol. 28 (1974), pp. 51 – 69。

这是亚里士多德的潜在性和现实性概念的最典型的类型。质料是不完备的实体（即它尚未是实体），但它已经在自身之中拥有最小程度的目的，形式是目的和现实的实体；因此，质料是什么是由相应的形式决定的，并且它为了实现作为目的的形式而运动。值得注意的是，亚里士多德并没有说"质料潜在地存在于可感实体之中"，而是说"形式潜在地存在于质料之中"，例如"赫尔墨斯潜在地存在于这块木头之中"（δυνάμει οἷον ἐν τῷ ξύλῳ Ἑρμῆν）或"半条线段潜在地存在于一条线段之中"（1048a32—33）。①

那么，我们是否可以把营养灵魂视作质料那样的潜在性，而把感知灵魂视作形式那样的现实性？约翰森采用了这样的解释方式。他将属之下的种的统一性称为"垂直的统一性"，而将序列之中的成员的统一性称为"水平的统一性"，除了种和属关系是形式与质料的关系之外，他认为灵魂的诸部分的统一性也可以用质料和形式的关系来解释。他说："我们可以认为，灵魂的低级部分在高级部分中的方式就是质料在整体之中的方式。这个模式为亚里士多德提供了用潜在性和现实性解决统一性观念的途径，因为他认为质料与实体——质料是这个实体的一部分——的关系以一种特别强的和直观的方式代表了这种统一性。……关键的地方是理解营养灵魂是感知灵魂的质料部分。"② 然而，正是在这个关键的地方，约翰森不能提供足够的

---

① M. L. Gill 认为质料作为潜在者是指"质料潜在地存在于可感实体之中"，即在现实的可感实体中，质料是潜在的，而形式是现实的；质料在可感实体中的潜在存在表现为质料保存了它的某些属性，并作为可感实体的属性而存在。参见 Mary Louise Gill, *Aristotle on Substance：The Paradox of Unity*（Princeton, NJ：Princeton University Press，1989），p. 179. 对这个观点的批判参见曹青云《流变与持存：亚里士多德质料学说研究》，北京大学出版社 2014 年版，第 131—132 页。

② Johansen, *The Powers of Aristotle's Soul*, p. 68.

理由。首先，营养灵魂很难被设想为动物灵魂的"构成质料"，因为它是"形式部分"，即便它不是动物的整个灵魂的决定性部分，而感知灵魂才是决定性的。其次，倘若营养灵魂是"质料"，那么它是什么必须由感知灵魂决定，但事实上营养灵魂的本质并不是由感知灵魂决定的，它也不是为了实现感知灵魂而运动的，我们已经指出它们的定义是彼此独立的。最后，营养灵魂不是像质料那样以一种不完备的程度存在；相反，在一个活生生的动物中，营养灵魂和感知灵魂都是现实地活动着的，甚至在感知不活动的情况下（例如睡眠），营养活动也是一直持续活动的。因此，质料的"潜在性"的意义不能解释灵魂的统一性。

"某物潜在地存在于另一物中"的第三种意义是"部分潜在地存在于整体中"，亚里士多德在《形而上学》Z10—11 集中谈到这个意义。在这里，我们首先要区分"部分"的不同意义。一种是"质料的部分"，这又分为"可感质料的部分"和"可思质料的部分"，例如"这只手是苏格拉底的一部分"，"手"是可感质料的部分；"弧是圆的一部分"，"弧"是圆这个数学对象的可思质料。亚里士多德认为无论可感质料的部分还是可思质料的部分，质料部分的定义必然包含质料整体的定义，反之必然不成立。因此质料部分在本体论上依附于质料整体，即整体在存在上是优先的，部分不能与整体相分离而存在（《形而上学》1034b32）。例如，"手"不能与苏格拉底分离而存在，"弧"的存在必须作为圆的部分才能得到理解。

"部分"的另一种意义是"形式的部分"（或称本质部分）。"形式部分"出现在形式整体的定义中，例如"音节 ba"的定义包含"字母 a"和"字母 b"，字母 a 和字母 b 就是这个音节的两个形式部分（《形而上学》1035a11）。那么，形式部分是优先于形式整体的吗？① 亚里士多德否认了这一点，他指出，一个真正的形式是不能分割的"一"，而所谓的形式部分每一个都是潜在的。他说："一个实体不可能在其自身之中包含现实的实体，因为那些现实地是两个的，绝不可能现实地是一个，但是，如果它们潜在地是二个，那么它们就能是一个，例如，一条线段是由两半构成的——潜在的两半；因为两半的实现使得它们彼此分离；所以，如果实体是一，那么它就不能在自身中包含实体。"（Z13，1039a4—9）因此，一个现实的实体不可能由多个现实的实体构成，而只能由多个潜在的实体构成。对于亚里士多德而言，形式自身的单一性和不可分割性是原初的，而每个形式部分都是潜在的——它们不能与整体相分离而独立存在。所以，无论是质料部分还是形式部分，部分的存在都依赖于整体。

那么，"营养灵魂潜在地存在于感知灵魂中"的意义是"部分潜在地存在于整体之中"吗？从灵魂与图形的类比来看，这种理解看似最为自然，"三角形"难道不是"四角形"的可思质料的部分，就像"弧"是"圆"的可思质料的部分？营养灵魂难道不是感知灵魂的一部分吗？回答是否定的，我们的理由

---

① 亚里士多德在《形而上学》中心卷中究竟有没有确认形式的部分是优先于形式整体的是一个有争议的问题；他在 Z10 中说："定义（描述）的部分，即定义被分解成的部分，是优先于定义的，要么所有的部分，要么有些部分。"（1035b5—6）但是，哪些定义的部分是优先于整体的，而哪些部分不是优先于整体的，亚里士多德在这里并无说明。有些研究者指出，亚里士多德在 Z 卷中最终否定了形式的部分是优先于形式整体的，笔者也倾向于这个观点。参见 Stephen Menn, *The Aim and The Argument of Aristotle's Metaphysics IIA and A3*, Manuscript, pp. 11 - 12. 聂敏里也持有形式整体优先于形式部分的观点，参见聂敏里《实体与形式：亚里士多德〈形而上学〉Z 卷研究（Z10—17）》，中国人民大学出版社 2016 年版，第 44—45、160—163 页。

有三：首先，"部分潜在地存在于整体之中"意味着部分不能与整体分离而独立存在，但三角形能够与四角形分离而存在，营养灵魂也能够与感知灵魂分离而独立存在于植物之中。其次，营养灵魂是某个"动物灵魂"的一部分，但它不是构成"感知灵魂"的部分；"部分与整体"的关系不能刻画营养灵魂与感知灵魂或者感知灵魂与理性灵魂的关系。最后，即便我们退一步认为，亚里士多德有理由相信营养灵魂是潜在地存在于动物灵魂的整体之中的。但这个观点会招致一个困难：我们不得不认为，营养灵魂和感知灵魂这两个部分都是潜在的，而由它们构成的动物灵魂整体才是现实的，或者营养灵魂、感知灵魂和理性灵魂都是潜在的，而由它们构成的人的灵魂整体才是现实的，因为形式整体的每个部分都是潜在的。然而，亚里士多德显然不会认为感知灵魂和营养灵魂只是潜在存在于动物之中；与之相反，营养灵魂的现实活动贯穿于动物的整个存在之中，而感知灵魂的现实活动才完整展现了动物的存在。所以，"部分潜在地存在于整体之中"也无法解释灵魂的统一性。①

　　第四种意义是"成分潜在地存在于混合物中"。例如，糖潜在地存在于糖水之中，或铁潜在地存在于铜铁合金之中。亚里士多德主要在《论生灭》第一卷第十章中谈到这个意义。他说："混合物的现实存在不同于它由之而来的各成分；然而，每个成分或许仍旧潜在地是它被混合之前的那个东西（δυνάμει δ' ἔτι ἑκατέρου ἅπερ ἦσαν πρὶν μιχθῆναι），而两个成分都未被毁灭（因为这是在前面的讨论中出现的困难；显

---

① Johansen 指出了这里的困难，他甚至认为形式的部分的可分离性和先于整体的特点将会最终威胁到灵魂的统一性。如果坚持《形而上学》Z10—11 的观点，那么灵魂的统一性将是无解的，亚里士多德的学说在这个问题上将存在矛盾。参见 Johansen, *The Powers of Aristotle's Soul*, p. 71。

然，混合起来的成分不仅聚合起来，它们之前是分离存在的，并且它们还能够从混合物中被再次分离出来）。因此，成分既不是现实地持存着，如物体和白色那样持存着；它们也不会被毁灭（要么一个要么两个），因为它们的能力被保存。"（《论生灭》327b24—31）因此，混合物之中的各成分既不是未混合前的现实存在，又并非完全不同于先前的存在状态，而是处于二者之间；这是一种潜在存在：各成分在混合物中以低程度的方式存在着，但它们还保有再次被还原的能力。例如，糖和水混合在一起，糖在混合物（糖水）中潜在地存在，但它还能够从糖水中再次分离还原——例如通过蒸馏。

因此，这种意义的"潜在存在"是指各物质成分在混合物中以较低程度的方式存在着，并且它们可以再次从混合物中被还原。"混合"并不是"生成"，不同的成分聚为混合物并不等于生成一个新的实体。亚里士多德提醒我们说："我们在这个论证中要求的是对混合和生成与毁灭的准确区分（因为如果混合物是存在的，那么它显然必须与这些过程相区分），并且要准确区分什么是混合与什么是生成和毁灭。"（《论生灭》327b7—10）因此，通过混合几种元素的方式并不能生成任何实体，而只能得到具有中间性质的混合物；实体的生成必然需要形式因的介入。

那么，这种意义上的潜在存在是否可以解释灵魂的统一性呢？营养灵魂是否像某个混合成分一样潜在地存在于感知灵魂中？回答仍然是否定的，理由有两点：其一，感知灵魂不是一个混合物，而营养灵魂也不是感知灵魂的混合成分，更不可能从感知灵魂中重新被分离出来，因此，我们无法从不同物体混合的角度去理解感知灵魂与营养灵魂的关系。其二，更重要的是，营养灵魂不是以一种低程度的方式存在于动物灵魂或感知灵魂之中的；相反，在动物的整个生命历程中，营养灵魂都持续地活动着，甚至当感知灵魂休眠的时候，营养灵魂也在活动。因此，第四种意义的"某物潜在地存在于另一物中"仍然无法解释灵魂的统一性问题。

至此，我们要说亚里士多德在《论灵魂》第二卷第三章中对灵魂的"低级部分潜在地存在于高级部分中"的阐释要么是不能被理解的，要么这里的"潜在存在"有另外的含义。

三 对亚里士多德的灵魂统一性的辩护

倘若亚里士多德不能为灵魂的统一性辩护，那么他的整个灵魂学说甚至形式理论就将受到严重的威胁。我们在这里提供两条辩护的路线，一条是在亚里士多德之后的传统中发展起来的"潜在性"的新含义；另一条是亚里士多德的文本中蕴含的解决思路。

在亚里士多德之后的传统中，"潜在性"概念发展出了一种新含义，这就是"虚拟的潜在性"（Virtual Potentiality）。有些学者，如希尔兹（C. Shields）和麦克马林（E. McMullin），认为《论灵魂》第二卷第三章中谈到的"营养灵魂潜在地存在于感知灵魂中"说的是"虚拟的潜在性"，这是一个亚里士多德自己提出但没有发展过的概念，而他唯一提及的地方就是这里。在中世纪哲学中，"虚拟的潜在性"得到了相当丰富的讨论和发展。麦克马林总结说："一个形式以虚拟的方式存在于另一个主导的形式中，它对于这个'命令'自己的形式而言就是虚拟的潜在性。一个活细胞中的氧分子是被这个细胞的形式或目的掌控的，而这个细胞又是被活的身体之整体掌控的。但这个分子在那里，它既是一个空间结构，又保存了它通常的引起活动的能力。它不是像一个独立的行动者那样现实地存在的；这里所对比的是现实的自主性和虚拟的潜在性。"[1] 因此，"虚拟的潜在性"的基本含义是：在包含多个形式的复合实体中，低级的形式被高级的形式"统治"或"掌控"，但它们的原因效用被保存着，它们的存在是"虚拟的潜在性"。

笔者要强调的是，"虚拟的潜在性"描述的是形式和形式之间的关系，即它将形式之间的"低级—高级"结构理解为"潜在—现实"的关系，低级的形式在这个结构中丧失了自身的独立性和自主性，并服务于高级的形式。希尔兹认为"虚拟的潜在性"恰好能够解释灵魂的统一性，他说："亚里士多德的意思简单地说就是高级的灵魂现实地展现着低级的灵魂，但低级的灵魂并不展现高级的灵魂。但是，他说这些低级的灵魂只是潜在地存在于高级的灵魂中。因此，他想要强调高级灵魂和低级灵魂的不对称性，又能不陷入对诸灵魂的外部叠加的或聚合的解释。"[2] 根据这一解释，我们设想人的理性灵魂"掌控"感知灵魂，而感知灵魂将因此被改变。我们可以这样理解：人有理性的欲望，而动物只有非理性的欲望，这是因为在人的灵魂整体中，欲望受到了理性灵魂的统治而被改变；此外，在人之中有理性的想象，而在动物之中只有感知的想象，这是因为在人的灵魂整体中，想象受到了理性灵魂的统治而被改变。因此，高级灵魂对低级灵魂的"掌控"和"改造"使得灵魂成为一个"自上而下"的统一体。

---

[1] Ernan McMullin, "Four Senses of Potency," in Ernan McMullin (ed.), *The Concept of Matter in Greek and Medieval Philosophy* (Notre Dame: University of Notre Dame Press, 1965), p. 315.

[2] Christopher Shields, *Aristotle De Anima* (Oxford: Clarendon Press, 2016), pp. 197 – 198.

虽然用"虚拟的潜在性"来解释灵魂多部分的统一性是一条可行的路线，但这个概念并不是亚里士多德自己的，而是在后来的哲学讨论中发展起来的，尤其是在中世纪的"一元论"和"多元论"的争论中发展起来的。① 此外，在这个过程中，对灵魂之本质的看法也发生着改变，如苏亚雷斯（F. Suarez）用"虚拟的潜在性"解释灵魂的统一性，但他是从"性质"的角度来理解灵魂之部分，而把无部分的灵魂看作一个实体。②

除此之外，我们是否能在亚里士多德的文本中为灵魂之统一性找到辩护呢？《论灵魂》第三卷第十二章似乎提供了一些线索。亚里士多德说：

> 营养灵魂必须被任何活着的和拥有灵魂的存在者所拥有，从它的出生到死亡。……但是感知不必存在于所有生物中。……动物必须拥有感知，因为自然不做无用之事。因为一切根据自然而存在的事物都是为了目的而存在的（ἕνεκά του），或者是达成目的之手段的伴随物。每一个能够向前运动的物体如果不拥有感知就会死亡或无法达成它的目的，而这个目的也是自然的目的；因为，它如何能够获取食物呢？不会移动的生物的确是从它们生长的地方获得食物的；但是会移动的和被生成的生物是不可能拥有一个灵魂和能分辨事物的理性，但不拥有感知的。（即便它不是被生成的，这也是不可能的。）为什么它不应当拥有感知？因为拥有感知是为了灵魂或为了身体更好地存在

---

① McMullin, "Four Senses of Potency," pp. 201, 306.
② 参见希尔兹对苏亚雷斯的解释, Christopher Shields, "Virtual Presence: Psychic Mereology in Francisco Suarez," in Klaus Corcilius and Dominic Perler (eds.), *Partitioning the Soul: Debates from Plato to Leibniz* (Berlin: De Gruyter, 2014), pp. 201, 214.

（ἦ γὰρ τῇ ψυχῇ βέλτιον ἦ τῷ σώματι）；但（不拥有感知）这两者都不会好——因为缺少感知将既不可能使灵魂更好地思考也不能使身体更好地存在。所以，没有任何能移动的物体是有灵魂但没有感知的。（《论灵魂》III. 12，434a21—434b9）

在这段文本中，亚里士多德以"感知"为例说明了动物灵魂是一个统一的整体。我们把他的论证归纳如下：

①任何自然物都是为了一个目的而存在的。

②动物是自然物，它们的目的就是维持自身的生存（而死亡就是未达成目的）。

③如果动物要生存，那么它就必须拥有营养灵魂以便维持自我营养的活动。

④如果动物要进行营养活动，那么它就必须摄取食物。

⑤如果动物要捕食，那么它就必须拥有自我移动的能力。

⑥如果动物拥有自我移动的能力，那么它就必须拥有感知灵魂。

所以，由④⑤⑥可得：⑦如果动物要进行营养活动，那么它就必须拥有感知灵魂。

⑧如果一个动物拥有感知灵魂，那么它也必然拥有营养灵魂（因为营养灵魂被一切有灵魂的存在者拥有）。

所以，由③⑦⑧可得：⑨如果动物要生存，那么它就必须拥有感知灵魂和营养灵魂。

⑩此外，拥有感知才能够使得动物和人更好地维持生存，因为它使得动物能够更容易获取食物和更有利的思考。

这个论证是一个目的论论证，它的前提①和②是亚里士多德形而上学和自然哲学的基本预设。③④⑤⑥都表达了实现一个目的所需的必要条件，由它们推出的结论⑦是我们在这个论证中获得的新信息：对于一个动物的生存而言，营养灵魂的活动也依赖感知灵魂的活动，并不仅仅是感知灵魂的存在以营养灵魂的存在为必要条件。因此，从动物之存在的整体目的（生存活动）来看，营养灵魂和感知灵魂的活动是不分离的，这意味着它们是同一个目的系统中的不可分割的部分。如果我们把动物之生存整体看作一个目的，那么营养活动和感知活动的联合才是达成整个目的的手段；换言之，动物为了实现生存这个目的，必须既具备营养灵魂又具备感知灵魂。所以，我们可以合理地得出结论⑨。这个结论表明，对于一个动物的生存而言，灵魂的各部分是相互依赖的；理解灵魂统一性的关键便在于灵魂的多部分构成了实现同一个整体目的的手段，而这种整体目的与实现整体目的之手段的思想也为灵魂之各部分在逻辑和定义上的统一性提供了基础。亚里士多德似乎在目的论的框架中为灵魂的统一性问题找到了出路，他在动物学的研究中也是这样实践的。

此外，亚里士多德在这个论证的最后提出了一个推论⑩，他指出感知不仅是维持动物生存的必要条件，而且能够使它活得更好，因为一个动物并不仅仅维持自我营养，它还有更多的活动形态。"活得好"是生物之生存目的的更高级的表现形态。如果说营养灵魂仅仅能够使一个动物"活着"，那么感知灵魂能够使它活得更好；同样地，拥有理性才能使得一个人活得好。在这个意义上，感知灵魂比营养灵魂更高级，而理性灵魂比感知灵魂更高级。因此，当亚里士多德说"营养灵魂潜在地存在于感知灵魂中"时，我们或许可以理解为营养灵魂达成动物之生存目的的程度是初级的和不完备的，而感知灵魂的活动才能更好地实现动物的存在。这里的"潜在存在"应当从生物之存在的整体目的中得到理解，即在一个拥有不同灵魂部分的生物（动物和人）中，低级的灵魂部分对整体目的的实现相较于高级部分来说是不完备的。但是，我们发现亚里士多德并没有对灵魂之统一性的目的论论证中使用"潜在性—现实性"的解释模式，他似乎已经放弃了《论灵魂》第二卷第三章中的这个解释，尽管他仍然可能在自己的思想理论中为灵魂之统一性提供辩护。

四　结论

亚里士多德将灵魂划分为营养、感知和理性三个部分，它们在定义上彼此分离，但在空间上不可分。但是，一旦灵魂被划分为不同的部分，这些部分如何构成统一体就是必须解决的问题。亚里士多德在《论灵魂》第二卷第三章给出的"低级部分潜在地存在于高级部分之中"的过于简略的阐释并不能充分解释在动物或人之中，营养灵魂、感知灵魂和理性灵魂如何构成一个统一的形式。

尽管我们可以从目的论的角度对亚里士多德的灵魂的统一性进行辩护，亚里士多德自己似乎也相信动物的灵魂和人的灵魂是一个统一体，但是灵魂各部分在定义上相互独立（甚至理性灵魂在空间上分离）与灵魂的统一性之间始终存在张力。倘若灵魂不是严格的统一体——即实体上的"一"，那么不仅形式作为单一实体的地位会受到严峻的挑战，而且灵魂与身体的统一性也就不能得到保证。灵魂的多部分与统一性的问题充分

展示了亚里士多德学说的复杂性以及亚里士多德传统在后世的
发展中开出的丰富性，我们看到中世纪流行的"虚拟的潜在
性"概念正是从亚里士多德解释灵魂的统一性问题中发展起
来的。

　　*作者简介：曹青云，厦门大学哲学系教授，主要研究方向
为古希腊哲学，尤其是亚里士多德哲学。*

亚里士多德论混合与生成[*]
——生物体中的两种同质部分

葛天勤

摘要: 本文从亚里士多德对于混合与生成的区分出发,指出亚里士多德在讨论同质部分的生成与混合的时候出现的一个不一致。为了解决这个问题,我们提出了两种同质部分:混合的同质部分和生成的同质部分。在生物体当中,我们分别论述了这两种同质部分以及它们各自的特征。但是对于非生物体而言,本文指出只存在混合的同质部分,而不存在生成的同质部分。随后,本文将两种不同的同质部分应用到亚里士多德对于动物的相关生命活动的具体描述中,说明了我们对于生物体的两种同质部分的区分能够与亚里士多德对于动物生命活动的相关论述相契合,从而进一步证明了本文所提出的生物体中的两种同质部分的合理性。

关键词: 混合;生成;同质部分;生物体

一　问题的提出:混合与生成的区别

作为变化(μεταβολή)的一种,生成(γένεσις)无论是在亚里士多德的形而上学中还是在他的自然哲学中,都是一个至关重

---

　*　本文最初发表于《哲学门》第40辑。

要的概念。而混合（μίξις）① 则与亚里士多德可生灭的自然世界中的同质部分（ὁμοιομερής）② 的形成密切相关。在《论生灭》327b6—13 中，亚里士多德认为有必要区分混合和生成两个概念，并认为这样的区分会是很"明显"的（δῆλον，《论生灭》327b8）。随后，他在 327b11—13 通过一个例子说明了二者的区分：火把木头烧毁了，那么就不是二者的混合，而是一个事物的生成与另一个事物的毁灭③（另一个相似的例子参见《论生灭》328a27）。此外，亚里士多德在讨论四元素在混合物当中的存在状态时也在一方面把混合这一特殊的过程与生成区分开来，在另一方面又把混合与质变（ἀλλοίωσις）相区分（见《论生灭》327b22—31）。再者，我们从变化的来源的数量当中也能看出需要对二者进行区别。混合的来源是两个或两个以上的事物，而生成的开端只有一个，因为生成总是从一个事物到另一个事物。④ 如果生成的开端

---

① 本文并不严格进一步区分作为过程（process）的混合和作为产物（product）的混合物，如同 D. Frede, "*On Generation and Corruption* I. 10: On Mixture and Mixables," in Frans A. J. de Haas and Jaap Mansfeld (eds.), *Aristotle's On Generation and Corruption I* (Oxford: Oxford University Press, 2004), p. 290 n. 3 所做的那样；因为本文认为过程以及产物是相对应的。

② 亚里士多德似乎很少直接给同质部分下定义，他经常采用列举的方式说明哪些事物是同质部分。对于同质部分的列举可参见例如《天象学》385a7—10、388a13—20。对于动物来说，同质部分就是肉（这也是亚里士多德最喜欢使用的例子，我们在后文中也常常会以肉来指代生物体的同质部分）、骨头、皮肤等；在这里需要注意的是血液的特殊性，在一些文本中亚里士多德似乎否认了血液是一种身体的部分，但是在另一些时候亚里士多德又把血液认为是一种同质部分，参见 C. Frey, "From Blood to Flesh: Homonymy, Unity, and Ways of Being in Aristotle," *Ancient Philosophy*, vol. 35, no. 2 (2015), p. 375 n. 2，我们在下文中会进一步讨论血液的特殊性。对于植物来说，同质部分主要是树干、树皮等；非生物体的同质部分就是金、银、铜、铁、锡之类的事物。

③ 也参见 H. Joachim, *Aristotle on Coming-to-be and Passing-away* (Oxford: Oxford University Press, 1926), pp. 178–179; Williams, *Aristotle's De Generatione et Corruptione* (Oxford: Oxford University Press, 1982), p. 143 对这个例子的解释。

④ 亚里士多德在《物理学》I. 7 分析变化的时候认为生成总是从一个事物开始，比如说 189b32—33：φαμὲν γὰρ γίγνεσθαι ἐξ ἄλλου ἄλλο καὶ ἐξ ἑτέρου ἕτερον；190b3—4：ἀεὶ γὰρ ἔστι ὃ ὑπόκειται, ἐξ οὗ τὸ γιγνόμενον.

有多个，那么它就很难通过《物理学》第一卷中提到的变化的三本原模型来分析：比如说在火和土混合成肉的过程中，我们很难说它们的缺失（στέρησις）和主体（ὑποκείμενον）分别是什么。因此，基于以上三个方面，我们认为亚里士多德明确区分了混合与生成这两种不同的变化：生成是一种实体上的变化，它与性质上的变化（质变）、数量上的变化（生长）、位置上的变化（位移）共同构成四种主要的变化类型（参见《论生灭》319b31—320a2）；但是混合则是一种很特殊的变化，它既不是以上四种变化中的任何一种，也不能将其再放入某个其他范畴的变化当中去。①

然而，通过进一步考察亚里士多德的文本，我们却会发现亚里士多德在这个问题上会出现一个不一致的说法。这个不一致就出现在同质部分之上：亚里士多德在一些文本中会认为同质部分是混合的产物，或者说是一种混合物；但是在另一些文本中，亚里士多德却指出同质部分是生成的产物。比如说在《论生灭》334b3—6，亚里士多德提出肉是由火和土而来的混合物；② 但是在《论题篇》151a25、《论天》306b22、《论生灭》322a7、《论动物的生成》743a17—18、744b27—28 等处，亚里士多德又明确提到同质部分（主要是肉、骨头等）是生成的结果：他在上面的每一处文本中都会把同质部分和γίγνομαι并置，认为这些同质部分都是生成的。那么，同样是某一同质部分（比如说肉），它为什么既能够是生成的结果，又可以是混合的结果呢（毕竟我们认为变化的过程分别对应着各自的变化的产物）？本文的任务就在于考察这样一种不一致，并试图解决这一问题。

---

① 参见 Frede, "*On Generation and Corruption* I. 10 ," p. 290.
② 关于这一点见 Frede, "*On Generation and Corruption* I. 10 ," p. 305.

学界几乎没有注意到这一问题，反而不少学者在论述过程中经常将混合和生成混为一谈。然而亚里士多德既然明确区分了生成与混合，我们就有理由对同质部分进行更深入的探究。在下文中，我们将指出：解决这个不一致的方式就在于在生物体的同质部分中，继续区分出两种不同的同质部分，[①] 也就是混合的同质部分和生成的同质部分；[②] 前者是混合的结果，而后者是生成的结果。这就是说，当亚里士多德提到同质部分被"生成"这样的表述的时候，他指的是生成的同质部分，而不是作为混合物的同质部分。我们接下来将分别讨论生物体中两种同质部分的特征，并指出二者的区别。之后，我们将考察非生物的同质部分：对于这些事物，我们指出只存在着一种同质部分，也就是混合的同质部分。因为本文认为在非生物中，由混合的同质部分生成的事物不再是同质部分，而是个体复合物；承认非生物的生成的同质部分就意味着要违背亚里士多德的形

---

① 实际上，学界从形质论视角对于质料所进行的类似做法并不鲜见，比如 J. Whiting, "Living Bodies," in M. Nussbaum and A. Rorty（eds.）, *Essays on Aristotle's De Anima*（Oxford: Oxford University Press, 1992）, pp. 75 – 91; M. L. Gill, "The Limits of Teleology in Aristotle's *Meteorology* IV. 12," *HOPOS: The Journal of the International Society for the History of Philosophy of Science*, vol. 4, no. 2 (2014), pp. 335 – 350 等。更多学者的提及参见 C. Byrne, "Compositional & Functional Matter: Aristotle on the Material Cause of Biological Organisms," *Apeiron*, vol. 48 (2015), p. 390 n. 11。但是首先，本文通过从区别混合与生成的角度（本文并不从形质论角度来处理同质部分，尽管我们承认生成的同质部分存在形式和质料，并且是一种实体，故而可以从形质论角度来分析）来区分两种同质部分的做法与他们都不同。其次，我们提出的是两种不同的同质部分，二者不能共同存在，而是分别属于生命活动的不同阶段，这一点也是和其他学者不一样的地方：他们有的似乎认为两种同质部分可以同时存在，有的认为只是存在着对于同质部分的两种不同的描述。再次，有些学者由于采用了形质论角度进行分析，他们会同样以形质论来分析我们所谓的混合的肉，而我们认为混合的肉是不能通过形质论来分析的。最后，本文的另一个不同之处在于我们将这种区分应用到动物的具体生命活动中，而这一点是上面这些学者几乎都没有提到的。

② 在下文中，我们为了行文的便利，一般会用混合的肉与生成的肉来表述这样两种同质部分。

质论。最后，本文将把生物体中的两种同质部分应用到动物的
生命活动中去。通过这一方式，我们可以进一步确证本文对于
两种同质部分的提出具有合理性：两种同质部分的提出不仅可
以弥合亚里士多德在混合与生成之间产生的不一致，从而明确
混合物和生成物的区分；而且能够符合亚里士多德所描述的动
物的具体生命活动过程。诚然，亚里士多德没有在作品中直接
提出过这两种同质部分。但是，如前所述，当亚里士多德在一
些文本中提到肉是混合物，在另一些文本中又认为肉是生成的
结果的时候，我们有理由认为亚里士多德在这些地方区别了两
种同质部分。此外，我们下文中提到的一些文段①也可以间接
为两种同质部分的存在提供证据。最后，本文的第三部分对于
亚里士多德生命活动的讨论，也是为了证明两种同质部分存在
的合理性。总而言之，本文的目的就在于说明，尽管亚里士多
德没有明确提到这一区分，但是这一区分不但不会违背亚里士
多德的观点，而且有助于我们解决亚里士多德文本的一些疑难
之处。

二　亚里士多德的两种同质部分

1. 生物体中的两种同质部分

（1）生物体中的混合的同质部分

我们首先来讨论混合的同质部分。很明显，混合的同质部

---

① 比如在《天象学》390a22—b1 中，亚里士多德提到尸体突然变成灰土；在《形
而上学》1035a17—21、a31—34 那里，亚里士多德似乎暗示着肉和骨头在死后
也能存在一段时间；在《论动物的部分》649a16—19、649b21—27 中，亚里士
多德指出热的性质对于血来说，既是本然的又不是本然的。

分是一种混合物，而且混合的同质部分就是由四元素在冷和热的作用下①混合而成的（比如说混合的肉就是由火和土混合而成）。而尽管学界对于混合物的具体混合方式以及混合物中四元素"潜在地存在"的具体含义等问题有很多不同的争论，但是一般而言，混合物有以下四个特征。② 第一个特征是同质性，这也是作为混合物的同质部分的一个很重要的特点。③ 亚里士多德认为同质性就是每一部分和它的整体都相同，比如说肉的每一部分都是肉。④ 这一点与生物体中的异质部分（non-uniform parts，ἀνομοιομερής）相对立，比如说作为异质部分的手、脚、头等事物就没有同质性，它们的任一部分和整体都是不相同的。第二个特征是可恢复性。这就是说，形成混合物的四元素在被混合之后可以再次分解为四元素（参见《论生灭》327b23—30的论述），比如说混合的肉可以分解为原来构成它的火和土。在我们看来，混合物的这一特征意味着它不是非常稳定；相比于生成物而言，混合物没有很强的统一性：混合的肉很容易化为火和土，但是生成的肉却不是如此，在我们看来它不会直接分解为元素。第三个特征就是所谓的潜在存在性。亚里士多德

---

① 冷热是四元素的冷热干湿四种能力中的两种，冷热对于混合的同质部分的作用参见《天象学》378b12，以及更详细的《天象学》IV. 1—11。

② 以下几个特征来自于 Wood & Weisberg（"Interpreting Aristotle on Mixture," *Studies in History and Philosophy of Science*, Part A vol. 35. no. 4, 2004, p. 683）的概括，我们认为他们提出的第五、第六两个特征存在一定争议，而且与本文的论述主旨没有太大关系，故而将其略去。

③ 这也可以证明前面说过的混合物是同质部分的观点。另外，同质性也是所有同质部分的特征，正如我们会在后面看到的那样，无论是混合的肉还是生成的肉，它们都具有同质性。

④ 这是建立在古代物理学和形而上学的基础上。尽管这一问题在亚里士多德之后也引起了许多争议，比如说斯多亚学派和阿弗洛狄西亚的亚历山大之间关于混合理论的争论等。不过这个问题已经超出了本文的讨论范围。

认为构成混合物的是四元素，① 而四元素在混合物中既不是以一种完全不变的状态存在，也不是在混合物中完全毁灭了，而是在混合物中"潜在地（δυνάμει）存在"（《论生灭》327b22—31）。② 最后一个特征是均衡性（《论生灭》328a28—30）。尽管学界对于这一特点的理解也存在很多争议，我们姑且可以认为构成混合物的四元素的冷热干湿四种能力（δύναμις）在混合物中呈现为一种相互平衡的状态，③ 这在某种程度上使得混合物保持了一定的稳定性，而不会让其中的某一构成元素占据统治地位。

在概述了混合的同质部分的特点之后，我们要进一步指出，由于之前我们提到过混合和生成是不同的，而生成作为实体上的变化只能应用在实体之上，因此我们认为混合的同质部分并不是实体，故而有些学者提出的混合的比例是混合物的形式的观点也是有问题的。④ 因为如果混合的同质部分也是实体的话，那么混合与生成（以及混合物和生成物）就没有什么区别了，而这一点恰恰是亚里士多德所反对的：混合与生成不能被混淆。而既然混合的同质部分不是实体，那么它就没有严格意义上的

---

① 无论是两种还是两种以上的四元素。比如对于肉而言，亚里士多德多次提到它是由火和土混合而成的（比如《论生灭》334b3—6、《论天》302a20）。

② 如何理解元素在混合物中"潜在地存在"是学界争论的一个难题，参见 Bogen, "Fire in the Belly," in Frank A. Lewis and Robert Bolton (eds.), *Form, Matter, and Mixture in Aristotle* (Oxford and MA: Blackwell Publishers, 1996), pp. 183 – 216; A. Code, "Potentiality in Aristotle's Science and Metaphysics," *Form, Matter, and Mixture in Aristotle*, pp. 217 – 230; T. Scaltsas, "Mixing the Elements," in Georgios Anagnostopoulos (ed.), *A Companion to Aristotle* (Wiley-Blackwell, 2009), pp. 242 –259 等解释。但是本文的任务并不要求我们进一步讨论这一争论。

③ 或者说混合的同质部分中冷热作用的结果是平衡的。事实上，对于这一特点的理解也涉及之前对于"潜在地存在"的理解，故而不少学者都会同时论及这两个问题。

④ 比如参见 Code, "Potentiality in Aristotle's Science and Metaphysics," p. 224。

本质①，这样混合的同质部分就无法实现其功能（因为本质就意味着实现其功能）②。从而，它也无法通过形质论来分析，四元素不是混合的同质部分的质料、混合的比例也不是其形式。尽管混合的肉在存在论的地位上显得较为薄弱，但无论如何混合的肉至少还是一种同质部分，还是一种肉，尽管只拥有通过冷热作用而造成的肉的一些诸如一定的软硬度等性质。③ 同时，这些冷热的相互作用也使得混合物具有了一定的稳定性，而不会立刻分解为四元素（尽管它们的稳定性和统一性比不上我们下面所要讨论的生成的同质部分）。④ 对于冷热的具体作用，亚里士多德在《天象学》IV.1—11 对冷热如何造成各种混合的同质部分的性质进行了详细的讨论。几乎所有学者都会认为《天象学》IV.1—11 的解释是非目的论性质的⑤：这些同质部分的形成是在"物质必然性"（material necessity）⑥ 的作用下，而不

---

① 只有实体才有严格意义上的本质的观点参见《形而上学》Z. 4—6，尽管学界对这段文本的解释充满了争议，但是亚里士多德承认这一点是没有异议的。

② 对此参见《论灵魂》412b10—22 的论述，也可参见 M. Leunissen, *Explanation and Teleology in Aristotle's Science of Nature* (Cambridge: Cambridge University Press, 2010), p. 88。

③ 类似于 Gotthelf 所说的同质部分的 πάθη，尽管我们和他的论述角度不同。在我们看来，他所说的同质部分指的都是生成的同质部分，而没有注意到混合的同质部分，原因可能就在于他没有关注混合概念，参见 A. Gotthelf, "Teleology and Embryogenesis in Aristotle's *Generation of Animals* II. 6," in A. Gotthelf, *Teleology, First Principles, and Scientific Method in Aristotle's Biology* (Oxford: Oxford University Press, 2012), pp. 90 – 116。

④ 对于冷热造成混合物的稳定性和软硬等性质的论述还可参见 Byrne, "Compositional & Functional Matter," pp. 394 – 395。

⑤ 例如参见 Gill, "The Limits of Teleology in Aristotle's *Meteorology* IV. 12," p. 335; Byrne, "Compositional & Functional Matter," pp. 394, 396 等。

⑥ 当然，这里的"物质必然性"不同于亚里士多德在《物理学》II. 8—9 提出的"假言必然性"（hypothetical necessity）。因为根据"假言必然性"，某事物之所以必然如此还是由于其为了实现某个目的，参见《物理学》200a13、200a32—35。因此，"假言必然性"依然带有自然目的论的性质。

是为了实现某个目的。故而，我们认为对于混合的同质部分的讨论并不处于自然目的论的领域之内；这就是说，混合的同质部分自身没有其功能，也没有其目的。① 混合物的产生并不是为了实现某种特定的目的，而是四元素在冷热的作用下经由"物质必然性"而形成的。

（2）生物体中的生成的同质部分

如前所述，生成的同质部分总是来自于某一事物（可能是混合的同质部分，也可能是另一种生成的同质部分，正如我们在第三部分会提到的那样），而它作为生成的产物可以说是一种实体（尽管是较弱意义上的实体，相比于作为整体的个体复合物而言）。② 因为亚里士多德多次提到只有依照实体（κατὰ οὐσίαν）的变化才可以算是生成，而且他在《物理学》190a32—33 也指出只有实体（τῶν οὐσιῶν μόνον）才有严格意

---

① 我们在下文中还会继续提到功能和目的的紧密联系。

② 当然，亚里士多德在《形而上学》1040b5—16 拒斥了实体的可感部分作为实体的可能性，但是他同时又在《形而上学》1041b17、b21 以肉作为实体的例子。本文自然无法处理实体是否具有多重含义或是否存在着不同程度的实体这样繁复的问题［对此可参见 D. Morrison, "The Evidence for Degrees of Being in Aristotle," *Classical Quarterly*, vol. 37. no. 2 (1987), pp. 382 – 401］，而是主张实体还是具有一定的层级性。处在整体的个体生物之内的同质部分具有一定实体性，但相比于整体复合物而言的实体性是很弱的：凭借整体实体，生成的同质部分才可以被认为是生成的结果，从而能够具有一定实体性。而亚里士多德又认为实体不能由内在于其中的现实的实体构成（《形而上学》1039a16—17），甚至在其他地方直接说实体不能由实体构成（《形而上学》1041a4—5），但我们认为《形而上学》1041a4—5 说的是实体不能由与它相同意义上的实体构成，这样我们似乎就可以为生成的同质部分提供一些实体性；或者说它们至少还算是一种潜在的实体（可参见《形而上学》1040b5—8 中提到的实体的部分只是一种潜能的说法，也可对照之前的《形而上学》1039a16—17）。聂敏里也承认《形而上学》Z17，1041b17 的肉也是实体，尽管他还同时认为《形而上学》Z16，1040b5—16 提到的动物的部分是潜在意义上的实体，"即使它们单独来看是实体"，对此分别参见聂敏里《实体与形式：亚里士多德〈形而上学〉Z 卷研究（Z10—17）》，中国人民大学出版社 2016 年版，第 198—201、284—285 页。所以本文认为肉等生成的同质部分至少可以是潜在的实体，而不是说它们完全不是实体。

义上的生成（ἁπλῶς γίγνεσθαι）。① 我们认为，相对于混合的肉来说，生成的肉具有形式和本质，同样也就可以实现其功能（ἔργον）② （从这个角度而言，生成的肉可以被区分为形式和质料，从而可以通过形质论的角度来分析）。比如说，亚里士多德提及肉也有触摸的功能（参见《论动物的部分》653b21—24、《论动物的生成》734b24—31、《天象学》390a10—13）；与此类似，我们也可以据此推测亚里士多德认为其他生成的同质部分比如骨头、皮肤等也有某种特定的功能。③ 一个事物的功能和它的目的具有十分密切的联系，我们可以说一个事物的功能的实现就是其自身的目的，④ 所以说生成的肉也有其目的，它可以被放置在自然目的论的框架之下进行解释；再者，生成过程本身在亚里士多德看来就带有目的论性质。

在这里，我们可以考虑"同名异义原则"（principle of homonymous）和两种同质部分的关联。我们可以将这一原则简要概括如下：x 之所以被称作 x，是因为 x 能实现 x 的功能；而当 x 不能发挥这一功能时，x 就不再"是"x，除了在同名异义上还能被称作 x 之外。⑤ 我们认为，对于生成的肉和混合的

---

① 这里的"严格意义上的生成"就是本文讨论的生成概念。亚里士多德在这里将它和其他偶性上的变化相区别。如前所述，混合并不是这几种变化（或宽泛意义上的生成）中的任何一种。

② 参见《物理学》198a24—27。不少学者会承认形式、本质、功能这三者是同一的，比如参见 D. Modrak, "Form and Function," *Proceedings of the Boston Area Colloquium in Ancient Philosophy*, vol, 22（2006），pp. 118, 124。

③ 关于骨头的功能参见《论动物的部分》653b33—36。

④ 关于这一点可参见 Leunissen, *Explanation and Teleology in Aristotle's Science of Nature*, pp. 12 - 13。她区分了三种不同的目的（或目的因），而功能就是其中的一种，并且列举了《物理学》198b24—28 和 200b4—8 作为这一类目的因的例证。

⑤ 亚里士多德在很多地方都明确表述过同名异义原则，比如参见《论灵魂》412b10—22、《形而上学》1035b23—25 等。

肉而言,① 这里的 x 实际上指的应该是生成的肉,也就是说,只有当肉能够实现其功能的时候(也就是当肉是处在一个活着的生物体之内的肉的时候),它才能被称作生成的肉;而当生成的肉变成混合的肉而无法施展其功能的时候,它只是在同名异义上是生成的肉。因此,同名异义原则正好对应了两个阶段下的同质部分,同时也反映了两种同质部分之间的关系:混合的同质部分只是在同名异义上(这里的"同名"意味着它们都被称作"肉""骨头""皮肤"等)是生成的同质部分,而只有生成的同质部分才拥有功能和本质;当生成的同质部分离开它所在的活着的整体生物体而失去功能之后,它就会毁灭而成为混合的同质部分。

(3) 血液在同质部分中的特殊性和生命热

血液在同质部分中的地位略显复杂。有学者认为血液严格说来不是人体的一个部分;② 另外还有学者试图证明血液是一种非生命物,就像金银铜铁一样。③ 要处理血液的问题,我们认为首先要明确它究竟是不是同质部分。之前提到过,同质部分的一个特征就是同质性,也就是说每一部分都和整体一样,而血液显然是符合这个条件的;④ 因此我们认为无论是生成的血液还是混合的血液,二者都是一种同质部分,或者说至少是一种同质体,即使它们不是严格意义上的人体的部分。而血液究竟是不是人体的一个部分,以及是不是一种非生命物这两个问题,我们则认为需

---

① 尽管亚里士多德在提到同名异义原则的时候通常都以异质部分作为例子,不过他在我们上文提到的《论动物的生成》734b24—31、《天象学》390a10—13 就把同名异义原则应用到了同质部分之上。

② Frey, "From Blood to Flesh," pp. 375 – 394, 就坚持这一观点。

③ 参见 Sheldon M. Cohen, "Aristotle on Heat, Cold, and Teleological Explanation," *Ancient Philosophy*, vol. 9 (1989), pp. 255 – 270。

④ 之前 Wood & Weisberg, "Interpreting Aristotle on Mixture," p. 683 在提到同质性的时候就用血液作为例子。

要区分两种作为同质部分的血液：混合的血液和生成的血液。如果我们意识到两种血液的特点以及它们之间的关系，我们就能够对上述问题做出回答，并且能够推进我们对其他生物体的同质部分的认识，也就是生命热（vital heat）在生成的同质部分中所起的作用。而学者们会遇到有关血液的这些问题，原因在于本文区分的两种血液会先后出现在进行着相关生命活动的动物体内——这是其他生物体的同质部分所没有的情况，正如我们在第三部分中所论述的那样。

　　亚里士多德认为血液是由四元素中的水和土（或者再加上气）构成的。① 作为混合物，混合的血液具有我们之前提到的关于混合的同质部分的特点。这样的血液可以不处于动物体之内（比如受伤后从身体中流出来的血液）②，因此在这个意义上我们可以说混合的血液不是人体的一个部分。同样，当血液离开身体之后，因为它失去了灵魂的影响，从而可以被看作一种非生命物，因此上述学者的观点从混合的血液的角度来看具有一定合理性。③ 但是如果将这些结论扩展到普遍的血液，那么就会出现一些问题，这首先是因为亚里士多德在不少文本中也把血液作为人体中的一个部分列举出来（比如《论动物的部分》640b18—20、647b10—16，《动物志》511b1—10）；其次在于亚里士多德会提到血液的定义这样的说法（参见《天象学》390b16），而作为非实体的混合物的血液不存在严格的定义。再者，在《论灵魂》416a29—b10（也可对照《论动物的部分》

---

① 亚里士多德认为血液由水和土构成，参见《天象学》384a17；认为由水、土、气构成，参见《天象学》389a19。

② 尽管在通常情况下，混合的血液的存在时间很短暂：离开身体的混合的血液很快又会化为四元素。

③ 从这个角度说，我们甚至也可以主张混合的肉、骨头等同质部分不是生命物，也不是生物体的一部分。

654b7—11）当中，亚里士多德也主张血液作为一种被消化了的营养产物，这也是一种受到灵魂影响的同质部分，就和处于身体中的肉一样。最后，有学者还据此主张同名异义原则依然适用于血液（尽管他没有说是生成的血液）：没有灵魂影响的（混合的）血液就相当于同名异义的（生成的）血液。① 因此，我们可以从以上四个方面的论述中得出同样也存在着生成的血液的结论。生成的血液和生物体中其他生成的同质部分一样，也可以展现某种功能（尽管亚里士多德没有明确说出血液究竟有什么功能，但是我们认为血液可以有营养其他器官的功能②，另外，血液还有生成肉等其他同质部分的功能，正如我们在第三部分会提到的那样）。而当生成的血液离开身体之后，它就变成了混合的血液，然后又被分解成土和水（或者是土、水和气）。这样在区分了两种血液之后，我们就能对之前两个问题做出回答：由于失去了灵魂的影响，混合的血液是一种非生命物，而（一个阶段下的）混合的血液严格说来也不是人体的部分；生成的血液则既是生命物，也是人体的一个部分。

我们对于两种血液的区分也有助于解决下面这个问题。在《论动物的部分》649a16—19 和 649b21—27 当中，亚里士多德认为血在一种意义上是热的，在另一种意义上又是不热的，而且还认为血液的热对于血液来说不是本然的（οὐ καθ' αὑτὸ θερμόν，《论动物的部分》649b27）。这两段文本让很多学者感到困惑，因为这似乎意味着热的血液（这一被认为具有功能的血液的事物）就像是一个偶性复合物③，从而就让一

①　参见 Frey, "From Blood to Flesh," p. 376。

②　参见《论动物的部分》650b12—13；D. Ebrey, "Blood, Matter, and Necessity," in David Ebrey（ed.）, *Theory and Practice in Aristotle's Natural Science*（Cambridge：Cambridge University Press, 2015）, p. 63.

③　比如参见 Ebrey, "Blood, Matter, and Necessity," p. 387。

些学者得出了上面提到的血液不是生命物等几个结论。但是本文认为通过区分两种同质部分，我们依然能够解决这一问题。对于混合的血来说，热的确不是本然的；但是对于生成的血液来说，热却是本然的。这一种使得血液拥有某种功能的热让混合的血液生成为生成的血液①，因而在我们看来，这种热受到了灵魂的影响。不过这种带有灵魂影响的热不是四元素之一火所带来的普通的热，而是一种生命热。亚里士多德认为生命热处在普纽玛（πνεῦμα）之中（参看《论动物的生成》735a29—736a20），而普纽玛的位置则位于心脏（参见《论动物的运动》703a11—16）。② 亚里士多德在《论动物的生成》736b29—737a6 中又指出生命热既不是火，也不直接来源于作为四元素之一的火。③ 因为火不能生成动物，而生命热则是一种具有生成性的热。④ 由此，我们认为生成的血液所含有的热是一种生命热，它带有生成的功能，既可以让混合的血液生成为生成的血液，又可以让生成的血液进一步生成为肉、骨头等其他同质部分。这样一来，除了血液，从血液变化过来的其他生成的同质部分也具有这种带有灵魂影响的生命热。这样，我们认为生物体中构成了生成的同质部分的除

① 参见 J. Lennox，*Aristotle*：*On the Parts of Animals*（Clarendon Press），pp. 197 – 198。

② 亚里士多德的普纽玛和生命热理论较为复杂难解。对此的一般性讨论可参见 A. L. Peck，*Aristotle*：*Generation of Animals*（MA：Harvard University Press，1943），pp. 576 – 593。

③ 这就是说，火不能直接带来生命热，火在灵魂的影响下才可能形成生命热，对此参见 S. Connell，*Aristotle on Female Animals*（Cambridge：Cambridge University Press，2016），pp. 221 – 224。

④ 也参见 D. M. Balme［*Aristotle*：*De Partibus Animalium I and De Generatione Animalium I*（Oxford：Clarendon Press，1992），p. 162］对这一段的解释，尤其是 736b29—37。

了四元素之外，还有生命热。但是由于生命热毕竟还不是灵魂本身，故而仅仅通过热还不能解释生成的同质部分的定义，对于它们的本质或定义的追寻还是要通过灵魂（参看《论动物的生成》734b24—34）。①

综上所述，我们已经讨论了混合的血液和生成的血液，并且通过论证生成的血液中拥有生命热，同时指出了其他生成的同质部分也存在着和普通的热不同的生命热：正是这种带有灵魂影响的特殊的热导致了生成的同质部分的诸多特征。由此，我们就完成了生物体当中的两种同质部分的论述。在下文中，我们将转而讨论非生物体的同质部分。

2. 非生物体的同质部分

对于非生物体的同质部分（比如金银铜铁等金属）来说，我们认为只存在混合的同质部分，而不存在生成的同质部分。非生物体的混合的同质部分（比如混合的铜）的特点也和我们之前提到的生物体中的混合的同质部分相同。混合的铜就是由四元素在冷热的作用下混合而成的，它具有的可延展性、可熔性等性质也是通过冷热的具体作用而形成的（对此可参见《天象学》IV. 9 的具体论述）。混合的铜作为铜并不是实体，它也没有形式和功能，对于混合的铜的一些解释也都不是在目的论的框架下进行的。

然而，与生物体中的同质部分不同的是，本文认为并不存在生成的同质部分（也就是说不存在生成的铜）。这首先在于，

---

① 如果脱离了灵魂的影响，生命热和四元素的火带来的普通热可能也就没什么区别了，所以热本身还是只能解释混合的同质部分的软硬度等性质，正如我们之前提到的那样。在我们看来，生命热的特殊性就在于它与灵魂的紧密联系。

亚里士多德在提到同质部分的生成时举的例子几乎是生物体中的同质部分，而基本不提金银铜铁等非生物体。[①] 而更重要的原因则在于，从混合的铜而生成的生成物不是某种所谓"生成的"铜，而是具体的铜球或铜像，也就是具体的形质复合物。亚里士多德在《形而上学》中曾经多次提到，从铜或其他类似的事物而生成的不是铜（χαλκός），而是铜制的（χάλκεος）事物（比如 1033a5—23、1049a34—b2 等）。[②] 我们当然不能把一个铜球称为是铜，而铜球、铜像也不是一个同质部分（或同质体）。除非我们以一种不符合亚里士多德形质论的说法把一个生成的铜球看作"球形的铜"而不是"铜制的球"，我们或许才能在一种很弱的意义上说这个生成了的"球形的铜"是同质部分；但即使是这样，我们也不能说这样的铜是一种实体。[③] 原因就在于，这样产生的所谓的"生成的铜"就会成为一个偶性复合物而不是实体；因为形式在这一生成物中就不再具有优先性（参见《形而上学》1029a5—7），从而会成为一种类似于

---

① 尽管亚里士多德在《气象学》383b11 似乎提到了生成的"陶器和某些种类的石头"（κέραμος... καὶ λίθων ἐνίων γένη），但是我们认为亚里士多德在这里说的作为生成的结果不是"石头"自身，而是某种"石制品"。这是因为，此处亚里士多德的用词κέραμος也可以指"陶土"，从而我们可以将陶器理解成"陶土制品"。与此相应，"石头"在这里也可以指称"石头制成的具体产品"。

② 在这里，本文无法深入讨论这一点在亚里士多德形质论中的重要意义。简而言之，这至少说明了形式在复合物中的优先性。

③ 亚里士多德在《形而上学》1045a26 提到过"球形的铜"（στρογγύλος χαλκός）这一说法。尽管学界对于这个语词所在的 H6 相关文本的解读有着非常大的争议，但是一般来说，学者都会同意这个例子意味着这个"球形的铜"就像是一个偶性复合物而不是统一的实体，参见 Bostock, *Metaphysics: Books Z and H* (Oxford: Oxford University Press, 1994), p. 282; F. A. Lewis, "Aristotle on the Unity of Substance," *Pacific Philosophical Quarterly*, vol. 76 (1995), p. 258 n. 41; V. Harte, "Aristotle *Metaphysics* H6: A Dialectic with Platonism," *Phronesis*, vol. 41, no. 3 (1996), p. 286 n. 26。

性质的事物,① 而这一点并不符合亚里士多德形质论的基本观点。因此,如果要遵循亚里士多德的形质论,我们只能否认存在生成的铜,而只能主张存在生成的铜球、铜像等个体复合物。当然,铜球和铜像都是实体,它们都具有各自的形式,尽管它们的功能并不明显;但如果生成物是一把铜制的斧头的话,那么我们就可以说它能够展现很明确的功能了。而且亚里士多德在《物理学》II. 8 通过"技艺类比"(craft analogy)来论证自然目的论的时候也指出,人造物具有自身的内在目的和功能。② 这样,对于其他类似的非生物体的同质部分,我们也可以得出相同的结论:只有混合的同质部分,而不存在生成的同质部分。

三　两种同质部分在生命活动中的应用

通过以上论述,我们已经指出只有对于生物体中的同质部分来说,才存在混合的同质部分和生成的同质部分的区别。在下文中,我们就要将这两种同质部分的区分应用到具体的生命活动中去。由于亚里士多德在现存的著作中讨论的基本都是动物的生命活动,尤其是较为"高等"的哺乳动物的生命活动;因此为了行文上的便利,我们就以动物为例,简要论述两种同质部分在具体生命活动中的体现。

本文自然无法讨论所有生命活动过程,而是主要讨论与两种同质部分的相互转变关系较为密切的活动,也就是食物的消

---

① 参见 Bostock, *Metaphysics: Books Z and H*, p. 282 所举的例子。
② 关于这一类比的解读,以及对于人造物具有功能和内在目的的一个辩护,可参见 C. Witt, "In Defense of the Craft Analogy: Artifacts and Natural Teleology," in Mariska Leunissen (ed.), *Aristotle's Physics: A Critical Guide* (Cambridge: Cambridge University Press, 2015), pp. 107–120, esp., pp. 112–117。

化、同质部分的生成以及动物死后同质部分的最终消解这几个生命活动的过程。根据学者的研究，①亚里士多德认为食物会首先在胃中得到消化，而消化的过程被称作"调制"（πέψις），这是一种通过热而产生的使食物变软（《天象学》379b18）并分离成不同的产物的变化，②而食物在胃中消化之后得到的产物之一就是营养血液（参见《论动物的部分》650a34—35）。③在我们看来，这种血液还是混合的血液，因为在消化过程中，消化物并没有受到生命热的影响（用来消化的热还是一种普通的热，而生命热则主要出现在心脏附近），所以消化完成的混合的血液也许会像一些学者所认为的那样接近于非生命物的状态。④随后，混合的血液会先流经肝脏和脾脏进行第二次的消化，⑤而在这一次消化之后产生的依然是混合的血液。在这之后，血液会流向心脏。在心脏中，混合的血液由于受到生命热的影响，从混合的血生成为生成的血，⑥并且成为随后进一步生成为其他同质部分的来源。⑦这样一来，血液的"调制"最终得以完成。

---

① 以下关于动物生命活动的论述我们主要参考了 Boylan 的详尽阐释，他所呈现的图示尤其有助于我们理解亚里士多德所论述的生命活动的过程，参见 M. Boylan, "The Digestive and 'Circulatory' Systems in Aristotle's Biology," *Journal of the History of Biology*, vol. 15, no. 1 (1982), pp. 89 – 118, esp. , p. 113。

② Boylan, "The Digestive and 'Circulatory' Systems in Aristotle's Biology," pp. 94 – 95.

③ 参见 Cohen, "Aristotle on Heat, Cold, and Teleological Explanation," p. 260。

④ 参见 Cohen, "Aristotle on Heat, Cold, and Teleological Explanation," pp. 259ff. 。

⑤ 参见 Boylan, "The Digestive and 'Circulatory' Systems in Aristotle's Biology," pp. 103 ff. 。

⑥ 参见《论青年和老年，论生和死，论呼吸》469b8。

⑦ 血液是在体内的非附属产物的同质部分（也是一般学者所考虑的同质部分）当中唯一先后存在着混合的和生成的两种同质部分的事物，我们认为这就是血液的特殊性之所在。这也是没有区分两种血液的学者遇到我们之前提到的困难的原因。

　　值得一提的是，亚里士多德认为食物和混合的血液在经过每一次"调制"的过程之后，还会形成其他附属产物（περίσσωμα）。① 前几次消化的附属产物最后会形成人体的各种排泄物和头发、指甲、脂肪，动物的蹄、角等产物②，亚里士多德主张这些事物也是同质部分。③ 在所有这些附属产物中，亚里士多德指出有一些产物是"有用的"（χρησίμης，指甲、脂肪、头发，尤其是动物的蹄、角等），而还有一些附属产物是完全"无用的"（ἄχρηστος，比如说排泄物、胆汁等）。④ 本文认为既然亚里士多德指出这些有用的附属产物作为同质部分也有各自的功能，⑤ 而且我们要从它们的目的因角度来探究它们（《论动物的部分》655b19—21），那么它们依然是生成的同质部分，而这些附属产物在进一步形成的过程中也受到了生命热的影响。⑥ 无用的附属产物由于没有功能，完全不能为生物体贡献什么（《论动物的生成》725a4—6），因而是混合的同质部分，它们就相当于非生命物的同质部分。此外，亚里士多德又

① 参见 Boylan, "The Digestive and 'Circulatory' Systems in Aristotle's Biology," pp. 94–95。

② 见《论动物的生成》745b15—20 等。

③ 在《天象学》389a11—13 和《动物志》487a1—10 中，亚里士多德也把这些事物和血、肉、骨头等同质部分并置，而且在《天象学》第四卷的其他地方也论及这些事物如何在冷热作用下形成，并具有了一定的性质。

④ 两种附属产物的区分见《论动物的生成》725a3—4；对于作为无用附属部分的胆汁没有功能的论述见《论动物的部分》677a11—15、b1—10。

⑤ 亚里士多德在《论动物的部分》655b2ff.、663b20—35 等处指出爪尖、指甲、蹄、角、头发等也有其各自的目的和功能。在《论动物的部分》652a5、a20 亚里士多德则提到了作为附属产物的骨髓的功能。毛发的功能参见《论动物的部分》II. 14—15，尤其见 658a18—19、b5—6、b14—18。

⑥ 由于这些附属产物的形成很多也是通过多余的消化产物在血管里进行的（比如参见《论动物的部分》II. 5 对于脂肪的描述），我们有理由认为它们在形成过程中受到了血管中生成的血液所带有的生命热的影响，因而也是一种生成的同质部分。

指出，最后在心脏的消化过程中形成的附属产物最后会转变成精液或经血①，它们也是有用的附属产物。我们认为这两种附属产物也是生成的同质部分，不仅因为它们的形成已经受到了生命热的影响，而且亚里士多德认为精液和经血都拥有各自的功能，它们在动物的生殖过程中无疑具有重要作用。

随着消化过程的结束，也就是生成的血液形成之后，亚里士多德认为肉、骨头等同质部分又是由流淌在遍布全身的血管中生成的血液而生成②，而生成的血液所进一步生成的产物就是同样带有生命热的生成的同质部分。这样一来，动物通过进食，最终就能生成体内的各种同质部分，从而维持其他生命活动。最后，当动物死去之后，身体中所有生成的同质部分就会毁灭成为混合的同质部分；③ 因为动物已经失去了灵魂，所以这些同质部分已经不能施展其功能，而只是在同名异义上是生成的同质部分。但是刚刚死去的血肉骨头还能在一段时间内保持某些性质，因此可以被看作一种混合的同质部分。④ 由于这时候的同质部分已经是

① 这一点可以说是亚里士多德生殖理论中的基本观点，尤其参见《论动物的生成》726a26、738a36 等处。至于亚里士多德认为精液与经血也是同质部分这一点可参见《动物志》487a4，而亚里士多德也会认为经血是一种血液，见《论动物的生成》738a9ff. 。

② 在这里可参见《论动物的部分》III. 5，650a1—36 等处的论述，尤其是 668a1—11。还可参见 Ebrey，"Blood, Matter, and Necessity," pp. 64ff.；Frey，"From Blood to Flesh," p. 375 n. 1；Cohen，"Aristotle on Heat, Cold, and Teleological Explanation," p. 261 等解释。

③ 亚里士多德并没有说过动物死后身体会立刻毁灭成四元素，因而根据一些文本的暗示和学者的解读，我们认为死去的身体就会成为各种混合的同质部分。

④ 参见 Whiting，"Living Bodies," p. 79；Gill，"The Limits of Teleology in Aristotle's *Meteorology* IV. 12," pp. 345 - 346 的论述以及她们提及的文本。此外 Gill 还强调《形而上学》1035a17—21、a31—34 也暗示着相同的观点，亦即死后肉、骨头等还能以某种方式存在一段时间，参见 M. L. Gill，*Aristotle on Substance: The paradox of unity* (New Jersey: Princeton University Press, 1989)，pp. 123 - 133；Gill，"The Limits of Teleology in Aristotle's *Meteorology* IV. 12," pp. 341 - 342。

混合物，那么它们就具有可恢复性，也就是说这些混合物很容易分解为构成它的四元素，而不像生成的同质部分那样具有较强的统一性。于是经过一段时间，血、肉、骨头等混合的同质部分最终就变成了四元素。①

由此，我们就完成了对于亚里士多德的相关生命活动的描述。从中我们不难看出，本文所区分的两种同质部分可以与亚里士多德对于具体生命活动过程的讨论相契合，从而进一步确立了我们区别混合的同质部分和生成的同质部分的合理性。其他一些主张在生物体内同时存在两种同质部分（或质料）的学者在面对具体生命活动的时候就会遇到困难，比如他们会很难说明两种肉是如何在体内形成并同时存在的，以及二者之间存在什么样的关系；同时他们也很难把两种血液应用到消化的过程中，如果二者不是先后存在而是可能在某个时间段同时存在的话。

四　结论

本文从亚里士多德对于混合与生成的区分出发，展现了亚里士多德在讨论同质部分作为混合物与生成物当中出现的一个不一致：某一同质部分既可以是生成物，又可以是混合物。为了解决这一种不一致，我们提出了两种同质部分：混合的同质部分和生成的同质部分。在生物体中，我们成功发现了这两种同质部分，并且分别指出了二者的特点和区分；但是对于非生物体，我们指出只存在着混合的同质部分，而不存在生成的同

---

① 参见《天象学》390a22—b1，亚里士多德在那里指出有时候坟墓里的古老尸体会突然化成灰，这就是混合的同质部分全部变成四元素的一个体现。

质部分。最后，我们通过亚里士多德对于动物的相关生命活动的描述，将两种不同的同质部分运用到具体的生命活动过程当中，使得我们的区分有了更强的合理性。我们可以说亚里士多德在《论生灭》、《物理学》、《天象学》第四卷等作品当中对于同质部分的生成和混合的理论性讨论是形而上学性质的探索（比如说对于生成概念本身的论述，以及对于同质部分与实体理论等问题的思索），而这些讨论最终也能够恰当地应用到他的动物学著作所展现的具体生命活动当中。

从这个角度出发，本文所完成的工作为我们进一步寻找亚里士多德的形而上学和生物学之间的关联提供了一个初步的图景。首先，我们可以看到，在亚里士多德的生物学讨论中，不仅有关于生物体整体（比如说人、马等）的研究和他的实体理论在很大程度上是相符合的（正如很多学者所言），而且，对于生物体的部分来说，我们也能找到同样的一致性：本文所讨论的生成的同质部分作为一种实体，符合亚里士多德在《形而上学》《物理学》等作品中对于实体生灭的论述。其次，由于生物学研究所具有的经验性，亚里士多德在进行具体的生物学考察时也会根据实际情况对他的形而上学理论进行一些调整，让理论和具体现象相符合。就本文而言，这一点体现在混合的同质部分的提出之上，尤其是对于两种血液的区分。混合物不是实体，也不是生成的结果，但是它们确实存在于自然界中，因而亚里士多德也没有忽视它们。这样一来，从更广层面上说，本文的讨论也有助于我们重新思考亚里士多德的形而上学和自然哲学之间的张力：形而上学为自然物的研究提供了一个基本的和普遍性的框架，但是自然哲学的具体研究有时候也能对这个整体性的框架产生影响，让亚里士多德进一步丰富他的形而上学理论。

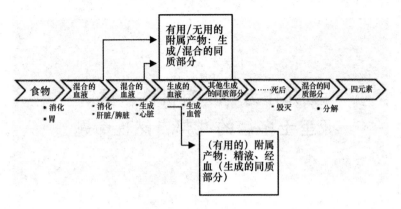

图1　将两种同质部分应用到具体生命活动中的图示

作者简介：葛天勤，哲学博士，东南大学哲学与科学系教师，主要研究方向为古希腊哲学，尤其是亚里士多德的生物学和形而上学、古代评注传统。

城邦作为一个有机体：重审
亚里士多德的城邦自然性命题[*]

胡辛凯

摘要： 本文希望通过表明亚里士多德的城邦自然性命题（NT）是（a）一个严肃的哲学观点以及（b）它与亚里士多德的形而上学体系相容来为其辩护。首先，我考虑了那些认为城邦不满足亚里士多德为实体标准（比如分离性、连续性等）的观点。我反驳了那些观点，并指出城邦是一个亚里士多德意义上的实体。其次，我审视了"目的转移性原则"（PTE）在亚里士多德城邦自然性的目的论论证中的问题。我强调城邦的目的在亚里士多德眼中并不等同于公民的目的。因此，城邦有其自己的目的。最后，我讨论了立法者在城邦产生过程中所扮演的角色问题。我认为立法者的存在并不与亚里士多德的自然性命题相冲突。因为立法者仅仅对自然所规定的城邦的潜在形式的具体实现形式负责。

关键词： 亚里士多德；自然性；城邦；立法者

---

* 本文的英文版首次发表于 *History of Political Thought*，vol. 41，no. 4（2020），pp. 517–537，题为"The City as a Living Organism: Aristotle's Naturalness Thesis Reconsidered"。

一　亚里士多德的城邦自然性命题：一个比喻？

在《政治学》1.2中，亚里士多德提出了三个著名的命题。这三个命题后来被称作《政治学》的"三大基本原理"（three basic theorems）。这三个基本原理包括（a）城邦自然性命题（naturalness thesis），即所有城邦依照自然存在（*Pol.* 1252b30）；（b）本体—生物性命题（onto-biological thesis），即人依照自然就是一种政治动物（*Pol.* 1253a2—3）；以及（c）优先性命题（priority thesis），即城邦依照自然就先于个体（*Pol.* 1253a18—28）。在这三个命题中，自然性命题占据核心位置。因为不管是本体—生物性命题，还是优先性命题在很大程度上都取决于城邦的自然性：如果城邦不是人的自然目的，那么它就不可能存在于人的自然本性当中；如果城邦不是一个自然实体（natural substance），那么它就不可能像自然整全（natural whole）先于自然部分（natural parts）那样先于个体的人。从这个意义上说，自然性命题是亚里士多德政治自然主义的核心命题。

然而围绕亚里士多德政治自然主义的核心命题，长久以来却存在着一个论争。在他的一篇里程碑式的论文中，Keyt宣称亚里士多德的自然性命题存在着一个谬误。从这个谬误出发，Keyt认为"关于亚里士多德政治哲学一致性的学术共识"很可能是错的。[①] 依照Keyt，在亚里士多德的哲学里没有什么东西能够同时既作为自然实体产生又作为人造物产生。如果亚里士多德认为城邦是作为立法者技艺的产品而产生的，那么他就不

---

① D. Keyt, "Three Basic Theorems in Aristotle's Politics," in D. Keyt and F. D. Miller, Jr. (eds.), *A Companion to Aristotle's Politics* (Oxford: Blackwell, 1991), p. 120.

能说城邦是一个自然实体，因为自然实体是通过其"内部运动
与静止的原则"而产生的（*Phys.* 192b13—19）。再者，在论证
城邦的自然性时，亚里士多德似乎依赖于一个未言明的前提，
这个前提可以被称作"自然性转移原则"（Principle of Transitivi-
ty of Naturalness，PTN）。① 按照自然性转移原则，城邦依照自
然存在乃是因为原初共同体（πρῶται κοινωνίαι）依照自然存
在。但在 Keyt 看来，这个推论即使从亚里士多德哲学的角度看
也是错的：房子在实体上先于建造它的那些自然材料（比如石
头、木材等），但我们并不能由此得出，房子是自然产生的。
相反，房子的产生有赖于技艺，虽然它的那些组成成分都是自
然物。② 作为对 Keyt 观点的部分回应，Kullmann 提出城邦自然
性命题对亚里士多德来说很有可能只是一个隐喻性的表达。③
按照 Kullmann 的观点，亚里士多德不可能真的认为城邦是一个

---

①　关于 PTN 的完整叙述，参见 Keyt，"Three Basic Theorems in Aristotle's Politics，"
　　p. 129：如果 *x* 在实体上先于 *y* 并且如果 *y* 依照自然存在，那么 *x* 依照自然存在。
②　我们必须注意到，在做出这个批评时，Keyt 或许误读了这段文字的意思：
　　οἶον γὰρ ἕκαστόν ἐστι τῆς γενέσεως τελεσθείσης，ταύτην φαμὲν τὴν φύσιν
　　εἶναι ἑκάστου，ὥσπερ ἀνθρώπου ἵππου οἰκίας（*Pol.* 1252b32—34）。诠释上的
　　争议在于亚里士多德的枚举：ἀνθρώπου ἵππου οἰκίας（一个人，一匹马，一所
　　房子）。希腊文的οἰκία可以指家庭也可以指（衍生意义上的）房子。Keyt 显然认
　　为"亚里士多德在这里指的是房子"（Keyt，"Three Basic Theorems in Aristotle's
　　Politics，" p. 130 n. 33）。因为"一所房子就像一个人和一匹马，其生长是按照阶
　　段的，而家庭是城邦产生的第一阶段"。但这个观点是成问题的。因为家庭在亚
　　里士多德眼里也是通过一系列的阶段演化而来的。因为家庭来自于两个更原始的
　　共同体：男女共同体和主奴共同体（*Pol.* 1252a26—1252b9）。因此我认为οἰκία在
　　这里指的是家庭，因为家庭和亚里士多德在这里提到的其他两个例子（人和马）
　　都同为自然实体而非人造物。我相信 W. Kullmann 也犯了同样的错误，参见
　　"Man as a Political Animal in Aristotle，" in D. Keyt and F. D. Miller, Jr.（eds.），*A*
　　Companion to Aristotle's Politics（Oxford：Blackwell，1991），p. 98。
③　Kullmann，"Man as a Political Animal in Aristotle，" p. 98. 相似的意思也能够在下
　　面的文献中找到：（1）A. C. Bradley，"Aristotle's Conception of the State，" in
　　D. Keyt and F. D. Miller，Jr.（eds.），*A Companion to Aristotle's Politics*（Oxford：
　　Blackwell，1991），pp. 13 - 56；（2）E. Barker，*The Politics of Aristotle*（Oxford U-
　　niversity Press，1946），p. 7 n. 1。

"像房子或动物那样独立的实体"，而城邦的自然发展过程"仅
仅是以一种次要的方式被论及"。① 从 Kullmann 的角度看，错误
显然在 Keyt 而非亚里士多德身上。因为 Keyt 过分严肃地对待了
亚里士多德的一个比喻。

　　Kullmann 提出了一些理由来佐证他的观点，即亚里士多德
的自然性命题仅仅是隐喻性的。但我认为，这些理由并不足以
支撑他的观点。比如，Kullmann 最有力的论据是亚里士多德在
《政治学》里"从未说过城邦的形式和实体"，也"从未以一种
严格术语式的方式写到城邦的质料"。② 但这并非事实。因为亚
里士多德显然谈论过城邦的形式和质料（城邦的质料被归结为
全体邦民、国土等）。③ Kullmann 不可能没有注意到这些段落。④
因此他的否定不能从字面上去理解。Kullmann 的真实反对应该是
在《政治学》里，我们找不到任何对城邦的形质论分析。如果这
是 Kullmann 反对严肃对待亚里士多德自然性命题的真正理由，那
我们在一定程度上确实可以承认这一点，即在《政治学》里，亚
里士多德确实未花足够篇幅对城邦进行形质论分析。但这点可以

---

① Kullmann, "Man as a Political Animal in Aristotle," pp. 100, 110.

② Kullmann, "Man as a Political Animal in Aristotle," p. 111.

③ 在 *Pol.* 1276b1—13 中，亚里士多德将城邦的形式与政治制度（πολιτεία）等同
　　起来，强调"我们尤其是通过政治制度来说一个城邦是否还是同一个城邦"。
　　"如果政治制度在形式（εἶδος）上发生了改变"，亚里士多德说："那么我们或
　　许应该认为这个城邦已不再是之前那个城邦。"因为"同样的道理也适用于其
　　他共同体和复合物，当那种复合物接受了一个不同的形式（εἶδος）"。同样的，
　　亚里士多德在讨论最佳政制的时候也谈到了质料（ὕλη）。亚里士多德说对政治家
　　和立法者来说，"必须要有处于合适状态下的合适的质料（ὕλη）"，正如"匠人必
　　须要有适合其加工的质料（ὕλη）"。

④ 因为 Kullmann 显然注意到"在 *Pol.* 1325b40 以下，质料（ὕλη）的概念被用在了
　　一个相关语境中"（p. 111）。但他以一种完全无法使人满意的方式忽略了这一点。
　　作为对 Kullmann 观点的反对，我们必须强调整个 *Pol.* 7.4 讨论的都是城邦最佳形
　　式的实现有赖于合适质料（ὕλη）的可得性。

从《政治学》自身的语境中得到解释。因为《政治学》首先和根本上是一部为实践者（πραγματικοί）——与沉思者（θεωρητικοί）相对而言——所写的作品。而照亚里士多德在《尼各马可伦理学》1.13 中所讲，实践者只需为实践目的选择性地沉思理论科学的对象，并只需沉思到足以应付时间需要即可（NE.1102a23—25）。因此我们在《政治学》中找不到对城邦形质论的理论分析很有可能不是因为亚里士多德觉得城邦不能进行形质论分析，而是因为这样一个任务与《政治学》的主旨不符。毕竟，用几何学家的方式去做木工，就像亚里士多德讲的，只会让"次要的东西喧宾夺主"（τὰ πάρεργα τῶν ἔργων πλείω γίνηται）（NE.1098a33）。因此，即使我们同意 Kullmann 的观察，他的推论，即政治形质论对亚里士多德来说是不可能的这点，也缺乏说服力。

因此，Keyt 所发现的自然性命题与亚里士多德自然哲学之间的张力不能用一句"隐喻"简单带过。在下一节里，我将考虑一些更严肃的学术尝试。在我看来，虽然这些尝试多少减轻了自然性命题与亚里士多德自然哲学之间的张力，它们却没能解决亚里士多德政治自然主义的根源性问题。

二　其他学者对亚里士多德自然性命题的辩护

为了更好地评价前人对自然性命题的辩护，我将把 Keyt 的批评用一种更直接和一致的方式表达出来。依照 Keyt，亚里士多德的自然性命题是错的。因为（I）亚里士多德的自然性命题建立在一个无效的原则之上（即 PTN）；（II）亚里士多德的自然性命题和他的另一主张，即城邦由立法技艺产生，相冲突。从（I）中，Keyt 得出（i）亚里士多德未能证明城邦依照自然存在；从（II）中，Keyt 得出（ii）亚里士多德自相矛盾，因为他自己暗示城邦是一个人造物。因此，要想成功为亚里士多德的自然性命题辩护，学者必须同时反驳（i）和（ii）。

就对（i）的回应而言，前人学者似乎都将他们的论点建立在一个事实之上，即在人身上存在着一种想要自保和繁衍的内在自然冲动。他们强调 PTN 对亚里士多德来说是成立的，因为"城邦的产生和家庭村落的产生都源自同一种生理冲动"[①]。既然 Keyt 同意亚里士多德的另一个命题，即家庭依照自然存在"因为家庭关系显然根植于人的自然冲动之中"[②]，那么他就必须接受 PTN 以及亚里士多德由此得出的结论（即城邦依照自然存在），因为"说到底"，那些自然冲动充当了家庭、村落和城邦产生的同一动力因。[③]

确实，Keyt 的批评（I）在很大程度上能被上述论点所削弱，但我怀疑 Keyt 的结论（i）能被这些论点所动摇。因为就接受"家庭依照自然存在"这点，Keyt 妥协了太多。如果他能坚持"自然冲动的产物并不必然依照自然而存在"这点，[④] 那么他的结论（i）依然成立。试想有一幢房子，这幢房子由一个

---

① Chen Siyi, "Aristotle on the Senses of Nature and the Naturalness of the City," *Mnemosyne*, vol. 71, no. 6 (2017), p. 11.

② Keyt, "Three Basic Theorems in Aristotle's Politics," p. 122。这也是其他许多学者似乎接受的前提，比如 Kullmann, "Man as a Political Animal in Aristotle," pp. 96 – 97；以及更近的 A. M. Trott, *Aristotle*：*On the Nature of Community* (Cambridge University Press, 2014), p. 45. K. Cherry 和 E. A. Goerner 首先提出"在接受原初合伙关系的自然性的问题上，亚里士多德的批评者退让了太多"（参见两人的论文："Does Aristotle's Polis Exist 'by Nature'?" *History of Political Thought*, vol. 27, no. 4, p. 571）。

③ Chen, "Aristotle on the Senses of Nature and the Naturalness of the City," p. 13.

④ Keyt, "Three Basic Theorems in Aristotle's Politics," p. 126.

人出于他寻求物理保护的自然冲动所建造。但通过这幢房子起源于人的内在自然冲动这一事实，我们并不能得出这幢房子依照自然存在。相反，这幢房子的产生源于技艺（在这个例子中是建筑的技艺）。同样的道理不但适用于城邦，也适用于家庭、村落以及其他任何人类共同体。在我看来，Keyt 认为亚里士多德的自然性命题犯错是因为它建立在了 PTN 上，这点是错的。因为 PTN 的始点，即"家庭自然性"本身也是一个和"城邦自然性"同样值得怀疑的命题。作为对（I）的改进，我们可以主张，亚里士多德的自然性命题犯错是因为这个命题似乎建立在了另一个不可靠的原则之上，这个原则我称之为"目的转移性原则"（Principle of Transitivity of End，PTE）。亚里士多德似乎在他的目的论观点里（*Pol.* 1252b27—1253a2）预设了公民的目的同时也是城邦的目的。① 但 *x* 的产生能被认为是自然的当且仅当它被其自身内部的原则所推动，并朝向其"**自身**"存在的目的。如果 *x* 的产生是为了其他什么东西（比如，它的组成成分），那么它就不能被看作一个自然实体。从这个意义上说，只要城邦是为了其公民的安全、繁衍、自足和幸福而存在，那么它就不能被看作一个自然实体，因为自然实体的目的是其自身的完全实现（complete actualization）。② 经过我们的改进，Keyt 的结论（i）将依然成立。

---

① 参见 *Pol.* 1252b27—30："完满的共同体由若干村落产生，而那就是城邦。城邦达到了所谓的完全自足。尽管它的产生是为了活，但它存在却是为了活得好。"尽管亚里士多德明确地表示城邦的目的是自足和美好生活，他却没有进一步阐明这种自足和活得好是针对公民来说的，还是针对城邦自身来说的。这一模棱两可贯穿了整部《政治学》，参见 *Pol.* 1280a31—32，1280b29—1281a2，1321b14—18，1325a5—10，1326b7—9。

② 相似的关切也可以在下面这篇文献中找到：F. D. Miller, Nature, *Justice, and Rights in Aristotle's Politics* (Oxford University Press, 1995)。但 Miller 把这一等同看作证明共同体不是有机体的证据（p. 54）。

就对（ii）的回应而言，前人学者的方法各有不同。
Chan 试图通过区分"作为一种共同体"的城邦（比如雅典
城邦）和"作为那类共同体的一个具体形式"的城邦（比
如雅典民主制城邦）来解决亚里士多德自然性命题和立法者
角色之间的张力。① 他主张只有后者对亚里士多德来说是技
艺的产物。城邦作为"一种共同体"是自然的。② 但在亚里
士多德那里，我们找不到 Chan 所认为的这一区分，③ 并且
Chan 所谓的"没有形式的城邦"（city without a form）事实
上是完全非亚里士多德的（un-Aristotelian）：城邦对亚里士
多德来说永远是有着具体形式的城邦。不存在没有具体形式
的城邦，就像不存在没有具体灵魂的肉体一样。因此，Chan
的解决办法并不能证明亚里士多德笔下的城邦和立法者的角
色是相容的。

K. Cherry 和 E. A. Goerner 试图通过强调（a）城邦的形式并
非由立法者随意决定，而是来自一种共同的"社交理性"（log-
os-sociality），这种社交理性是"人性的内在组成成分"；以及
（b）城邦的形式是通过立法者的实践（πρᾶξις）而非制作
（ποίησις）所赋予的。④ 论点（a）事实上等同于说立法技艺只
是在完善自然所赋予的东西。根据这种观点，城邦起源的动力
因依然是人性的一种内在动力（在 K. Cherry 和 E. A. Goerner 看
来，这种动力被具体化为一种社交理性）。立法技艺仅仅是被

---

① J. Chan, "Does Aristotle's Political Theory Rest on a 'Blunder'?" *History of Po-litical Thought*, vol. 13, no. 2 (1996), p. 196.

② Chan, "Does Aristotle's Political Theory Rest on a 'Blunder'?" pp. 199 – 200.

③ 就像 C. J. Nederman 所指出的，参见 "The Puzzle of the Political Animal：Na-ture and Artifice in Aristotle's Political Theory," *Reviews of Politics*, vol. 56, no. 2 (1994), pp. 286 – 287。

④ K. Cherry & E. A. Goerner, "Does Aristotle's Polis Exist 'by Nature'?" p. 563 – 585.

立法者用来完成自然所赋予的任务而已。① 但就像我在前面说的，这种解释路径依然需要回应 PTE 的挑战，即如果城邦的形式/目的来源于人的"社交理性"，那么城邦的形式/目的如何能与人的形式/目的区分开？论点（b）是 K. Cherry 和 E. A. Goerner 的独有贡献。但这个论点并不能说服我相信城邦的产生是立法者实践的产物而非制作的产物。② 在我看来，我们不可能将立法者的角色仅仅限定在"实践"或者 K. Cherry 和 E. A. Goerner 称作"领导"（leadership）的东西上。在《尼各马可伦理学》中，亚里士多德从未直言立法技艺仅仅是一种实践事务。③ 我们最多只能说，实践和制作同时存在于立法者创建城邦的过程当中。

在我看来，所有解释路径中最有希望的一种解读来自 De-

---

① C. D. C. Reeve, "The Naturalness of the Polis in Aristotle," in G. Anagnostopoulos (eds.), *A Companion to Aristotle* (Blackwell Publish Ltd., 2009), pp. 513 – 514 也表达了相似的观点。

② 因为两个原因，K. Cherry 和 E. A. Goerner 的这些观点并不能说服我。首先，如果木工需要一定的理论（数学）知识这点不能让其成为一个理论的过程（theoretical process），那么立法需要一定量的审慎也不会使其成为一个实践的过程（practical process）。其次，亚里士多德在《尼各马可伦理学》1041b24 以下确切说的是政治技艺［包含协商技艺（deliberative）和廷议技艺（juridical）］和实践相关。他并没有明确表明立法技艺（legislative）对亚里士多德来说也是一种实践事务。考虑到立法技艺首先关注的是普遍的东西——相比之下，政治技艺关注的是个别的东西（NE. 1041b26）——我觉得立法不是或不完全是实践事务。Chen 也采取了类似的辩护方式："就像我们应该看到的，在人类共同体发展至城邦的过程中，人用实践理性去满足他们对生活和美好生活的渴望……因此城邦的产生是一个实践的过程，而不是一个制作的过程，因为就后者而言，对产物的欲求和被欲求的产物都是外在的。"（p. 5）然而按照 Chen 的标准，某人恢复健康（医术的产物）同样也必须被看作一个实践过程而非制作过程。

③ 一个可能的反对是 NE. 1180b30–31。在那里，亚里士多德宣称"立法技艺似乎也是政治技艺的一部分"。但仅仅是"似乎"（ἐδόκει εἶναι）。亚里士多德在这里仅仅想要说明的是一个技艺娴熟的立法者不仅应该知道普遍的东西，也应该知道个别的东西，而那些个别的东西是隶属于政治技艺的。从这段话中，我们能得出的仅仅是立法技艺不能与政治技艺相分离。

pew。在他的《亚里士多德的政治哲学真的自相矛盾吗?》一文中，Depew 指出 PTN 对亚里士多德来说将会是成立的，如果我们把家庭、村落和城邦看作一个"单一发展过程的不同阶段"的话。"因为那样一来，城邦将会依照自然产生，就像一个成年人从胚胎，幼儿和儿童中产生一样。"① 除此之外，Depew 认为如果我们能够意识到城邦的目的始终是美好生活（good life）——这对亚里士多德来说是一个自然的目的——那么城邦自然性和立法者意图之间的张力就能够得到消除。在 Depew 看来，城邦的这个目的（即美好生活）不会随着政治制度的改变而改变，因为立法者所确立的各种政治制度只是美好生活概念的各种不同的呈现罢了。② 总体上，我相信 Depew 对亚里士多德自然性命题的有机论解读是对的。但还有一些问题亟待解决：首先，从什么意义上我们可以说家庭、村落和城邦是一个"单一发展过程的不同阶段"而非"同一属（genus）（比如"共同体"）下的不同种（species）"？其次，这种对亚里士多德自然性命题的有机论解读能不能很好地解决我们之前提到的 PTE 问题？最后，如果立法者并不赋予城邦以目的，那么他在城邦产生的过程中究竟扮演了一个什么样的角色？

带着这些问题，我将转向我自己对亚里士多德自然性命题的解读。在接下来的章节里，我将论证（a）城邦是一个亚里士多德意义上的自然实体；（b）家庭和村落之于城邦就如胚胎和小孩之于成年人；以及（c）在城邦的产生过程中，立法者扮演了一个与雄性精子在动物生殖过程中所扮演的角色相同的角色。

---

① D. J. Depew, "Does Aristotle's Political Philosophy Rest on a Contradiction?" *The Society for Ancient Greek Philosophy Newsletter* 96（1989），p. 9。参见 T. Pangle, *Aristotle's Teaching in the Politics*（The University of Chicago Press，2013），p. 35。

② Depew, "Does Aristotle's Political Philosophy Rest on a Contradiction?" p. 15.

三 亚里士多德论城邦作为一个有机体

（一）城邦是实体吗？

要把城邦看成是一个有机体，我们遇到的第一个阻碍是城邦的实体性（substantiality）：如果城邦不是一个亚里士多德意义上的实体，那么它就不可能是一个生命体（living being）。①大多数学者显然认为城邦不可能真的是一个有生命的实体，而只可能在类比的意义上是。比如 Yack 就认为我们没有充分的证据证明亚里士多德将城邦看作一个有生命的实体。他说，"亚里士多德经常用到的那些有机类比自身并不能回答这个问题，即城邦是不是一个自然实体，因为那些类比仅仅只是为了凸显城邦结构和有机体结构的相似之处"②。

确实，亚里士多德的那些有机类比并不足以证明他将城邦看作一个有生命的实体。但相对的，我们有充分的理由认为城邦不是一个实体吗？比如根据《范畴篇》中的标准，某一个个别城邦（比如，民主制雅典）应该有资格被当作第一实体（primary substance）。因为它——就像任何个别的生物有机体——既不谓述一个主词，也不在一个主体之中（2a11—2b6），并且它能在保持自身同一的情况下接受相反物（4a10—22）。因此，从《范畴篇》的角度说，如果我们认为生物有机体是实体，那么我们就没有理由认为城邦不是。

---

① 亚里士多德至少两次表示（或似乎表示）只有有生命的存在物才能够被称作实体：*Metaph.* 1041b28—31，1043b19—23；参见 *Metaph.* 1042a7—8，1043a5—6，1070a5—20；*Phys.* 192b32—4。

② 参见 B. Yack, *The Problems of a Political Animal：Community，Justice，and Conflict in Aristotelian Political Thought*（University of California Press，1993），pp. 92 – 93。

当然，我们可以反对说，亚里士多德后来放弃了《范畴篇》中对实体的判断标准，转而支持《形而上学》中的实体形质论。① 从这个意义上说，我们《范畴篇》的实体性测试显然不能说明什么。但问题在于，亚里士多德《形而上学》中的实体形质论是不是否定了城邦作为实体的可能性？在《形而上学》Z. 3 中，亚里士多德加入了另一套对实体的判定标准。他说，要想被当作一个实体，一样东西都必须满足以下条件：

(a) 可分离性（τὸ χωριστòν），即能够独立存在；以及

(b) 个体性（τὸ τόδετι），即使作为某种确定的、个别的存在。②

我们没有理由认为城邦满足不了这些条件。首先，我们能够对城邦进行形质论分析：城邦的政治制度是它的形式，而组成这个城邦公民团体的人以及领土构成了城邦的质料（*Pol.* 1276b1—13，1325b40—1326a5）。其次，亚里士多德的优先性命题表明城邦满足分离性的条件：城邦依照自然先于个别公民，因为前者能够离开后者独立存在，而后者离开前者则不能（*Pol.* 1253a18 – 26）。③

---

① 主张这个观点的，例如：C. Shields, *Aristotle*（Routledge, 2007），pp. 235 – 237。关于对《范畴篇》和《形而上学》中实体理论的相容性解读，参见 M. V. Wedin, *Aristotle's Theory of Substance*（Oxford University Press, 2000）。

② 另外还有两个多少次要的标准：（c）自然连续性，（d）不由实体构成［参见 C. D. C. Reeve, *Substantial Knowledge: Aristotle's Metaphysics*（Hackett Publishing Company, 2000），pp. 123 – 124 n. 9］。在稍后回应那些拒绝承认城邦实体性的学者时，我将考虑城邦是否满足这两个条件。

③ 关于亚里士多德笔下优先性的不同意义的讨论，参见 Miller, *Nature, Justice, and Rights in Aristotle's Politics*, pp. 46 – 47。依照 Miller，亚里士多德笔下的优先性可分为四种：（a）生成意义上的优先；（b）知识意义上的优先；（c）完满意义上的优先；以及（d）分离意义上的优先。我不同意 Miller 的地方在于，我认为《政治学》1. 2 中所采用的那种优先性是（d）。R. Mayhew, *Aristotle's Criticism of Plato's Republic*（Rowman & Littlefield Publishers, 1997），p. 18 也表达了同样的立场。

最后，城邦总是一个个别的存在（this-something），即一个有着具体国界、政治制度和历史的城邦。考虑到这些，我们很难说《形而上学》的实体性测验结果会不同于《范畴篇》的实体性测验结果。

学者们常常会援引如下理由证明城邦不具有实体性。首先，实体不能由实体构成（*Metaph.* 1039a3—4，1041a4—5）。因此，城邦不能够是一个实体，因为其组成成分（即人）是实体。①其次，亚里士多德在《政治学》2.2 中对柏拉图的批评表明亚里士多德并不认为城邦能够拥有实体（比如，一个个体）般的统一性。②最后，城邦的部分是非连续的。因此，城邦的统一性在质上有别于实体的统一性。③

但这些理由并不能说服我相信城邦不是实体。首先，亚里士多德并没有真的说过实体不能由实体构成。亚里士多德实际上说的是实体不能由"**现实的**"实体（actual substances）构成。换言之，一个复合实体的部分可以是实体，只要它们是潜在的实体就可以了。④厘清这点是非常重要的，因为它解释了为什么亚里士多德有时会说一个有生命的实体的部分，当它们分离时，能依旧保留生命，⑤并就其本身而言依然

①　参见 R. Mayhew, "Part and Whole in Aristotle's Political Philosophy," *The Journal of Ethics*, vol. 1, no. 4 (1997), p. 328。

②　Mayhew, "Part and Whole in Aristotle's Political Philosophy," p. 329.

③　Mayhew, "Part and Whole in Aristotle's Political Philosophy," p. 330.

④　当亚里士多德说城邦由公民所构成时，作为公民的人仅仅是潜在的实体。因为没有公民能离开城邦而存在，并且当他们分离时，他们虽然存在，但不再是作为公民而存在了。同样的道理也适用于动物的各个部分，动物的部分仅仅是潜在的实体。当它们分离时，它们只是作为质料而存在（*Metaph.* 1040b6—8）。

⑤　对亚里士多德来说，一些昆虫和植物的部分显然能够在分离后保持一定时间的存活。参见 *Metaph.* 1040b13—14；*DA.* 411b15—30，413b16—24；*IA.* 707a27—707b5；*Juv.* 468b9—15。

是实体①。而如若是这样，我们就不能从城邦的部分（比如公民）是实体这一事实出发得出城邦不是一个有生命的实体。因为同样的道理也适用于其他一些有生命的实体（比如一些昆虫和植物）。

其次，那些将亚里士多德对柏拉图的批评看作对城邦实体性的贬低的学者也许错误地理解了亚里士多德的意思。在我看来，亚里士多德的批评所要表明的是：被柏拉图用于城邦的那套实体判断标准完全是错的，即，如果柏拉图式的同质性——或者说同一性（oneness）——是判断一个东西是否是实体的标准，那么我们就会不断地被迫往下寻找实体（即城邦 → 家庭 → 个体）。② 我们将不得不把城邦还原成村落，把村落还原成个体，以至无穷。在亚里士多德看来，这是一个会"破坏城邦"并且让城邦"不再是城邦"的过程（*Pol.* 1261a16—21）。因为这会让城邦变得"不确定"（indeterminate）。这也是亚里士多德在《形而上学》Z. 3 中的观点，在那里他否认（原初）质料是实体就是因为（原初）质料不确定且不具有分离性（*Met-*

---

① 最直接的证据来自于 *Metaph. Δ.* 8 和 *De Caelo* 3. 1。亚里士多德说："我们将单纯物……以及总体上由它们构成的东西，包括动物和神圣的存在者，以及这些的部分，称作实体。"（1017b10—13）以及"当然，我指的是简单物……以及所有这些东西构成的东西（比如整个天以及它的部分），动物，植物以及它们的部分"（298a29—32）。其他一些文本证据包括但不局限于 *Phys.* 1. 192b8—13，32—34；*Cat.* 3a29—32，8b15—18；*Metaph. Z.* 10. 1035a19—20。关于这些证据的讨论，参见 Tianqin Ge，"Can Physical Substances be Substances?" *Frontiers of Philosophy in China*，vol. 10，no. 3（2015），pp. 476–478。

② 在 *Metaph. Δ.* 6. 1015b16—1016b17 部分，亚里士多德区分了五种同一性（oneness）。事物可以因为它们是（a）连续的；或者（b）属于同一个种；或者（c）属于同一个属；或者（d）有着同一个定义；或者（e）整体上是同一的。柏拉图显然希望城邦在（d）的意义上同一，即城邦由定义相同的部分所组成。但"城邦在这个意义上显然不是依照自然就同一的"（*Pol.* 2. 2. 1261b7）。在亚里士多德看来，城邦被称作同一的因为它作为整体是同一的，即它的所有部分都拥有同一个形式（1016b13）。

aph. 1028b36—1029a30，1037a27）。在《政治学》2.2 中，亚里士多德显然做的是相同的事情。他否认个体是实体，因为个体不确定（*Pol.* 1253a32—37）也不自足（1253a26—28，1261b11—15）。因此，亚里士多德对柏拉图的批判恰恰表明了城邦比个体更是实体（正如形式比质料更是实体），而非相反。

最后，那些拒绝承认城邦连续性的学者也许误解了亚里士多德在何者意义上称一个有生命的实体连续（συνεχές）。亚里士多德在三个段落里详细地解释过连续者（τὸ συνεχές）的含义：

> 那种妨碍某样事物依照其自身冲动运动或实践的东西就被说成是拥有（ἔχειν）它，就像柱子拥有压下来的重量，以及就像诗人们让阿特拉斯（Atlas）拥有天——而这意味着，如果不是这样，天就会砸在地上，正如一些自然哲学家也这么说。以这种方式，那种将事物聚到一起的东西被说成是拥有那些被它聚到一起的事物的东西，因为不然那些事物就会每一个都按照其自身的冲动分离。（*Met-aph.* 1023a17—23）

> 一样事物被称作是连续的（συνεχές）的，如果它依照其自然本性拥有一种运动而不能拥有其他任何运动，并且当它未被分时，那种运动在时间上是同一且不可分的。（*Metaph.* 1016a5—7）

> 连续的东西（τὸ συνεχές）和有限的东西是一个整体，只要在它们当中包含了若干个部分的统一——尤其是当这些部分以潜在的方式存在，甚至即使不行，它们以现实的

方式存在，也是如此。（*Metaph.* 1023b32—34）

从这些段落中，我们不难得出，一个整体对亚里士多德来说是自然连续的，如果下面三个条件成立：

（ⅰ）它有部分，且那些部分是以这样一种方式被聚到一起以至于如果不是这样它们就会分离，并按照其自身的冲动运动；①

（ⅱ）它的所有部分都依照其自然本性有着单一的运动；

（ⅲ）它的部分都以潜在的方式存在。

城邦难道不满足这些要求吗？首先，我们知道亚里士多德说过，作为城邦的一部分的人是最好的动物，但当它和城邦分离，它就会成为最糟糕的动物（*Pol.* 1253a31—33）。因为当人和城邦分离，亚里士多德说，人会按照它自己的原始冲动而非德性行动（*Pol.* 1253a34—37）。从这个意义上说，城邦确实联系紧（hold together）了个体。其次，亚里士多德在《尼各马可伦理学》9.6 中说，"当人们对他们的利益为何有着相同的看法，选择相同的行为，并做他们共同决定好的事，城邦就是齐心的"（1167a26—28）。这段话表明只要城邦没有内斗，公民们就有着单一的运动方向——朝向共同善或城邦的繁荣

① 参见 Ribera-Martin，"Unity and Continuity in Aristotle," *Apeiron*, vol. 50, no. 2 (2017)，pp. 231-232："对希腊文συνέχειν的习常英文译法（即 continuous）有可能会让人产生误解……因为'连续的'（continuous）这个词现在都和'不间断的东西'联系在一起"。因此，要还原συνέχειν的重要性，我们必须强调其前缀 συν 的意思，即"在一起"（togergerness），读者必须记住συνέχειν的意思是"把……聚到一起"（holding-together）。

（*Pol.* 1303a25—26）。最后，城邦的部分（比如作为公民的人）对亚里士多德来说是潜在的实体。他们以潜在的方式存在因为他们无法独立存在：当一个公民和城邦分离，他就不再是一个公民。但这并不表示，这个公民一旦离开了城邦，他就不再是实体。他依然是一个实体，并且依然是一个人。他仅仅不再是那个他曾经是的潜在的实体，即公民。① 综上所述，我们很难认为城邦对亚里士多德来说不是一个连续的统一体。

（二）城邦的目的和个体的目的

我现在想要转向 PTE 的问题。正如我之前提到的，亚里士多德似乎在他的自然性命题中暗示城邦的目的可以被还原成个体的目的。而这意味着城邦更像是一个为了别的东西而存在的人造物，而非一个为了其自身内在目的而存在的自然实体。在这一节里，我将为亚里士多德笔下城邦的实体性辩护。我将论证城邦的幸福（目的）和个体公民的幸福（目的）对亚里士多德来说并不是同一的。

在《政治学》7.2 中，亚里士多德触及幸福对一个个体和一个城邦来说是否相同这一问题。表面上，亚里士多德似乎暗示这两种幸福是相同的（1324a7—8）。但如果我们仔细研读，就会发现情况事实上并非如此。因为亚里士多德很快补充说，相同仅仅局限于这样一个事实，即那些将个体的幸福归结为 X 的人也会把一整个城邦称作是幸福的，如果那个城邦也处在 X 的状态中的话（1324a8—13）。换句话说，城邦的幸福和公民的幸福只在这个意义上是相同的，即它们共享了同一个参照系

---

① 生命体的部分也是如此。比如一只手一旦与身体分离，它就不再是手。但这并不意味着这只分离了的手不在是其自身意义上的实体：分离的手依然是一个不同的实体，它仅仅不再是那个它曾经是的实体（即"手"了。

（frame of reference），因为这个共同的参照系，它们被称作幸福
的。但亚里士多德从未说这两种幸福本身（per se）是相同的。
事实上，《政治学》卷7接下来的讨论表明，城邦的幸福无法被
还原成个体公民的幸福。因为如果城邦的幸福和个体的幸福是
等同的，那么用来评判城邦和个体是否幸福的那个参照系，即
亚里士多德所谓的"活得好"（living well），对这两者来说也必
须意味着相同的东西。但事实并非如此。因为依照亚里士多德
的说法，两种最好的生活方式（即政治生活和哲学生活）对个
体公民和城邦来说意味着完全不同的东西：

	个体公民	城邦
政治生活	致力于统治其他个体（即参与政务）	致力于统治邻邦（*Pol.* 1324a35—1324b41）
哲学生活	致力于沉思活动	致力于城邦各个部分间的公共活动（κοινωνίαι）（*Pol.* 1325b26—27）

显然，城邦政治生活和哲学生活的内涵截然不同于个体公
民政治生活和哲学生活的内涵。而这就说明，城邦有它自己的
生活方式，并且这些生活方式无法也不能被还原成个体的生活
方式。否则就像 Morrison 注意到的，政治生活和哲学生活对一
个城邦来说就应该是"所有公民都致力于政治活动"和"所有
公民都是哲学家"。① 但亚里士多德显然不这么认为。城邦的幸
福在于其自身生活方式的实现，而这种实现活动是不同于也不
能还原为个体的那些实现活动的。

从城邦有它自己的生活方式——因而也有它自己非人的目
的（non-human end）——这点出发，我们可以得出城邦是一个

---

① D. Morrison, "Aristotle on the Happiness of the City," in V. Laurand and J. Terrel (eds.), *L'excellence politique chez Aristote* (Peeters, 2017), pp. 11-24.

为了其自身目的而存在的有生命的实体。这个目的，一方面，
不能被还原成个体的人的目的；另一方面，又和个体的人的目
的有类比性。因为人和城邦在亚里士多德看来都是这样的有机
体，它们的生成、生长和发展都包含了不同的阶段：①

	个体的人	城邦
第一阶段	胚胎：为了生物性的完满（biological perfection）而存在	家庭：为了生物性需要（biological needs）而存在（*Pol.* 1252b12—14）
第二阶段	儿童：为了非生物性的（伦理性的）完满［non-biological（ethical）perfection］而存在	村落：为了非生物性需要（non-biological needs）而存在（*Pol.* 1. 2. 1252b15—16）
最终阶段	成人：为了超生物的（政治/哲学的）完满［trans-biological（political/philosophical）perfection］而存在	城邦：为了超生物性需要（活得好）［trans-biological needs（living well）］而存在（*Pol.* 1252b29—30）

　　这些阶段都被其自身的目的所规定：第一阶段是被一个生物
性的目的所规定，而第二阶段是被一个非生物性的目的所规定，
至于第三阶段则是被一个超生物性的目的所规定。这些目的自身
是彼此分离的，但与此同时它们又以这样一种方式保持连续性，
即它们每一个都是它们下一个的前提：童年的结束是成年的开

---

① 有人也许会反对说，城邦的发展与我们在自然有机体身上发现的生长范式并不
　完全相同。因为当一粒种子成长为一株植物时，种子自身变成了植物。但当一
　个城邦从家庭与村落中诞生时，家庭与村落依然存在。作为回应，我想指出两
　点。第一，尽管植物的生成（coming-to-be）是亚里士多德实体性变化（substantial change）——即通过增加（πρόσθεσις）——的一个典型范例，但亚里士
　多德显然还提到了其他种类的实体性变化（*Phys.* 190b5 以下）。从村落到城邦
　的变化完全可以是一个通过构成（σύνθεσις）而产生的实体性变化。其次，尽
　管种子变成植物，种子似乎明显得到了一个新的形式，但事实上，当城邦形成
　后，村落也得到了一个新的形式。我们没有理由认为城邦形成后，村落还是以
　前那个村落。我们可以以亚里士多德的圆弧为例：一个圆是由许多部分（segments）拼凑形成的。但当圆产生后，这些部分就得到了一个新的形式，即圆弧
　的形式。

始，村落的结束是城邦的开始。这种目的的连续性确保了一个有机体朝向其终极目的的内在运动的连续性。而这一终极目的就是这一有机体的自然本性（nature）。① 这就是为什么亚里士多德在《政治学》1.2 中说城邦依照自然存在：

> 因此，每一个城邦都依照自然存在，如果原初共同体也是［依照自然存在］的话。因为城邦是那些［原初共同体］的目的，而自然本性是一个目的：我们说，每一个事物——比如一个人，一匹马或一个家庭——是什么，要看它的生成完满的时候。到了那时候，它就是其自然本性（*Pol.* 1252b30—34）。

因为城邦，就像其他有生命的有机体一样，有着某个贯穿了整个发展过程的目的或自然本性。

四　立法者在城邦发展中所扮演的角色

到目前为止，我已经提出了两个观点。第一，城邦满足或至少基本满足（就像其他一些自然实体一样）亚里士多德在《范畴篇》和《形而上学》中为实体所设立的标准。因此我们不能简单地否认城邦是一个亚里士多德意义上的自然实体。第二，我们发现城邦的发展和一个有生命的实体的自然生长有着极为重要的同构性。因此，城邦也许能够被看成是原初共同体——亚里士多德将之视作最自然的共同体——自然生长的最

---

① 我们或许应该想起亚里士多德对"依照自然"（by nature）的定义："因为那些'依照自然'的东西是那些从自身中的某个原则/始点（principle）出发连续地运动直至达到某个目的的东西。"（*Phys.* 199b15—17）

终产物。① 我现在想要转向阻碍城邦作为一个自然实体的最后一个障碍，即立法者在城邦产生过程中所扮演的角色问题。

　　按照 Keyt 的说法，亚里士多德的《政治学》包含了一些指涉，这些指涉暗示城邦是一个"实践理性所创造的人造物"而非一个"自然实体"。② 比如，在《政治学》1.2 中，亚里士多德说城邦是被立法者所"建立"（συστήσας）的（1253a30—31）。在暗示城邦是一个形质复合体（hylomorphic compound）之后（Pol. 3.3.1276b1—11），亚里士多德将立法者的角色和匠人的角色相类比，暗示政治制度（即城邦的形式）并非自然所赋予，而是立法者的"创造"（7.4.1325b40—1326a5）。③ 如果城邦的形式存在于立法者的脑子里，那么城邦不可能是一个亚里士多德意义上的自然实体。因为依照亚里士多德，实体的形式不同于人造物的形式的地方就在于，实体的形式存在于实体本身之中，而不是通过外部所赋予。④

　　对此我的解决办法是，我们不能将城邦的形式看作某种外部赋予（imposed）的东西，而必须将它视作某种在实体内部被实现（actualized）的东西。换言之，城邦的形式不是某种外在的东西，某种被立法者在城邦发展的某个时间节点上随意赋予的东西。相反，城邦的形式从一开始（即还在原初共同体的时候）就已经存在，但仅仅是潜在地（potentially）存在。因此，

---

① 关于为什么原初共同体对亚里士多德来说是最自然的，见 NE. 7.12.1162a17—19："人自然地倾向于形成配偶关系——甚至多过形成城邦——因为家庭要比城邦更早出现且更必需，而且繁殖对人和动物来说是更普通的事。"参见 EE. 7.10.1242a22—26，在那里人被说成"家庭的动物"（οἰκονομικὸν ζῷον）。

② Keyt, "Three Basic Theorems in Aristotle's Politics," p. 119.

③ 关于那些不仅创造了法律，而且创造了政治制度的立法者，见 Pol. 2.12。

④ 见比如 Phys. 2.1.192b28—29，2.8.199b28—9；GA 2.1.735a2—4；另参见 Metaph. Λ.3.1070a4—8；NE 6.4.1140a10—16。

立法者的任务其实是完成这种内在的潜能（potentiality），即将它变为现实（actuality）。

为了证明我的这一观点，我希望提请读者注意雄性精子在动物的胚胎发育中所扮演的角色。在《论动物的生殖》（*Genera-tion of Animals*）中，有一些段落在我看来能够帮助我们理解立法者在城邦产生过程中所扮演的角色：

> 因此，在这样的动物（即雄性与雌性相分离的动物）中，雄性总是负责完成生殖的任务…要么直接通过其自身，要么通过精子的方式。由于动物的各个部分都以潜在的方式存在于质料当中，一旦运动的原则/始点被提供，这些部分就一个接一个地、无间断地生成，就像在那神奇的自动傀儡中所发生的（*GA*. 741b4—9）。

> 一旦胚胎被固定，它就表现得如同种子被播撒到了地里。[生长的]第一原则/始点也存在于种子自身中，而一旦它们入土，之前以潜在方式存在的第一原则/始点就开始变得不同，芽和根就从会种子中长出来……因此，所有的部分从某种意义上说也以潜在的方式存在于胚胎之中，而第一原则/始点最首当其冲，并且从那个意义上说，首先在现实性上变得不同的是心脏……已形成胚胎一旦从父体和母体分离，它就必须自己营生，就像一个离开了父亲独立建立家庭的儿子。这就是为什么它必须拥有一个第一原则/始点，因为动物身体接下来的排列组合也正源于此。否则，假设这一原则/始点是在某个时间节点上从外部引入的，并且是后来才在动物体内占据这一位置，那么我们就会疑惑这究竟发生在哪个时间点上，并且我们必须指出，出于必

然性第一原则/始点必定从一开始就存在，即当每个部分与其他部分相分离的时候，因为其他部分的生长和运动都源自于它。(*GA*. 739b33—740a13)

在那些排精的雄性动物中，自然把它们的精子当作是一种工具。那些不排精的动物……是如此虚弱以至于自然根本无法通过中间物做成任何事：事实上，只有当自然自身在旁协助时，它们的运动才足够强力。结果在这种情况下，自然更像是一个陶工而不是一个木匠；在塑造被给予形式的对象的时候，她并不依靠双手的接触，而是用她自身的部分去对付它。(*GA*. 730b19—32)

从这些段落中，我们可以得出一些关于雄性精子在动物生殖过程中所扮演角色的结论。首先，形式或者所谓的统治性原则(ruling principle)(*GA*. 735a14—16)并不是"在某一时间节点上从外部"被引入的，而是"从一开始"就存在，只不过是以潜能的形式存在。雄性精子的任务就是要将此前以潜能形式存在的东西变成现实存在的东西——这个过程涉及心脏的形成——以此完成动物的生殖过程；其次，一旦心脏形成了，其他的有机部分也会一个接着一个地形成(*GA*. 734a27—29)，而胚胎也会变得像一个"离开了父亲独立建立家庭的儿子"一样；最后，雄性精子仅仅只是赋予雌性质料以形式的一种工具。当这种工具不可得的时候，自然(Nature)会亲自操持这个过程。

在我看来，这一切都为我们理解立法者在城邦产生过程中所扮演的角色提供了帮助。立法者在城邦的产生过程中很有可能扮演了一个类似雄性精子在动物生殖过程中所扮演的角色。也就是说，城邦的形式，首先，不是由立法者在某一个时间节

点上从外部引入的，而是从一开始就以潜能的形式存在。立法
者的任务是要将这种潜能变为现实，即将这种潜能实现为某种
具体的政治制度形式（比如，民主制、贵族制等）。① 其次，立
法者所确立的（或"实现的"）政治制度是城邦的"心脏"。当
这一"心脏"形成，城邦所有其他的有机部分也会随之形成，
而城邦会达到可与被实现了的胚胎相提并论的"某种完全自足
的状态"（*Pol.* 1252b28—29）。最后，尽管"第一个建立城邦
的立法者配享最高荣誉"（*Pol.* 1253a30—31），立法者，或者更
准确地说，立法技艺对城邦的产生却不是必需的。因为立法技
艺对自然来说只是一种工具。② 作为一个自然实体的城邦最终
是从自然而非立法技艺那里获得其形式或目的。

对这种解读的一个反对是：尽管亚里士多德允许一个自然
物通过作为工具的技艺产生，但这个自然物也必须能在没有工
具的情况下自行产生。③ 比如，当医生医治病人时，医学技艺
可以帮助自然使病人恢复健康，但健康作为一个自然物，也必
须要能在没有医学技艺的帮助下自行产生。换言之，如果城邦
是自然的，那么它必须要能在没有立法者或立法技艺的帮助下

---

① 稍后我会谈到这个问题。在这里我想提请读者注意的是，立法者只对城邦形式
的具体实现形式（determinate actualization）负责，他并不对城邦之为城邦（city
qua city）的形式负责。城邦之为城邦的形式是由自然所决定的，因为城邦的目
的是由自然所决定的。立法者或立法技艺无法改变城邦的目的（参见
Pol. 11252a4—6："所有的共同体都以某种善为目的，而……城邦的目的是所有
善中最高的善。"）要想更好地理解这一点，我们可以以人为例。人的目的——
幸福——是被自然所决定的。人只对幸福的各种意涵——它们是人类自主选择
的对象——负责。但在"选择"某一种形式的幸福（比如哲学的幸福）过程
中，人并没有"创造"幸福。他所创造的只是某一种特定的幸福形式，即人类
幸福的某一种实现形式而已。城邦的具体形式和立法者的关系也是同理。

② 雄性精子对自然而言是一种工具，因为雄性精子自身不会成为未来胚胎的一部
分（*GA.* 737a7—16）。关于立法者也是如此。因为立法者并不一定要成为他所
立法的城邦的一部分（参见 *Pol.* 1270a4 ff.，1273b30—34）。

③ 见 Keyt, "Three Basic Theorems in Aristotle's Politics," p. 120。

自行产生。但这一原则，就像我们看到的，并非完全适用于所有的自然物。比如，德性对亚里士多德而言是自然的，但它的产生并不能离了政治技艺。① 事实上，就像亚里士多德说的，技艺"在某些自然不能（ἀδυνατεῖ）完成的情况下成全着自然"（*Phys.* 199a16—17）。城邦的情况显然和德性的情况一样，属于单靠自然无法使其产生的那些情况。因此，技艺必须作为补充。但这一补充并不意味着城邦对亚里士多德来说就成了一个人造物。因为在《政治学》II. 8 中，亚里士多德显然区分了城邦和人造物。亚里士多德写道：

> 在政治安排上——正如在其他技艺（τέχνας）中——不可能所有东西都在书写中精确地定下，因为立法必然是普遍的，但实践却是关于个别的事物的。因此显然，在某些时候和某些情境下，法应该要被改变，但当我们以另一种方式看待这一问题，我们似乎需要非常小心。因为轻易改变法律的习惯是一种恶。当变法的收益很小时，立法者或统治者的某些错误最好维持不变。因为不服从的习惯给城邦带来的损失要远远大于做出改变所得到的收益。从技艺的例子出发的论证是不对的。法律上的改变完全不同于技艺上的改变。因为法律除了服从的习惯之外，没有其他发号施令的力量。而服从习惯的养成是需要时间的。因此，轻易变法会削弱法的力量。（*Pol.* 1269a9—24）

---

① 这就是为何亚里士多德要强调德性"多少"（πως）是与生俱来的（*NE*. 1144b4—5）。因为德性是所有人的自然目的，但它却无法在没有明智或实践智慧（prudence）——亚里士多德称其与政治技艺实为同一种状态（ἕξις）（*NE*. 1141b23—24，1144b16—17）——的情况下产生。

在其他技艺上，当一种技艺进步了，它的产物也会相应地取得进步。比如，当医术进步了，人类的健康状况也会得到改善。但在立法技艺的例子里，情况却是不同的。尽管立法技艺也"被视作那些技艺中的一员"（*Pol.* 1268b36—37），但它的产物——城邦，从改变中得到的收益却比得到的损害要少（*Pol.* 1269a17—18）。因为"法律除了服从的习惯之外，没有其他发号施令的力量。而服从习惯的养成是需要时间的"（*Pol.* 1269a22—23）。亚里士多德总结说，一般"技艺—人造物"的模型并不是思考"立法技艺—城邦"关系的一个很好的模型（παράδειγμα）。我们或许要问，如果城邦是一个人造物，那为什么"技艺—人造物"的模型在这里不是一个很好的模型？原因似乎非常简单：尽管从某种意义上说，城邦是技艺的"产物"，但在亚里士多德眼里，它却不是一个人造物。依照亚里士多德，一个人造物其自身并不包含变化的始点或第一原则，因为它无法生长（αὔξησις）（*Phys.* 192b12—18）。当一个人造物做好了，它就已经完成了。但城邦的情况却不一样：当城邦被立法或政治技艺建立起来，城邦还远远没有完成。它还要生长，而这一过程需要时间。① 因此，城邦更接近于一个通过技艺来生长的自然实体，而非一个被技艺制造的人造物。因为城邦有其自身的自然生长。② 这就是为什么亚里士多德说立法技艺或

---

① 依照亚里士多德的生长理论，自然实体的任何部分都是通过某种东西的增加（accession）来生长的。当这种东西被转换成和这一自然实体的部分相同的形式，这一自然实体就增大了。比如，当食物被转换成身体肌肉的形式，身体就长大了（*GC.* 322a4—16）。在我们的例子里，生长的自然实体是城邦，而被转换的东西是潜在的公民。当潜在的公民按照城邦的形式——即（宪）法——被转换时，城邦就生长了。但不像食物在其他有机体中的转换，潜在公民的转换需要时间。因为这种转换只能通过习惯的养成（habituation）来实现，而这在亚里士多德眼中"需要大量时间"。

② 见 *Pol.* 1302b33—1303a2，亚里士多德将城邦不合比例地生长与动物不合比例地生长做了对比。

法的进步并不必然对城邦有利，因为任何新的改变都会打断城邦的自然生长，而在最糟的情况下，甚至会带来衰退（φθίσις）。①

然而我们也许会纳闷，如果城邦的形式从一开始就以潜能的形式存在于原初共同体中，为什么亚里士多德要说城邦的形式，即具体的政治制度（比如民主制、贵族制等）是由立法者赋予的？要回答这个问题，我们必须区分亚里士多德笔下的两种形式（form）。第一种形式是种的形式（species-form）。即属于作为一个种（species）的城邦的形式。当我们说城邦的形式从一开始就以潜能的形式存在，我们指的是这个意义上的形式，即对城邦之为城邦（city *qua* city）来说共同的、无差别的形式。但亚里士多德显然还预设了另一种意义的形式，这种形式可以说是"在种这个层面以下的"。② 这个意义上的形式具备了一种种的形式所不具有的多样性。比如，在这个层面上，柯里斯克斯（Coriscus）的形式可以不同于苏格拉底（Socrates）的形式，

① 当（宪）法无法再实现这种转化（即让其潜在公民养成必要的习惯），或这种转化的程度已不再能满足需要时，城邦的衰退就发生了。参见 *GC.* 322a28—33。

② 形式（εἶδός）是否可以指除了"种的形式"以外的东西尚存在争议。一些学者认为在亚里士多德那里只有一种不可分的形式，即"种的形式"，例如：M. Woods, "Form, Species, and Predication in Aristotle," *Synthese*, vol. 96, no. 3 (1993), pp. 399 – 415；D. Bostock, *Aristotle Metaphysics: Books Z and H* (Oxford: Clarendon Press, 1995), p. 134；而其他一些学者认为亚里士多德允许——至少在生物学语境中——形式进一步被分，从而产生种以下层次的形式，例如：J. M. Cooper, "Metaphysics in Aristotle's Embryology," in D. Devereux & p. Pellegrin (eds.), *Biologie, logique et métaphysique chez Aristote* (Paris: Éditions du CNRS, 1990), p. 84；D. M. Balme, "Aristotle's Biology was Not Essentialist," in A. Gotthelf & J. G. Lennox (eds.), *Philosophical Issues in Aristotle's Biology* (Cambridge University Press, 1987), p. 291。在这里，我们显然无法就此展开讨论。但既然主导性的看法是：亚里士多德胚胎理论中的形式是某种"亚种形式"（sub-specific form）（注意，"亚种形式"不必然是个别的），我们似乎能假定这种"亚种形式"也存在于亚里士多德的政治theory中。因为在亚里士多德看来，城邦是一个有生命的有机体，而城邦的形式和动物的形式是可类比的："现在，如果存在着如此多的形式，并且这些形式有着如此多种类（我的意思是，比如，一定数目的嘴的形式，胃的形式和感觉器官的形式，以及更进一步的，运动部分的形式），那么这些部分组合起来必然会产生许多动物的形式……说到政治制度，我们也可以用同样的方式来思考。"（*Pol.* 1290b29 ff. ）

即使他们拥有相同的"种的形式"——人的形式
（*GA.* 767b29—768a2）。因此，当亚里士多德说城邦的形式是由
立法者所赋予时，他是在后一种意义上使用"形式"这个词。
在这个意义上，形式只影响城邦的身份（identity），而不影响
其本质（being）（*Pol.* 1276b1—13）。因为尽管一个民主制城邦
不同于一个贵族制城邦，但作为城邦，它们却并不比另一个更
是城邦（*Cat.* 3b33—34，3b37—38；Cf. *Metaph.* 1044a10—11）。
因此，立法者为城邦赋予的各种形式仅仅是自然所规定的"种
的形式"（species-form）的各种实现形式（actualizations），而它
们在"种的形式"上是无差别的。①

　　因此，我们可以得出结论：在城邦的产生问题上，立法者或
立法技艺对亚里士多德来说并非不能与作为一个自然实体的城邦
相容。因为立法者只对自然所规定的那种潜在形式的实现（actu-
alization）或完成（completion）负责。因此，立法者的主观选择
并非介于城邦的各种潜在形式之间，而是介于同一种"种的形
式"的多种具体的实现形式之间。而"种的形式"在亚里士多德
眼里，是依照自然在先存在的（pre-exists by nature）。

　　*作者简介：胡辛凯，哲学博士，东南大学哲学与科学系讲
师，主要研究方向为古希腊哲学、伦理学。*

---

① 关于亚里士多德如何区分一个形式的亚种形式，参见 J. G. Lennox, "Kinds,
　　Forms of Kinds, and the More and the Less in Aristotle's Biology," in A. Gotthelf &
　　J. G. Lennox（eds.）, *Philosophical Issues in Aristotle's Biology*（Cambridge University
　　Press，1987），pp. 339 – 359。依照 Lennox，一个高层次的形式（比如"属"的
　　形式和"种"的形式）对亚里士多德来说是可进一步分化为"亚种形式"的
　　质料。换言之，一个"亚种形式"是一个"属"的形式或一个"种"的形式
　　的一种具体的实现形式：苏格拉底是人性的一种具体的实现形式，就像水禽
　　（water-fowl）是鸟的一种具体的实现形式（p. 348）。

功能（*Ergon*）与德性（*Aretē*）[*]
——对《尼各马可伦理学》卷 I.7 的"功能论证"传统解读的质疑

魏梁钰

摘要： 本文将论证，当代亚里士多德研究者（也包括一些哲学家）对《尼各马可伦理学》"功能论证"的批评主要是基于一种主流的理解（本文称"传统重构"）。根据传统重构，亚里士多德首先并且独立地诉诸他的理论科学来说明人依据其本性所具有的"功能"（*ergon*），从而进一步界定好人的 *ergon* 是什么，最终得出幸福的定义。本文将通过反思"功能论证"中 *ergon* 概念的特性以及 *ergon* 和德性（*aretē*）的关系，论证二者不是相互独立的，并且人的 *ergon* 是从政治共同体中有德性的人出发来确定的，由此对该传统重构提出质疑。这种的解读也更有效地回应了来自当代研究者对"功能论证"的一些常见批评或质疑。

关键词： 功能；德性；"功能论证"

---

* 本文最初发表于《哲学研究》2020 年第 9 期。本文初稿得益于吴天岳老师、程炜老师以及吴天岳老师组会上的同学（朱子建、钟孔鹭、余晓辉等）以及《哲学研究》两位匿名评审的批评指正，特此致谢。

一　导言

"我们到底该如何生活才是幸福的"，或更准确地说："什么是人的善好或者幸福"（*to anthrōpinon agathon*，*eudaimonia*），在《尼各马可伦理学》（简称 *EN.*）① 第一卷中，亚里士多德对该问题展开了探究。"人到底该如何生活"这个问题自苏格拉底（在柏拉图笔下）提出以来，就如同"火炬接力"一般成为西方哲学和伦理学（至少在近代特别是康德伦理学之前）所关注的一个核心论题。②

在当代亚里士多德伦理学研究中，围绕 *EN.* I. 7 的"功能论证"的文献之繁多甚至引起一些学者的抱怨。③ 我们为何要再增添一个呢？除了这里涉及的问题本身就值得我们不断地思考外，还因为：首先，正是在 *EN.* I. 7 中，亚里士多德明确提出人拥有 *ergon* 并据此来界定人的善好或幸福（参见

---

① 《尼各马可伦理学》的希腊文根据 L. 拜沃特（L. Bywater）校订的 Oxford Classical Texts 中的文本。

② 这个问题在《理想国》（*Republic*，简称 *Rep.*）第一卷由苏格拉底提出（352d6—7）。亚里士多德对幸福的定义也可看作是对"苏格拉底的问题"的重新定位。关于该问题更一般的哲学讨论，参见 Bernard Williams, *Ethics and the Limits of Philosophy*（Cambridge, MA：Harvard University Press, 1985），ch. 1 – 3。当代新亚里士多德主义美德伦理学试图在规范伦理学中义务论和功利主义之外提出第三种立场，重新将幸福和良好生活作为伦理学关注的重要主题之一，尤其参见 Rosalind Hursthouse, *On Virtue Ethics*（Oxford：Oxford University Press, 1999）。"火炬接力"这个意象来自《理想国》第一卷，特别是 328a3 – 4。

③ 参见 Julia Annas, *The Morality of Happiness*（Oxford：Oxford University Press, 1993），p. 142 n. 3。然而对和 *EN.* "功能论证"平行的《欧德谟伦理学》（*Ethica Eudemia*，简称 *EE.*）中的讨论（*EE.* II. 1, 1218b31—1219a39）却未被充分关注。（参见魏梁钰《〈欧德谟伦理学〉中的"功能"概念和"功能论证"》，《哲学门》2019 年总第 37 期。）

EN. I. 7，1097b24—25），这关乎本文所要处理的核心问题，即如何理解 ergon 概念的性质以及 ergon 和德性（aretē）的关系。① 其次，当前学界关于"功能论证"的研究大致可分为三类：或试图理解该论证为何从对人的 ergon 的讨论入手，或通过回应对该论证的批评为其提供某种辩护，或试图理解该论证所依赖的自然或形而上学基础。② 然而，目前这几类研究中的主流解释都接受一种对该论证的重构版本（本文称"传统重构"）。笔者会说明来自当代研究者和哲学家对 *EN.* I. 7 "功能论证"的常见批评主要都基于这一"传统重构"；而该重构承诺了如下主张：亚里士多德通过诉诸关于人的自然本性的科学或形而上学理论来理解人的 ergon，并作为辩护其伦理学的主张特别是"功能论证"的结论（幸福定义）的基础。本文将通过反思 ergon 的特性以及它和德性之间的关系，提供一种有别"传统重构"的理解，并说明这种理解能更有效地回

---

① 虽然接受通常的译法"功能"或"工作"，但笔者在正文部分将保持 ἔργον 的拉丁化转写而不作翻译，另外，笔者用"德性"来翻译 ἀρετή（英文常译作 excellence 或 virtue）。当遇到相应的形容词 σπουδαῖον（本义为"重要的""严肃的"）时，笔者一般会翻译为"优秀的"（对应英文 excellent）。

② 第一类：Gavin Lawrence，"The Function of the Function Argument，" *Ancient Philosophy*，vol. 21（2001），pp. 467 – 478。第二类：Jennifer Whiting，"Aristotle's Function Argument：A Defence，" *Ancient Philosophy*，vol. 8（1988），pp. 33 – 48；Alfonso Gomez-Lobo，"The *Ergon* Inference，" *Phronesis*，vol. 34，no. 2（1989），pp. 170 – 184；Christine M. Korsgaard，"Aristotle's Function Argument，" in Christine M. Korsgaard，*The Constitution of Agency*（Oxford：Oxford University Press，2008），pp. 129 – 150。第三类：Terence Irwin，"The Metaphysical and Psychological Basis of Aristotle's Ethics，" in Amélie O. Rorty（ed.），*Essays on Aristotle's Ethics*（Berkeley：University of California Press，1980），pp. 35 – 54；Terence Irwin，*The Development of Ethics：A Historical and Critical Study*，vol. I（Oxford：Oxford University Press，2007）；Whiting，"Aristotle's Function Argument：A Defence，" pp. 33 – 48。当然，上述划分并不表示它们之间没有关联或重合。

应对该论证的常见批评。因此，尽管这段文本已"备受"关注，我们仍有必要对此做出思考。限于篇幅，本文将集中如下几方面：首先将对"功能论证"的传统重构及其批评进行刻画（第二节）；接着会关注亚里士多德对人特有或独有（idion）的生活的讨论所揭示的 ergon 的特征（第三节）；第四节将重点讨论他在"功能论证"中关于 ergon 和德性的关系的理解。

二 "传统重构"和对"功能论证"的批评

在将人的行动和选择的最终目的或善好（to telos, to aristos）根据大多数人（以及有智慧的人）的意见明确为"幸福"（eudaimonia）（EN. I. 1—4），并对人们通常所追求的几种生活方式——如感官享乐的生活、政治的或追求荣誉的生活等（I. 5），以及哲学家的意见（I. 6）——进行了评判后，亚里士多德在第 7 章试图界定什么是幸福并提出一个"纲要"：他首先说明了幸福的形式条件（1097a15—1097b21），即完满性（to teleion）和自足性（autarkeia）。但相比之前大多数人同意的"幸福"在"名称上"的定义即"活得好""做得好"（eu zēn, eu prattein, EN. I. 4，1095a17—20），这些形式条件并未提供关于幸福是什么的更清楚的说明。他接下来提出要通过讨论人的 ergon 来更清楚地界定幸福是什么（ti esti）。这就是著名的"功能论证"（1097b22—1098a20）。为方便讨论和分析，笔者将全文引用如下①：

---

① 中译文系笔者根据希腊原文译出。个别之处参考了廖申白先生的译文。参见亚里士多德《尼各马可伦理学》，廖申白译注，商务印书馆 2006 年版。

[T1] 然而，幸福（*eudaimonia*）是最好的（*ariston*）显然是某种普遍接受的说法，但关于它是什么（*ti estin*）我们还需要更清楚的说明。如果我们了解人的 *ergon*，那么就会发现这一说明。因为，正如对吹笛者和雕刻匠以及所有其他工匠，以及一般而言任何具有某种 *ergon* 和行动（*praxis*）的事物，善好或至善（*tagathon*）和好或优秀（*to eu*）就在于（*en*）*ergon*；同样，如果人拥有某种 *ergon*，对人似乎也是如此。那么难道木匠和鞋匠具有某种 *erga* 和行动，而人却没有，并就其本性来说是"无事可做的"（*argon*）？或者，正如眼睛、手和脚以及一般而言每个部分（*moriōn*）都有某种 *ergon*，由此某人难道不能确立人有某种不同于所有这些［即身体部分的 *ergon*］的 *ergon*？那么，这［即人的 *ergon*］会是怎样的呢？[T2.1] 因为生命或活着（*to zēn*）显然是植物也都共同享有的（*koinon*），而我们要探究的是那特有的或独有的（*idion*）。那么我们必须排除营养的和生长的生活（*zōē*）。接下来是某种感知的［生活，原文省略了 *zōē*］，显然它也是马、牛以及所有的动物都共同享有的。剩下的就是某种具有理性的行动的［生活，原文省略了 *zōē*］（*praktikē tis tou logon echontos*）；其中一部分是服从理性的，另一部分是具有理性并进行思想。[T2.2] 再者，对这种［具有理性的行动的］生命或生活方式是以两种方式来说的，我们必须设定它是依据活动——现实性（*kat' energeian*）：因为这似乎是以更恰当的方式（*kuriōteron*）来说的。[T3.1] 那么，如果人的 *ergon* 是灵魂的依据理性或不能缺少理性的活动，而我们说某物的 *ergon* 和某物的优秀的（*spoudaios*）［一员］的 *ergon* 在类上

（*tōi genei*）是相同的；[T3.2] 正如里拉琴演奏者和优秀的
里拉琴演奏者的 *ergon*，一般地这也是对所有事物而言的；
如果我们给 *ergon* 加上依据德性的突出，因为里拉琴演奏者
的 *ergon* 是去演奏里拉琴，而优秀的里拉琴演奏者的 *ergon*
就是将之完成得好（*to eu*）。[T4] 如果是这样，我们设定
人的 *ergon* 是某种生活（*zōē*），这就是灵魂的包含理性的活
动和行为，而优秀的人或好人的 *ergon* 就是将之优秀地
（*eu*）并且高尚地（*kalōs*）完成；而依据其专属的德性
（*kata tēn oikeian aretēn*）每一事物都将其 *ergon* 完成得好
（*eu*）；如果是这样，那么人的善好就是灵魂的依据德性的
（*kat' aretēn*）活动（*energeia*）。如果不止一种德性，那么
[人的善好或幸福] 就是依据最好的或最完满的
（*teleiotatēn*）德性。并且在完整的一生中。因为一只飞燕并
不造成整个春天，一日亦然；由此一日或是短暂的时光也
并不造成蒙福的（*makarion*）或幸福的人。（引文中的编号
及方括号里的内容为笔者所加，下同。）

通过这个论证，亚里士多德给出了幸福或人的善好的定义。
"功能论证" **主要** 结论①—幸福（人的善好）的定义
（1098a16—18）：

　　[A] "人的善好 [或幸福] 是灵魂的依据德性的活
动"。

　　[B] "如果不只有一种德性，那么 [人的善好或幸

---

① 笔者加上 "主要" 这一限定，是因为紧接着这一定义后，亚里士多德还加上了
"在完整的一生中"（ἐν βίῳ τελείῳ）这一条件（1098a18，参见 *EE*. II. 1,
1219a35—39）

福〕就是依据最好的和最完满的德性"。

本文将集中讨论〔A〕这一部分，在其中亚里士多德将幸福和依据德性的理性活动联系在一起。我们首先来看研究者们通常对该论证的重构，即"功能论证"的**传统重构**:①

    （1）人的 *ergon* 是人所特有的典型活动（characteristic activity）。（功能的定义）
    （2）人所独有或特有的（*idion*）*ergon* 是理性的活动。
    （3）好人的 *ergon* 是将人的 *ergon* 达成得好，即去做优秀的理性活动。〔根据（1）和（2）〕
    因此，
    （4）人的善好或幸福是去做优秀的理性活动。（幸福的定义）

上述重构虽然能够得到文本上的支持，却几乎在每一步推论上都遭到来自当代研究者和某些哲学家的批评，比如托马

① 参见 Peter Glassen, "A Fallacy in Aristotle's Argument about the Good," *Philosophical Quarterly*, vol. 66, no. 29 (1957), pp. 319 – 322; Thomas Nagel, "Aristotle on Eudaimonia," in Amélie O. Rorty (ed.), *Essays on Aristotle's Ethics* (Berkeley: University of California Press, 1980), pp. 7 – 14; Whiting, "Aristotle's Function Argument: A Defence," pp. 33 – 48; Stephen Everson, "Aristotle on Nature and Value," in Stephen Everson, *Companions to Ancient Thought* 4: *Ethics* (Cambridge: Cambridge University Press, 1988), pp. 77 – 106; Aristotle, *Nicomachean Ethics*, 2nd ed., trans., Terence Irwin (Indianapolis: Hackett, 1999); Irwin, *The Development of Ethics*; Lawrence, "The Function of the Function Argument," pp. 467 – 478。对这一重构的质疑，参见 John McDowell, "Eudaimonism and Realism in Aristotle's *Ethics*," in Robert Heinaman (ed.), *Aristotle and Moral Realism* (Boulder, CO: Westview Press, 1995), pp. 201 – 218; David Charles, "Aristotle on Virtue and Happiness," in Christopher Bobonich (ed.), *The Cambridge Companion to Ancient Ethics* (Cambridge: Cambridge University Press, 2007), pp. 105 – 123。

斯·内格尔①和伯纳德·威廉斯②。这些批评都基于传统重构，概括如下：

　　* 对从（1）到（2）的推论的质疑（简称 C1）：

　　（C1.1）为何理性是人所独有的 *ergon*，因为（对于亚里士多德）神同样也具有理性？

　　（C1.2）为何**只有**理性是人独有的 *ergon*，其他许多活动（比如，直立行走、会笑、讲笑话、自杀等）也都是人独有的？

　　* 对从（3）到（4）的推论的质疑（简称 C2）：

　　（C2）为何幸福或对人的善好 = 一个好人或有德性的人的活动？

　　此外，还有针对基于传统理解的"功能论证"的更一般的或从哲学层面出发的质疑（简称 C3）：

　　（C3.1）从有关人的 *ergon* 的事实性断言得出人**应当**怎样生活的结论（幸福定义），或者说，从描述性断言到规范性断言（或从事实到价值）的错误推理；

　　（C3.2）关于人的自然本性的"外在的"（outside）价值中立的视野和从道德行动者的"内在的"（inside）伦理视野来说明人应当怎样生活之间的裂缝（gap）。③

---

① 参见 Nagel, "Aristotle on Eudaimonia," pp. 7–14。
② 参见 Bernard Williams, *Morality: An Introduction to Ethics* (Cambridge: Cambridge University Press, 1972), p. 64; Williams, *Ethics and the Limits of Philosophy*, ch. 3。
③ Williams, *Ethics and the Limits of Philosophy*, ch. 3.

可以看到，对"功能论证"的传统重构以及大多数批评都承诺了这样一种理解，即亚里士多德从对人的功能（*ergon*）和人这类存在者的本性的说明出发，最终得出幸福是什么的结论。本文将提出不同于传统解读的理解，即亚里士多德并不是从关于人的本性的绝对理解出发来确定幸福是什么①，而是从有德性的人或好人的伦理视野内部对何种活动作为人的 *ergon* 进行限定。笔者将说明这一理解能更好地回应上述批评，但限于篇幅，本文主要对 C1 和 C3 进行不同程度的回应。

三　Ergon 和 zōē：对（C1.1）的讨论和回应

如果理性是人所独有或特有的（*to idion*），这个说法看上去是不能成立的。因为根据亚里士多德，神同样有理性并且是在更充分的意义上有理性（参见 *EN.* 10.7—8；*Met.* Λ.7，9）。②对如何理解"*to idion*"，也有学者给出说明，比如，J. 怀廷的理解是独立于行动者的信念的"人的本质整体"，而非其特有

---

① "人的本性的绝对理解"这一说法来自威廉斯，参见 Williams, *Ethics and the Limits of Philosophy*, ch. 3, p. 52。

② 较早对该问题提出和讨论的学者，参见 Richard Kraut, "The Peculiar Function of Human Beings," *Canadian Journal of Philosophy*, vol. 9（1979）, pp. 467 – 478。其他的回应，参见 Irwin, "The Metaphysical and Psychological Basis of Aristotle's Ethics," pp. 35 – 54；Irwin, *The Development of Ethics*；Whiting, "Aristotle's Function Argument: A Defence," pp. 33 – 48；Sarah Broadie, *Ethics with Aristotle*（Oxford: Oxford University Press, 1991）, ch. 1；Gavin Lawrence, "Human Good and Human Function," in Richard Kraut（ed.）, *The Blackwell Guide to Aristotle's Nicomachean Ethics*（Malden: Blackwell, 2006）, pp. 445 – 475；Korsgaard, "Aristotle's Function Argument," pp. 129 – 150；Charles, "Aristotle on Virtue and Happiness," pp. 105 – 123。

的属性（例如会笑的）。① 这是基于她对《论题篇》（*Topica*，简称 *Top.*）I.4 关于 *to idion* 的两种方式的讨论，但它并非亚里士多德在这里的理解（也并非对 *Top.* I.4 的准确解读）。② 笔者将集中分析 1097b33—1098a7 这段文本（T2.1—2）。通过对 *zōē*（生命或生活方式），具体来说，通过对于"某种类型的生命或生活方式"（*E-ikē zōē*，比如感知的生活方式③）这一概念的澄清，来说明为何亚里士多德认为理性是人所独有或特有的。从中我们还可以发现，*zōē*，*energeia* 和 *ergon* 这几个概念之间的联系。笔者将基于对 *zōē* 的理解以及它和 *ergon* 的紧密联系揭示出，对事物的 *ergon*，亚里士多德是在某种整体也即该事物的（在 *energeia* 的意义上）存在或生活的方式（*zōē*）的语境中理解的。

首先，在 1097b33—1098a5（T2.1）中，亚里士多德通过依次排除了营养—生长的 *zōē*（因为我们和其他动植物都共同享有）和感知的 *zōē*（我们和其他非理性动物共同享有），最后得出人所独有的是某种包含理性的"行动的（*praktikē*）*zōē*"。需要注意的是，"*to idion*"（无论译作独有或特有）在这里是和"*to koinon*"（1097b34，共同享有）相对来说的，指不和其他生

---

① 参见 Whiting，"Aristotle's Function Argument：A Defence，" p.38。

② 在 *Top.* I.4，101b19－23，亚里士多德指出τό ἴδιον有两种用法：一是指某事物的"本质"（τό τί ἦν εἶναι），二是指非本质的固有属性（比如，对人而言会笑的或懂语法的）。怀廷根据该区分主张亚里士多德在 *EN*. "功能论证"中说理性是人所独有的应当在ἴδιον第一种用法的意义上理解，从而是指人的本质整体，而不是其必然属性。S. 埃沃森（S. Everson）对怀廷的解释提出了有力的反驳。他结合 *Top.* I.5，102a18－19，说明亚里士多德在 *Top.* I.4 那里区分τό ἴδιον的两种用法是为了消除歧义，从而"引入'定义'（ὅρος）作为明确事物的本质的术语，并将ἴδιον限定在必然或固有属性上"。Everson，"Aristotle on Nature and Value，" p.88。

③ 即αἰσθητική ζωή，其中-ική是形容词的词尾，笔者用 E - ική来表示"某种类型的（生活方式）"。

物（植物、动物等）所共同分享的生活（zōē），而不是按照怀廷的理解。那么，什么是一个事物或生物的 zōē? 依据一种常见的观点［标示为（i）］这里的 zōē［区别于 bios（生活方式）］就是指属于某种生活方式的某一部分能力，比如动物的营养或者感知能力。然而，观点（i）并不能帮助我们回应（C1.1）。因为据此观点，人所独有的理性能力或活动是作为人的生活所独有的部分，其他部分比如营养或感知能力由于是我们和其他生物所分享的从而被排除。但神同样也有理性，因此不能说是人独有的。另一种观点（ii），也是本文支持的观点，即：当 bios 和 zōē 这两个概念指某种依据或围绕 E-ikē 为核心特征或组织原则来安排的生活方式时，两者并没有根本区别。① 比如，aisthētikē zōē（感知的生活方式），虽然动物也分享植物的营养或生长能力或活动，但是这些活动依据感知活动来组织和安排成为一种生活方式整体。从而，这些活动由于被放在以感知活动为组织原则的生活方式中而获得了在缺乏感知的植物那里不同的意义。② 比如，由于具有触觉和味觉，动物的营养活动（比如进食）还会带来快乐。

　　与观点（i）相比，观点（ii）更有助于我们回应（C1.1）：因为 zōē 作为对人的整个生活方式的说明，其他能力或活动（如营养、感知）都是依据理性来组织构建起来的整体。理性之所以是人独有的，并不是因为只有人才具有这**部分**能力，而

---

① 参见 Nussbaum, M. "Aristotle on Human Nature and the Foundations of Ethics," in James E. J. Altham and Ross Harrison (eds.), *World*, *Mind*, *and Ethics* (Cambridge: Cambridge University Press, 1995), pp. 86–131。她对ζωή的这种方式的使用进行了较为全面的分析和总结，举出了除亚里士多德以外的其他作家（如柏拉图、希罗多德等）的用例，见其论文注释50。

② 参见《论灵魂》［*De Anima*, 简称 *DA.*］II. 2; Korsgaard, "Aristotle's Function Argument," pp. 129–150。

是因为人的行动和生活方式是依据理性（尤其是实践理性）来组织的一个系统。观点（ii）提供了区分不同生活方式的标准：一方面是作为指导原则或"组织者"的能力或活动（如理性）；另一方面是作为"被组织者"，即依据前者被组织安排的其他能力或活动（如营养、感知），这两方面共同构成区分的标准。① 据此我们可以区分人和神：虽然在神那里也有理智沉思活动，但神并不需要依据理性来对感知或营养等其他能力及其追求（比如，快乐）进行组织安排，从而缺乏在人那里的"被组织者"，因为神并不具有感知或营养能力。人却能通过理性反思来重新安排其自然本性所给予的能力或倾向。从而"有理性的行动的生活方式"（*praktikē*［*zōē*］*tis tou logon echontos*）是人所独有的②。

在讨论了"具有理性的"可以有两种方式来理解后（1098a4—5），亚里士多德接着指出与之相关的行动的生活方式也存在两种理解方式（见 T2.2）。有这一步推进，是因为 *zōē* 有一定的模糊性；同时，亚里士多德从 *zōē* 转到强调 *energeia*：因为一方面，*zōē* 既可指仅仅**具有**围绕某种能力 E 组织的 E-*ikē zōē*（比如理性的生活方式），但没有实际运用这一能力的情况。比如，熟睡的苏格拉底，虽然他已经具有理性论证的能力。另一方面，*zōē* 也可以指现实运用这一能力的情况，比如对忒拉叙马库斯进行盘问（*elegchein*）的苏格拉底。通过这一步，亚里士多德说明 *zōē* 是在后一种情况下理解的，由此明确了幸福或人的好的恰当范畴：活动—现实性（*energeia*）。在澄清了这一点之后，他紧接着给出了有关人的 *ergon* 的界定（1098a7—8）。

---

① 参见 Charles, "Aristotle on Virtue and Happiness," pp. 107 – 108。

② 另外，观点（ii）也是更贴合文本的解读，特别是 1098a4—5，a7—8。但限于篇幅无法在这里展开。

重要的是，在这段讨论中，*zōē*、*energeia* 和 *ergon* 几个概念被紧密地联系起来。这有助于我们理解在亚里士多德所使用的 *ergon* 的核心特征之一：*ergon* 是在某种系统或整体的语境中理解的，也就是根据观点（ii）在 *energeia* 的意义上的 *zōē*（生活方式），并由此构成某类有生命事物的同一性的整体。在这个意义上，亚里士多德讨论某类事物（尤其是生物）X 的 *ergon*，并不是像有的研究者［比如 W. F. R. 哈迪（W. F. R. Hardie）对"功能论证"的质疑］那样，认为是从更大的宇宙整体或神的意图来理解 X **被给定的目的**是什么，而是在 X 作为 X 的生活方式整体的语境中来理解的。换言之，X 的 *ergon* 并不是 X 被给定的目的，而是关于（在 *energeia* 的意义上）X 的存在或生活方式的说明，即：对 X **如何实现它作为 X 这类事物的存在或生活方式**的说明。

四 "德性限定条件"：对（C1.2）和（C3）的回应

我们已经说明 *ergon* 是指某类事物 X 如何实现其作为 X 的存在或生活的方式，并在某种整体（*zōē*）的语境中来理解。初看上去（*prime facie*），*ergon* 似乎是独立于评价的单纯的描述性概念，比如，"人的 *ergon* 是理性活动"这一表述似乎只是在陈述一个独立于评价的（或从"外在的"视角来看的）单纯事实。紧接着对于人的 *ergon* 的界定，亚里士多德提出对 *ergon* 的进一步说明（1098a7—9，T3.1）。该说明对把握 *ergon* 和德性（*aretē*）之间的关系至关重要。

亚里士多德在 1098a7—9 中指出（"*phamen*"表明这里提出的是他自己的主张），某类事物 X（X 代表我们能够将某种 *er-*

gon 赋予它的事物）中的优秀的一员 S 的 *ergon* 和 X 这类事物的
ergon 是**相同的**（或同一类东西，*tōi genei*）。在这段讨论的其他
平行段落中，他也提出某类事物（比如技艺或工匠）的 *ergon*
和这类事物的德性的 *ergon* 是相同的（尽管以不同方式）。① X
的 *ergon* 与其德性或优秀一员的 *ergon* 是相同的（以不同的方式
或在类上），换言之，X 的 *ergon* 是优秀的 X（或 X 的德性）将
之完成得好的一类实现活动（*energeia*）。关键在于，这意味着：
如果 E 是某类事物 X 的 *ergon*，S 就可以通过将 E 实现得好而成
为 X 中优秀的一员。② 并非像"功能论证"的传统解读所认为
的，X 的 *ergon* 是独立于其德性来理解的这类事物的本质或本
性。比如，钢琴师的 *ergon* 就是演奏钢琴，而德性是根据 X 的
ergon 来规定的；或是像有的研究者那样，将 X 的德性理解为添
加到依据其 *ergon* 来描述的活动上的评价性概念，比如钢琴师的
德性是独立于其 *ergon* 所描述的活动的评价性概念。③ 相反，按
笔者的解读，这段文本（以及其他平行段落）表达了这样的要
求，只有那些可以由 X 中有德性或优秀的 S 完成得好的活动才
构成 X 的 *ergon*。从而 X 的 *ergon* 必须满足这个条件：通过将 X
的 *ergon* 实现得好（*to eu*）可以使 S 成为这类事物中优秀的一

---

① *EE.* II. 1，1219a18—20："现在关于这些事情已经这样规定了，让我们接着说，
一个事物具有与其德性相同的功能或工作（τὸ ἔργον），但以不同的方式
（ἀλλ' οὐχ ὡσαύτως）。"这里亚里士多德也提出了和 *EN.* 相似的主张，虽然在
表述上有细微差别［参见《大伦理学》（*Magna Moralia*，简称 *MM.*）I. 3，
1184b17—21］。

② 优秀的 X 所实现的就是将 X 的ἔργον实现得好（τὸ εὖ，1098a12），也就是依据
专属于 X 的德性的实现（κατὰ τὴν οἰκείαν ἀρετὴν ἀποτελεῖται，a15）。"εὖ"
（副词）和"κατὰ τὴν οἰκείαν ἀρετὴν" / "κατ' ἀρετήν"（副词性短语）这两
种表述在亚里士多德那里是等同的（1098a15）。

③ 参见 Aristotle，*Nicomachean Ethics*，p. 185；Gomez-Lobo，"The *Ergon* Inference,"
pp. 170 – 184。

员。这是依据好的 X 或专属于 X 的德性来确定的，即依据其德性对 X 的 *ergon* 是什么，也就是 X 如何实现其 *ergon* 的方式提供了限定条件。可将之归结如下：

　　当且仅当 S（作为 X 这类事物）将 F 实现得好从而成为 X 中**优秀的**一员，F 才能作为 X 这类事物的 *ergon*。（简称为"德性限定条件"①）

　　这样我们就揭示出了 *ergon* 在亚里士多德那里的另一个关键特性。值得注意的是，"德性限定条件"并不是说 *aretē*（或将其 *ergon* 实现得好）直接出现在 X 的 *ergon* 的定义中②，而是对 *ergon* 和 *aretē* 二者**关系**的说明。它们之间并不是完全独立或偶然的关联，而是"在类上"（*tōi genei*，当然不是在数目上）同一的活动或生活方式。关键在于：X 这类事物的德性对 X 如何实现其 *ergon* 的方式提供了限定条件，只有满足"德性限定条件"者才能作为 X 的 *ergon*。亚里士多德在这里似乎并不关心某种能力或技艺的单纯结果（*ergon*）和好的结果作为评价性判断之间的区分，③ 而是通过说明 *ergon* 和 *aretē* 的联系回应某种可能的批评，即从某类事物（比如人的 *ergon* 到好人的 *ergon*）转移到了不同的类（*metabasis eis allo genos*）。④

　　在 1098a9—12（T3. 2）中，他进一步通过技艺（对我们更熟悉的）来例示上述主张：

---

① 这里笔者追随查尔斯（D. Charles）的观点，深受他的启发。
② 否则我们至少将面临"循环定义"的问题（被定义项出现在定义项中）。
③ *Pace* Gomez-Lobo, "The *Ergon* Inference," pp. 175 – 176.
④ 参见 John Burnet, *The Ethics of Aristotle*（London：Methuen，1900），p. 36。

（A1）里拉琴演奏者和优秀的（*spoudaios*）里拉琴演奏者具有在类上相同的 *ergon*（1098a9—10）；

（A2）里拉琴演奏者的 *ergon* 即演奏里拉琴，优秀的里拉琴演奏者的 *ergon* 则是将这类 *ergon* 达成得好（*to eu*，即里拉琴演奏得好）（1098a11—12）。

在（A1）这里，里拉琴演奏者和优秀的里拉琴演奏者的 *ergon* 是同一类活动，即演奏里拉琴，这意味着只有那些通过将之完成得好使某人成为其中优秀一员的活动才构成里拉琴演奏者的 *ergon*。从而（A1）例示了 1098a7—9 提出的"德性限定条件"。（A2）则是对这里的**另一个论断**（1098a10—11），即对于某类事物的 *ergon* **依据其德性**（*kata tēn aretēn*）的突出（*huperochē*）的例示和澄清。（A2）对该论断的澄清不仅使之更加清晰，更重要的是明确了"*to eu*"和"*kata tēn aretēn*"这两种表述是等价的。由此为亚里士多德接下来在幸福定义中引入"依据德性"（*kat' aretēn*，1098a17）这一构成要素做好了铺垫。[①] 亚里士多德并没有用（A2）说明，*ergon* 是不涉及价值的描述性概念，而 *aretē* 是独立于前者的规范性概念。[②] 根据"德性限定条件"，只有演奏里拉琴并将其演奏得好才可以使某个演奏者 S 成为优秀的里拉琴演奏者；而不是像养花，因为我们并不把善于养花的里拉琴演奏者称为好的演奏者。尤为重要的

① 参见 George Grant（ed.），*The Ethics of Aristotle*，2nd ed.（London：Longman，1866），pp. 450 –451。

② 相反的观点见 A. 戈麦斯－罗伯（A. Gomez-Lobo）和刘玮对笔者观点的批评。这里的讨论可被视为对刘玮的批评的某种不完整的回应。笔者也十分感谢刘玮提出的有益批评。参见 Gomez-Lobo，"The *Ergon* Inference，" pp. 170 –184；刘玮《功能论证：从柏拉图到亚里士多德》，《道德与文明》2017 年第 3 期，第 73—79 页；刘玮《再论〈理想国〉与〈欧德谟伦理学〉中的"功能论证"》，《哲学门》2019 年第 39 辑，第 271—282 页。

是，这一点还隐含着对这类事物的 *ergon* **应当**如何达成的规定，即从其专属的德性或优秀的成员出发的规定：将里拉琴演奏得好。在接受事实—价值区分的当代道德哲学的背景下，初看上去我们的确可以将亚里士多德的 *ergon* 理解为描述性概念。但他事实上并不接受"描述性—规范性"（或事实—价值）这个区分，因为根据"德性限定条件"，*ergon* 在亚里士多德那里并非单纯的描述性概念。它在对 X **如何**实现其作为 X 的存在或生活方式的描述同时，还要求 S 能够通过将其 *ergon* 实现**得好**成为这类事物中优秀的一员（依据其德性的实现）。

　　类似里拉琴演奏者的例子，在本性上过"政治的或公民的"（*politikon*）生活的人这里，S 通过将人的 *ergon* 达成得好成为优秀的人（或好人），是从政治共同体中有德性的人的伦理视野内部出发的，在这个意义上对人的 *ergon* 如何实现的方式提供了限定条件。[①] 我们在第三节已看到，人并非直接按其本性所给予的欲求或倾向来行动，而是能与之保持距离，并依据理性尤其是实践理性来组织或指导其他能力或活动，由此构成统一的生活方式。从而，人的 *ergon* 就是（经过反思）对人如何实现其作为伦理行动者的存在或生活方式的确认，即依据或不能没有实践理性的活动（*energeia*）。现在我们可以说明，只有依据实践理性的活动才能满足"德性限定条件"，因为在伦理生活上成功或突出的人（有德性的人）就是有实践智慧的人（*phronimos*），即那些将实践理性运用得好，或依据实践理性"做得好"的人（参见 *eupraxia*, *EN*. VI. 2, 1139b3—5, VI. 13）。因此，对何种活动才能构成人的 *ergon* 这一限定条件是从有德性的人的伦理视野内部得出的（而有德性的人在亚里士多德看来是

---

① 需要注意这里并没有排除犯错的可能性，只是要求 S 能通过将 X 的ἔργον实现得好使得 S 成为优秀的一员。

某种"标准"或"尺度"，参见 *EN.* III. 4，1113a33）。在人的 *ergon* 的描述中也隐含着对人**应当**如何实现其 *ergon* 的规定：将实践理性运用得好或做依据德性的活动，成为有德性的人或有实践智慧的人。

　　根据"德性限定条件"，我们可以更好地回应批评（C 1.2），即：为何**只有**理性才是人独有的？显然还有其他人所独有的活动，比如，直立行走、不分季节的交媾、讲笑话或会笑或（某种意义上）自杀①。先不考虑这里的批评（错误地）将理性和其他特殊的活动并列视作人具有的某一部分能力或活动（见第三节），重要的是，这些例子不能满足"德性限定条件"。比如，在所有动物中唯有人是能直立的［参见《论动物的部分》（*De Partibus Animalium*，简称 *PA.*）653a30—33，656a10f.，658a20 等］，而在正常条件下，任何人（即发育正常的成年人）同样都可以直立行走，通过将这一活动达成得好并不能使得某个人成为好人，我们也不会根据它来评价这个人是优秀的（或恶劣的）。对于讲笑话或会笑的（以及不分季节的交媾）也是如此：只有人是会笑的动物（参见 *PA.*，673a7—8，27—28），而在正常条件下所有人都同样是会笑的，一个人并不因此成为好人。最后，自杀则意味着对人的生命或人的生活方式本身（及其包含的价值本身）的否定，同时也取消了某人能够作为"好的/优秀的"承担者的最基本条件，即作为人这类事物的持存。

　　我们已经看到，"德性限定条件"对人的 *ergon* 的候选项的限定与人要求过"政治的或公民的"（*politikon*）生活的本性紧密相关，这一点也是从政治共同体中有德性的人的伦理视野内

---

① 自杀这个例子比较复杂，为减少论证负担，笔者只考虑出于对生命或一切存在的价值的怀疑或否定的情况。

部出发的。联系亚里士多德对"合格的"伦理学听众的要求：首先，这些听众必须是能对相关主题的论证（包括理论反思）做出正确**判断或分辨**（*krinei kalōs*，*EN.* I. 3，1094b27—28）的"受过良好教育者"①（*pepaideumenos*，b23—24），并且是在生活和行动方面有经验的人（参见 *EN.* I. 3，1094b23—1095a6）。这些听众还要具有良好的伦理习惯，它涉及去做政治共同体中有德性的人所关心的高尚和正义之事的伦理倾向状态。② 在亚里士多德讨论幸福的形式条件之一"自足性"时，他结合人在政治共同体中生活的本性来澄清这个形式条件，即并非指个人满足独自生活意义上的自足。因为人本性上是政治的或公民的动物（1097b11），这一来自理论哲学的主张和伦理学的主题（关于高尚或正义之事）是相契合的③——人与其父母、其夫或妻、子女以及朋友和公民共同生活，正是在与之共同生活的人那里，他的德性才得以彰显并（值得）得到相应的评价（褒奖或责备）。结合伦理学听众是"受过教育者"的要求，这个澄清是对能够做出这样的正确分辨或判断的行动者而言的，这些分辨也是从这些合格的伦理学听众所能共同分享的有德性的人的伦理视野内部出发的。

通过上述讨论，在过伦理生活的行动者即人这里，"德性限

---

① 关于"受过良好教育者"的讨论可以对照 *EE.* I. 6，*PA.* I. 1，*Pol.* III. 11；John A. Stewart，*Notes on the Nicomachean Ethics of Aristotle*（Oxford：Oxford University Press，1892），p. 37。

② 参见 *EN.* I. 4，1095b4 - 6，X. 9，1179b7 - 10，23 - 26；Myles Burnyeat，"Aristotle on Learning to be Good," in Amélie O. Rorty（ed.），*Essays on Aristotle's Ethics*（Berkeley：University of California Press，1980），pp. 69 - 92。

③ 另见 *EN.* IX. 9，1169b18—19；*EE.* VII. 10，1242a22—24；*Pol.* I. 2 以及《动物志》（*History of Animals*，简称 *HA.*）I. 1。亚里士多德并非像通常所认为的将"政治的动物"作为人的本质或定义，参见 Wolfgang Kullmann，"Man as A Political Animal in Aristotle," in David Keyt and Fred D. Miller（eds.），*A Companion to Aristotle's Politics*（Oxford：Blackwell，1991），pp. 94 - 117，esp.，p. 101。

定条件"还可以被进一步表述为：

> （德性限定条件＊）在**政治共同体中有德性的人**看来
> （经过反思或判断），当且仅当 S 将 F 实现得好（*eu*）从而
> 使他/她成为**优秀的**人或好人（*spoudaios*）时，F 才能作为
> 人的 *ergon*。

这里"优秀的"显然不是在单纯地作为自然种类中充分发育的成熟个体的意义上[1]，而是从能够判断或反思的行动者所分享的政治共同体中有德性的人的伦理视野内部出发来说的，并与其通过伦理教育内在化了的伦理信念或稳定的伦理倾向状态（*hexis*）密切相关。

上述围绕"功能"和"德性"的关系的讨论可以回应我们一开始提到的从哲学层面对"功能论证"的批评（C3）。按照笔者的解释，对人的 *ergon* 的合格候选项的限定是从有德性的伦理行动者的伦理视野内部或者**内在**视角做出的[2]。按照"德性限定条件＊"，在政治共同体中有德性的人看来，只有通过依据或不能缺少实践理性参与的伦理活动，并将实践理性运用得好，才可以让一个人成为有德性的人或有实践智慧的人，这也是人如何达到幸福（或做得好）的方式。在"功能论证"中，亚里士多德并没有诉诸人的自然本性这个来自理论科学的外在看法，以此作为关于幸福是什么的实质主张的"阿基米德支

---

[1] 参见 Irwin, *The Development of Ethics*。

[2] 在这一点上，笔者的理解与麦克道尔的基本一致。但笔者并不像他在理解亚里士多德的幸福概念时那样，仅仅强调德性或德性行为的核心地位，而是同时强调人的ἔργον是在某种整体的语境（生活方式）中理解的。此外，在亚里士多德这里，并不排除理论哲学在伦理学中有某种恰当运用的可能性，参见 *EE*. I. 1, 1214a13—15。

点"，因此不会面临（C3.2）的批评。与该批评相关，在一些当代解释者看来，亚里士多德在"功能论证"中做出了从事实到价值断言的谬误推论（3.1），认为他从对人的 *ergon* 的描述性断言（理性能力或活动）得出对人的好或幸福的规范性断言，但这一批评也是基于"功能论证"的传统重构。但如果本文辩护的理解成立，对何种活动才能作为人的 *ergon* 的要求是从有德性的人的伦理视野内部得出的。同时，在通过"德性限定条件"的对人的 *ergon* 的描述中，也隐含着对人**应当**如何实现其 *ergon* 的规定：将实践理性运用得好或做依据德性的活动，成为有德性的人。可见，亚里士多德并不接受当代道德哲学的"描述性—规范性"（或事实—价值）这一区分，因为人的 *ergon* 既是对人这类事物如何生活或存在的方式的**描述**，同时它也由于和人的德性的紧密关系（即"德性限定条件"）而隐含着对人**应当**如何生活的规定。

五　暂时的结论和一些有待探讨的问题

最后，让我们对前四节的讨论加以总结，作为本文暂时的结论。亚里士多德关于某类事物的功能（*ergon*）以及它和德性（*aretē*）的关系的核心要点包括：

（1）对于能够拥有某种 *ergon* 的事物 X，X 的 *ergon* 就是对 X **如何**（*how*）实现它作为 X 这类事物的存在或生活的方式的说明。

（2）当且仅当 S（作为 X 这类事物）将 F 实现得好从而成为 X 中**优秀的**一员，F 才能作为 X 这类事物的 *ergon*。

（"德性的限定条件"）

（2.1）在**政治共同体中有德性的人**看来（经过反思或判断），当且仅当 S 可以将 F 实现得好从而使他/她成为**优秀的**人或好人时，F 才能作为人的 *ergon*。（"德性的限定条件 ∗"）

限于篇幅，笔者在本文中无法应对"功能论证"的批评（C2），但目前已论证了不同于传统重构的理解，且它能更有效地回应对"功能论证"的批评（C1）和（C3）。最后还需指出，在"功能论证"中，亚里士多德只是提出（并满足于）某种有待进一步展开的关于人的 *ergon* 以及幸福概念的"纲要"。正如他在"功能论证"结束紧接着指出的（1098a20—22）：

> 就让善好（*tagathon*，即幸福）被这样勾勒出来罢（*perigegraphthō*）；因为应当首先提出纲要（*hupotupōsai*），之后再加以填充。

据此我们可以说，就亚里士多德为之后的讨论提供一个正确起点而言，对人具有如此特性的 *ergon* 的证明为他辩护其幸福定义提供了"纲领"（参见 1098b6—8）。但就他最终达成对人有 *ergon* 以及幸福定义的辩护而言，这并不是在"功能论证"中得到完成，而是接下来关于（伦理的和理智的）德性及其他相关讨论，如道德责任、不自制、快乐、友爱的整个伦理学的任务。

作者简介：魏梁钰，哲学博士，浙江财经大学马克思主义学院助理研究员，主要研究方向为古希腊哲学，特别是亚里士多德伦理学与自然哲学。

亚里士多德论实践理智与道德德性

刘 飞

摘要： 亚里士多德在古希腊德性思想的发展历程中首次明确将
人的理智区分为理论的理智与实践的理智，将实践理智引入对
人的道德德性和幸福的说明之中。这样，亚里士多德一方面继
承了苏格拉底、柏拉图的理智主义德性论立场，克服了智者技
艺德性观对德性的外在化、工具化和功利化理解，捍卫了人的
德性的内在性和自主性。另一方面亚里士多德又在某种程度上
化解了知识德性难以进入现实生活、实践活动的问题，保证了
道德德性的现实性和实践性。亚里士多德认为实践的理智是运
用于人现实生活、实践活动中的理智，它能够为人的实践活动
提供好的考虑，因而可以让人有"好"的实践，让人在"好"
的实践活动中成就严格意义上的道德德性。同时，实践理智的
发展和作用发挥又离不开道德德性的作用。实践理智和道德德
性在亚里士多德这里是一种既有所分别，又相互支持、相互成
就、共同发挥作用的关系。

关键词： 善；实践理智；理论理智；道德德性；知识德性

将实践理智（phronesis）引入对人可以现实地获得的最高
善——幸福的理解之中，并且将实践理智与道德德性紧密关联
起来，是亚里士多德德性论思想的一大特色，也是他对古希腊

苏格拉底、柏拉图一系的理智主义德性论的重要修正和发展推进。但是，亚里士多德的实践理智应当如何理解，它究竟是怎样的理智，它跟人的实践活动以及道德德性的关系又是怎样的？这些却是让学者们常常感到困惑难解并为之争论不休的问题。一方面，有学者强调道德德性在人的政治生活和德性实践行为中的决定性作用，认为亚里士多德所设定的实践理智实际上是一个"无用的赘物"。他们指出亚里士多德在《尼各马可伦理学》中明确将有德性的人表述为"德性行动的标准或权威"，有德性的人总是知道怎样做才是好的；而与此同时，亚里士多德却从来也没有真正展示过人如何凭借实践理智来进行实践推理或道德考量，他给我们举出的例证几乎全都是技艺活动（最常见的例子是医学）。但是，这种解释或者会让亚里士多德不得不面临道德直觉主义、情感主义的指控（所有道德抉择和道德判断都不过是一种道德直觉或道德情感的作用）；或者会让他堕回到智者式外在论、实证主义的德性论立场上。另一方面如果像有的学者那样坚持传统的理智主义解释立场，即将实践理智而非道德德性置于亚里士多德伦理学理论体系的中心位置，无视乃至于否定道德德性的积极作用，则又意味着将亚里士多德的德性论伦理学完全理解为柏拉图主义的先验道德认知主义和"知识德性论"。

　　基于上述问题和争议，对亚里士多德的实践理智概念进行深入的考察和澄清就显得十分必要。在本文中，我们将主要从人现实经验生活中实践理智与道德德性的关系来对实践理智进行辨析：首先，进入古希腊德性观念演变的线索中来考察引出实践理智这一重要概念的理论针对性和它的主要内涵；其次，重点考察亚里士多德基于实践理智的道德德性观，分析实践理智对于德性生成的重要意义；再次，考察道德德性对于实践理智的发展和作用发挥的重要意义，揭示实践理智与道德德性的相互关系；最后，我们将对亚里士多德的实践理智观念进行简要的评价。

一　实践理智的引入——意愿、考虑和行为

我们知道，柏拉图并没有使用一个具有实质性意义的独立的"实践理智"概念，sophia 与 phronesis 这两个表达人所具有的"智慧"的概念通常是无分别的混用的；在柏拉图这里同样也没有理论德性与道德德性的区分，以及理智灵魂的"知识理智"（或理论理智）与"推理理智"的分别。这体现了柏拉图的一以贯之的思路。柏拉图同他的老师苏格拉底一样，反对智者的技艺德性观将德性外在化、工具化、功利化。智者用"技艺德性"来解决人的生活的全部问题；苏格拉底和柏拉图则坚持认为只有"知识德性"才能让人生活得好。正如在《普罗泰戈拉》这篇对话中苏格拉底所明确指出的，自己同智者普罗泰戈拉关于"德性"的根本分歧就在于将德性归结为"是知识"还是"不是知识"上。虽然最后苏格拉底似乎并没有特别肯定地给出自己的答案，但是很多研究者仍然认为"德性即知识"是苏格拉底对于"德性是什么"这一问题的回答，是"苏格拉底伦理学的基本命题"，它表明"德性的本性是知识，人的理智本性和道德本性是同一的"[①]。进而，苏格拉底和柏拉图将德性直接同人生的幸福、善关联起来，把人生的问题、幸福的问题最终归结为理性和知识的问题：一个人只有知道了真实的人

---

① 汪子嵩等：《希腊哲学史》第二卷，人民出版社 1993 年版，第 435 页。

是什么样的存在，他才（就）会成为怎样的存在，一个人只有真正知道什么是"善"（好）他才能够达到"善"（好）的生活、成为一个"好"人。"理性"就被柏拉图摆在了人德性的首要位置，纯粹的知识活动成为人德性活动的首要内容。

亚里士多德对苏格拉底将"德性等同于知识"这一点提出了质疑。他认为，经由常识的观察我们不难发现人有了知识并不能等于就有了德性，现实中有很多拥有正义知识却并不是真正正义的人，人生的问题往往在于知道该怎么做却不去这样做——知善却不能够行善。德性是品质，"仅仅知道德性并不能使我们做事情更有德性"，正如"仅仅知道什么是健康和强壮不等于做有益健康和健壮的事情"（《尼各马可伦理学》1143b24—26）。更为重要的是，将知识等同于德性也就意味着将德性仅仅归属于灵魂的理智部分，而人的情感和欲望则被基本排除出了同德性的内在关联。柏拉图的"知识德性"论容易给人造成这样的印象：德性中既没有人的意愿和选择的存在，也没有人的情感、欲求的积极作用，似乎是一种无意愿、无情感，甚至可以说是无实践行为的，趋于静观、内敛的形而上学的德性论。若再做进一步分析，既然人真正知道了怎么做好就能够做得好，那么最终"德性"会变成一个可有可无，甚至完全基于"理性"与"知识"的作用而被取消掉的无用的设定。所以亚里士多德明确指出苏格拉底的探索部分是正确的、部分是错误的：苏格拉底讲离开实践理智德性就不可能存在这一点是正确的，而苏格拉底讲所有的德性不过是实践理智、知识的表现形式，这就错误了（《尼各马可伦理学》1144b19—30）。

于是我们看到亚里士多德在《尼各马可伦理学》中非常明确地落脚到人的现实行为活动、实践来讨论德性、看待人的生命完善和人生的幸福，发展出一套在柏拉图那里所没有的比较完备细致的行为理论，提出了基于德性实践的人生幸福观念。在《尼各马可伦理学》第一卷亚里士多德给出的关于人的幸福的定义就是"生活得好和做得好"，强调"做得好"、强调人的幸福、人的"善"在于"做"、行动和实践而不是"知"、知识或智慧，这显然是对柏拉图探讨德性时主要着眼于"对于人的生命来说真正的好、内在的好"的重要修正。在对人的行为、实践进行分析时，亚里士多德敏锐意识到需要从"意愿"开始，"意愿"而非"知识"才是人行为的初始点。在他看来，一方面人的行为意愿中包含着情感、欲求；另一方面意愿都出于"考虑"。一种真正的、好的考虑必然是对于人的实践事务的理性考虑。实践理智，就这样被引入亚里士多德的德性论中来了。

　　现实的、实践的"考虑"的引入，表明在亚里士多德看来，人的现实存在主要是"实践的"而不是"知识的"活动。人的完善的存在形式，即人之为人的"形式"同所有现实事物一样，并不存在于人自身之外，而是内在于人自身之中。因此，人的存在主要不是去认知那个外在的"完善形式"，而要通过自己的生命活动，把自己内在的"生命形式"予以实现和完成。人的存在样态也就不由人的"知识"程度决定，而只能由人具体的生命实现活动所构成，一个人怎样实践，他也就成为什么样的人。一个人生命的实现活动进行得好他就被认为是一个好人、一个有德性的人；反之，则被看作坏人。"一个人的实现活动怎样，他的品质也就怎样。"（《尼各马可伦理学》1103b21—22）人的德性，就是使人的生命实现活动进行得好的品质，它"不仅产生、养成与毁灭同样的活动，而且实现于同样的活动"（《尼各马可伦理学》1104a29）。当然，亚里士多德对人现实生命活动中德性的强调，并不意味着他摒弃了柏拉图式的以知识为主导的"德性"。他在柏拉图所主张的德性的基础之上，进一步把人的德性区分为相应于理论生活的理智德性和相应于实践生活的道德德性。相对于人的内在灵魂结构而言，理智生活是人灵魂的理智部分（理智灵魂，即努斯）所进行的活动，因此理智德性也就是人的理论理智的德性，是人在进行理智活动中所表现出来的卓越品质；而人的实践生活则主要与人灵魂中的感情和欲望部分相关，是人在进行与感情、欲望相关的活动中所表现出的德性。柏拉图把实践活动包含在知识活动之中，他既没有区分知识活动和实践活动，也就没有在此基础上对人的理智和德性进行区分。

亚里士多德进行这一区分的目的并不是要表明对人的现实生活而言只有实践生活的德性是重要的，理智德性以及理论理智的活动与人的现实生活无关。恰恰相反，亚里士多德通过这一区分更加清晰地彰显了理论理智和理论理智的德性对人实践生活的重要意义。与柏拉图一样，亚里士多德认为理智活动指向的是普遍、恒定的存在世界的真理。按照他们的看法，事物的本质是由自然所先天赋予的，事物之间根据各自的自然本质存在着自然的关联，或者说自然为所有事物安排了一个先天的自然秩序。对于人的生活同样如此，人虽然可以对现实事物进行自主的考虑和选择，但是某个事物并非因为人现实的选择而成为人的"善"；毋宁说是因为它对人而言是善的，所以人才会去选择它。在人的现实生活中，现实事物的善恶价值和伦理秩序是根据人和那种事物的自然本性先天就确定了的——"善恶"是事物的自然本性而不是人的主观感受或经验设定，无论是出于约定还是出于习俗都不能改变事物的内在道德价值。因此，人要在实践生活中做出正确的选择和行为，就必须借助理论理智把握自然的本真——即把握自然的逻各斯。当理论理智获得了对事物本然的"真"的识见以后，它就通过实践理智把这种认识投射到现实的人类实践事务上，从而把实践事务的真实本质予以照亮，使其显现出相对于人本性的善恶本性。这样人就可以在实践中对实践事务做出正确的判断，从而选择真正的善。理智德性的重要作用就在于让人获得自然的真理和法则，从而为人的现实生活保留先天的价值尺度和价值规范，使人的现实生活不至于沦为毫无自然规定的人为任意。这样，亚里士多德就通过对理智德性的肯定，在批判柏拉图"善型"的同时，为人的现实生活保留了形而上学的超验原则与标准，保持了同智者那种经验主义和实用主义立场的区别，同时也就避免了陷入智者那样的相对主义泥淖。此外，亚里士多德把理论理智的德性同实践生活的德性区分，避免了柏拉图将自然原则直接贯彻到人的现实生活之中所遇到的困难。理智德性同人的实践生活的有限关联，既为人营造符合自然要求的生活（合乎自然的生活）提供了可能，同时也为人间事物的多样性和变动性，进而为人的自主实践预留了空间。那么，在这个空间里直接起作用的就不再是理智德性而是人的道德德性。

由此可见，在亚里士多德伦理学或者说德性论的视阈中，他不是不讲知识、不讲理性，他强调的是实践的知识、实践的逻各斯。在柏拉图这里只有一种理性、一种真正的知识。而亚里士多德认为那种永恒不变指向绝对真实的"知识"不能直接用于指导实践。实践的题材是变动、多样的，因此，亚里士多德指出，关于人的实践、行为，同样具有知识、逻各斯，但这种实践的知识和逻各斯受限于其题材的性质，没有纯粹理论知识那种精准性，"只能是粗略的、不很精确的"（《尼各马可伦理学》1104a1）。

二　实践理智与道德德性的实践生成

亚里士多德将实践理智引入对人现实生活、具体实践行为的讨论，试图以此克服"知识德性论"中所潜藏的理智吞噬消弭德性的危险，在保持德性于人而言的内在性的同时又保全其独立性与经验性。但是由此一来，即意味着在人的现实生活和实践中并存着实践理智与道德德性两种因素在起作用。那么，实践理智与道德德性之间是一种什么关系？它们两者在人的具体行为实践中究竟如何共同发挥作用？这就成为摆在亚里士多德面前必须进一步分析和明确说明的问题。表面看来这个问题似乎是一个两难：如若是亚里士多德强调实践理智的作用，将实践理智作为道德德性的前提和基础，他似乎就又回到了苏格拉底"德性即知识"的立场；而如果他强调道德德性的作用，甚至主张一种无需实践理智的道德德性，那理智又可能会面临被彻底逐出人的德性行为之外的尴尬，德性则堕回到智者所理解的不包含真正知识与智慧的外在的"技艺德性"上。

从亚里士多德的相关论述来看，他在此问题上的观点是清楚明确的。一方面他非常坚定地延续了苏格拉底、柏拉图的理智主义德性论路线，主张实践理智对道德德性的生成与现实作用发挥起着关键性的前提基础作用，没有实践智慧就不可能有道德德性。另一方面他又坚持实践理智和道德德性在人的现实活动中各自不可或缺的地位与作用，认为它们"共同完善着"人的生命活动。同时，面对人的现实的实践的生命活动的理智，亦即实践理智的发展和作用发挥同样离不开道德德性，"离开了道德德性也不可能有实践理智"（《尼各马可伦理学》1144b33）。

在亚里士多德这里，人的理智，特别是实践的理智之所以是人的道德德性生成的前提基础，缘于亚里士多德继承了苏格拉底与柏拉图的基本立场认为人的道德德性不是神或者自然先天所赋予人的，不是人自然而然就具有的，它的生成必须经由人自身的自觉努力。亚里士多德明确指出，道德德性是在人现实的活动中通过习俗或习惯"通过时间而养成"，而"不是由自然在我们身上造成的"。因为"自然造就的东西不可能由习惯改变"，例如"石头的本性［自然］是向下落，它不可能通过训练形成上升的习惯，即使把它向上抛千万次。火也不可能被训练得向下落。出于本性［自然］而按一种方式运动的事物都不可能被训练得以另一种方式运动"（《尼各马可伦理学》1103a15—23）。但是亚里士多德又指出，道德德性虽然不是由自然直接赋予人的，它的现实养成"不是出于自然"，但它的形成却有自然的基础，是"合于自然的"。这个自然的基础就是自然以潜能的形式赋予人获得真正的道德德性的能力（《尼各马可伦理学》1103a25）。

亚里士多德把这种自然的德性能力与禀赋称为"自然的德性"，他指出关乎道德的方面有两种不同的道德德性："自然的德性与严格意义的德性。"（《尼各马可伦理学》1144b15）自然的德性并不是真正的、严格意义上的德性，它也并不值得称赞。相反，自然的德性如果没有理性的规约和指导，它有时甚至是有害的。如同一个强壮的身体在没有视觉的情况下盲目行动会摔得更惨。自然的德性能力没有理性的指导可以存在，但它像一个盲人易于摔倒一样可能反而是有害的。理智，更确切地说是面向人的实践领域，运用于人现实的实践活动的实践理智就在这里发挥着它的关键性作用。自然的德性能力与禀赋在实践理智的指导下经过长期的学习、训练形成一种现实的行为习惯，从而转化为真正的、严格意义上的道德德性，并且以现实活动的方式展示出来，"严格意义的德性离开了实践理智就不可能产生"（《尼各马可伦理学》1144b16）。亚里士多德就此评论苏格拉底关于"所有的德性都是实践理智的形式"的说法，认为他这个讲法部分是对的、部分是错的：它错在把德性等同于实践理智，但它对在说没有实践理智，德性就不能存在（《尼各马可伦理学》1144b17—21）。亚里士多德正是通过自然的德性能力向严格意义德性的转化证明了为什么道德德性一定需要实践理智。

　　反过来，亚里士多德又特别强调人的道德德性与人的理智德性有所不同，以此保证道德德性不会过于理智化，不至于被最终化约为理智或者是知识。亚里士多德指出，"理智德性主要通过教导而发生和发展"（《尼各马可伦理学》1103a15），道德德性则不能仅仅通过教导，而不经由纯粹的知识传递、传授而获得，它必须通过人的实践行为，反复地行为训练、反复地做，才能够现实地生成。因为首先道德德性本身是人在现实生活中处理实践事务所具有的良好的品质。在这个意义上，道德德性是人在实践事务上所具有的优良能力。它就同人在制作活动中所具有的能力——技艺一样，只有通过具体的运用才能够获得。就像一个建筑师必须通过造出房子而成为一个真正的建筑师，一个竖琴手必须通过现实地演奏竖琴而成为竖琴手一样；人必须通过做公正的事而成为公正的人，通过节制而成为节制的人，通过做事勇敢而成为勇敢的人。如果不去做，一个人就永远不可能成为好人。一个人具有德性就意味着他通过以这种方式做事情而养成了这样做事情的习惯。一个人做得怎么样，他才能够成为怎样的人（《尼各马可伦理学》1103a35—1103b3，1105b11—12）。在这一点上，道德德性同理智德性明显地表现出了不同。道德德性不像理智德性那样指向的是永恒的自然真理，道德德性指向的是现实的实践事务。因此，道德德性也不可能像理智德性一样通过静观的认知活动——"沉思"——而获得，只能通过参与实践生活的训练而逐渐地养成。这样，亚里士多德就通过道德德性弥补了德性在柏拉图那里所缺乏的实践性和现实性。其次，道德德性必须在实践中获得，还在于道德德性不是人的理论理智的品质，而是人灵魂的欲望与感情部分的德性。人的欲望和感情都直接地指向现实的事物，并且把这些事物以快乐和痛苦的形式表达出来。因而道德德性就是关涉快乐和痛苦的事物的德性。在这里，亚里士多德没有按照柏拉图的方式用存在论、知识论的方式来解决情感和欲望的问题，而是诉诸长期的行为训练。柏拉图一方面在知识论上通过知识的获得来对情感欲望进行限制，另一方面在存在论上对欲望和感情予以压抑。亚里士多德则认为，情感和欲望不可能依靠知识论或存在论来解决，只能依靠训练。经过长期的训练，人的欲望和情感可以被调适到习惯性自然而然趋向于善和好的事物上，一个人从而形成某种内在品性，这种内在品性使人在实践生活中自发地对善的事物感到亲切和愉悦，而对恶的事物感到痛苦和厌恶。这种内在品性就是由习惯而形成的人的第二天性，好的习惯——即对善事物的内在喜好和对恶事物的内在厌恶——就被称为人的德性。在德性的训练和养成过程中，在对好的事物追逐趋向的过程中必须要由实践理智发挥指导的作用，先为人把究竟什么是真正好的、善的事物清晰地呈现出来。理智将人引向真正的善，让人不会为情感所迷惑，"被快乐引入歧途"，以至于"把快乐当作善来选择，而把痛苦当作恶来逃避"。（《尼各马可伦理学》1113a34—35）最后，道德德性就可以让人对快乐和痛苦形成良好的心灵状态，对应该快乐的事物保持快乐，例如在危险面前也能够保持快乐，至少是无所畏惧；对不应该快乐的事物则坚决地予以回避，例如对肉体快乐的回避。在这点上，道德德性与技艺是不同的。技艺只相关于对象的性质，只要求产品具有某些性质。而德性的行为不仅要求行为具有一些性质，还要求行为者是出于某种特定的心态。只有当一个人知道他要做的行为，并且出于意愿地、因其自身之故地，出于一种确定的品质地选择它时，这行为才是德性的（《尼各马可伦理学》1105a29—b2）。可见，实践理智的中介作用，既保证了理智因素在道德德性中的前提基础性构成作用，又将理智和道德德性清晰地有所划分，确保了两者之间恰当的界限与张力。

理智对于人的实践生命的重要性还在于，道德德性虽然指向人现实的实践行为，但是道德德性作为人的灵魂的情感欲求部分并不能进行辨识和考虑。人的实践行为不是盲目的，而是指向对人而言真正的善、真正好的事物。因此，每一个具体的实践行为进行得好不好，必须着眼于人的生命整体上的善来判定。换言之，道德德性作为使人的实践行为进行得好的品质，必须有实践理智帮忙校准，使其指向于人而言真正的善才行。在古希腊的语境中，一个有德性的人必定是一个"好人"。好人所追求的一定是"善"，那么，好人必须能够正确地判定"善"，"好人对每种事物都判断得正确"，"好人同其他人最大的区别似乎就在于，他能在每种事物中看到真"。（《尼各马可伦理学》1113b30—35）能看到"真"——所谓的真实、真相、真理；判断得正确，这当然不是"感知"而只能是理智的作用。显然，一个人如果没有实践理智对人的生命整体上的善有所把握，就不可能行为有德性，成为一个真正的有德之人、一个好人。

三　道德德性与实践理智的共同作用

亚里士多德在强调实践理智对于道德德性的重要构成性作用的同时，认为没有道德德性也不会有理智在实践事务上的良好发展和作用发挥。亚里士多德指出，道德德性是让人的实践行为进行得好的实践的品质，因此仅仅知道什么是实践中的"好"、实践的"真"，是远远不够的，关键是把这种实践理智所提供的"知"转化为切实的"行"。没有道德德性的现实作用，实践理智对人就会变得毫无用处，"对已经是好人的人没有用处，对那些还没有德性的人也没有用处"（《尼各马可伦理学》1143b30—31）。道德德性和实践理智在人的现实实践活动中共同发挥着作用，"德性使得我们的目的正确，实践理智则使我们采取实现那个目的的正确手段"（《尼各马可伦理学》1144a7—9）。道德德性使得我们在具体的实践活动中目的正确，实践理智则只是关乎具体实践活动的手段，并不能保证手段的施用一定指向正确的目的。例如一位官员为了升到更高的位置而为老百姓积极谋福利，这位官员采取的行为从手段上看可能是完全恰当的，但他的目的有问题，因此他的这个行为就不是真正好的、有德性的行为。可见，实践理智在实践活动中的作用发挥并不一定正确，它甚至存在被滥用的危险，它因而必须道德德性的协助，以确保它是"合于德性"的。亚里士多德还运用对聪明和狡猾的区分来很好地说明了道德德性在某种意义上同样也可以说是实践理智的本原①。亚里士多德指出，能很快实现一个预先确定的目的的能力叫作聪明。如果这个目的是高尚的，这种能力就值得称赞；如果目的是卑贱的，这种能力就只是一种狡猾。所以，我们称具有实践理智的人是聪明，称狡猾的人是卑贱的。亚里士多德说经验使灵魂长了一双看得正确的眼睛，但这双眼睛离开了德性就不可能获得实践智慧的品质、就不可能看得正确（《尼各马可伦理学》1144a24—30）。真正的善只有对于真正有德性的好人才显得是善，恶人则不会认为它是善，"因此，不做个好人就不可能有实践理智"（《尼各马可伦理学》1144a34—36）。人的理智必须在道德德性的帮助下才能对人的真正的善有所洞悉、有所认知。人的实践活动如果没有实践理智的作用将会是盲目的，而人的原本内向的理智如果没有道德德性的帮助同样无法被引向外在的现实的实践事务，并在实践活动中得到理智能力的发展、提升和完善。

　　就此而论，按照亚里士多德的看法，道德德性对于实践理智的构成作用似乎与实践理智对道德德性的构成作用有所不同：实践理智对于道德德性是一种内在的构成性作用，实践理智是道德德性所包含的最重要的因素；而道德德性对于实践理智的构成性作用似乎是外在于理智的，它并不直接构成实践理智，实践理智本身并不需要道德德性的因素，它只是需要在道德德性帮助下将理智导向实践的领域、面向真正的实践题材，并在

---

① 亚里士多德对于明智与聪明之间的关系，学者们有着不同的理解，有的学者认为在亚里士多德这里明智和聪明是不同的理智能力，它们关乎不同的题材，在考虑的过程中发挥不同作用。另一些学者则坚持认为，对于目的的考虑和对于手段的考虑都是一种理智能力，这种理智能力在没有道德德性的人那里就是聪明；在有道德德性的人那里就是明智。按照这种观点，明智是出于道德德性而从聪明发展而来的，明智才是真正的实践理智的德性。

同自身的共同作用下为自身良好充分的发展提供一个适宜的现实场域，同时，道德德性还使得实践理智的发展和作用发挥有一个整体上稳定成熟的品性状态，有着适宜的情感、欲求的配合而不是干扰。

当然，按照亚里士多德的论述，这一点应该是比较清楚的，即实践理智与德性在实践事务上结成了一种相互支持、相互成就、共同发挥作用的关系，共同构成了人进行好的生命实现活动的内在属己的方面（用现代哲学的概念讲，亦即道德活动的"主体性"方面）。没有实践理智，一个人就不可能获得完全的德性；没有道德德性，人也不可能发展出较为完满的实践理智。亚里士多德进而指出，人们都赞同"德性离开实践理智就无法存在"的说法可以由这一事实来证明，即"现在所有的人当他们在定义德性时"都说德性"与理性原理一致"，即与"实践理智"相一致。亚里士多德紧接着对"德性与理性原理一致"的说法予以了进一步的澄清，他说："但我们必须要小小的更进一步。因为不仅是与正确原理一致而且由正确原理所伴随的品质就是德性。而实践理智就是关于那些事情的正确原理。"（《尼各马可伦理学》1144b25—28）既然实践理智为人给出了实践事务的"正确原理"，那么它就是人得以合乎德性地行为所必不可少的充要条件，真正的德性一定伴随着实践理智，真正的德性行为一定包含实践理智的作用。反过来，真正的德性则让人的理智由纯粹知性的超验领域降下，有了现实、感性经验和具体的实践运用。

四　简短评价

从政治学和伦理学的角度看，亚里士多德将实践理智而不是以获取知识为主导的理智或理论理智确立为人们对实践事务进行考虑和研究的依据，就改变了对人类实践事务的整个思考向度，扭转了古希腊政治学和伦理学的唯理智主义方向。至少有一点是很清楚的，其最直接的结果就是在一定程度上修正了柏拉图政治—伦理学理论中的薄弱环节：将整个政治—伦理学、理想的城邦设计完全安放在一个绝对"知识"的基础之上。因为正如柏拉图已经意识到的，知识与实践、哲学与政治、哲学家与城邦之间并没有直接的有效关联，而是存在着一定的间隔。在柏拉图那里，获取绝对的自然真理的"知识活动"几乎构成了理想的政治生活和伦理生活的全部内容，正义城邦的建立和个人正义的形成全都有赖于此。而亚里士多德在某种程度上将知识活动同政治和伦理的实践生活区分开了。"知"在亚里士多德这里就不再像柏拉图那里内在地与行动联系在一起，而是演变为一种"纯粹的知"，同人的行为、实践是完全隔离开来的。但同时，也正是由于这一转变，亚里士多德的"知"也就丧失了在柏拉图那里所具有的提升现实事物存在等级的存在论动能和意义。

在《尼各马可伦理学》第十卷中，亚里士多德清楚地表明，知性的生活，即哲学生活是最好、最幸福的，但与人的实践生活并没有多大的关系，是没有直接政治意义的。因此，亚里士多德也就不再像柏拉图那样寻求将政治以哲学化，而把政治学认定为跟实践理智同样的品质。只不过，政治学这种实践理智关注的是城邦事务，而一般的实践理智关注的是个人的利益、个人的善。由于政治学考虑的是整个城邦的利益，个人的善离开了城邦就不复存在，因此政治学是比一般实践理智更高的实践理智。亚里士多德也不再主张柏拉图式的哲学王，而认为哲学家应当成为为治理者提供咨询意见的人。他在《论君主》中说道："君主不仅不必是一个哲学家，而且是一个哲学家还甚至不好。君主应当听从真正的哲学家的建议。这样，他就能用好的行为而不是好的言辞来治理。"①

最终，通过实践理智和道德德性的设定，亚里士多德就在哲学伦理学的层面上确证了人在现实经验/现象世界中存在的真实性和人通过成就自身的德性而获致一种经验的善/好生活的内在可能性，从而达到了他"拯救现象""捍卫现象"的理论旨趣，为一种经验的伦理学和德性论主张奠定了坚实的基础。换言之，经由这样的设定，亚里士多德为我们展示出一种经验的伦理善/好生活不仅是可欲的，也是可能的，它值得我们每个人在自己的现实生命/生活中付出全力去追寻。那么对我们每个人来说，不必超拔于现实到超验世界求至福永乐，而要专注于在现世生活中成德以致善。这才是我们一生的真正主题。

参考文献

1. Polansky, R. (ed.), *The Cambridge Companion to Aristotle's Nicomachean Ethics*, Cambridge University Press, 2014.

2. Reeve, C. D. C., *Aristotle on Practical Wisdom: Nicomachean Ethics VI*, Harvard University Press, 2013.

3. Sherman, N. (ed.), *Aristotle's Ethics*, Rowman & Littlefield Publishers, Inc., 1999.

4. Gottlieb, P., *The Virtue of the Aristotle's Ethics*, Cambridge University Press, 2009.

5. 亚里士多德：《尼各马可伦理学》，廖申白译，商务印书馆 2003

---

① B. Farrington, p. 43, 转引自廖申白《〈尼各马可伦理学〉导读》，四川教育出版社 2005 年版，第 7 页。

年版。

6. 乔纳森·巴恩斯:《剑桥亚里士多德研究指南》,廖申白等译,北京师范大学出版社 2013 年版。

作者简介:刘飞,哲学博士,中共中央党校文史部副教授,主要研究方向为古希腊伦理学。

伊壁鸠鲁论欲望和自然

许　欢

摘要： 伊壁鸠鲁的欲望分类是他的快乐主义的基石。不同于柏拉图，伊壁鸠鲁提出了"自然/虚妄"这一对立概念作为欲望分类的首要标准。这一首要的划分标准植根于伊壁鸠鲁的认识论：通过观察动物的行为，伊壁鸠鲁指出一切生物内在具有趋利避苦两种原始欲望，这两种原始欲望的存在是我们的感觉和感受所证实的自然事实。而在"遵循自然"的要求之下，这两种原始欲望给欲望分类赋予了一种自然的规范性，满足诸欲望的前提的阐明也和自然的限度息息相关。就此而言，伊壁鸠鲁的快乐主义既是基于某种心理机制的描述伦理学，又是一种规范伦理学。

关键词： 伊壁鸠鲁；自然；欲望；限度

　　自然和欲望自古就是古希腊哲学津津乐道的两大话题。这两个话题及其联系在伦理学占主导的希腊化哲学中尤其得到了重视。伊壁鸠鲁对于欲望和自然的讨论对于哲学史研究来说具有两重意义，一方面，这个讨论在很大程度上可以被看作关于自然状态的讨论的先驱，而自然状态对于近代政治哲学的发展起着至关重要的作用；另一方面，更重要的是，伊壁鸠鲁所代表的古典伦理学在面对"是"与"应当"的分

裂时，提供了一种不一样的进路。这一进路和中国哲学中的
"道法自然""天人合一"等思想具有某种相似性，值得我们
给予特别关注。

一　伊壁鸠鲁的欲望分类及其缘起

伊壁鸠鲁对欲望分类的论述，来自第欧根尼·拉尔修的
《名哲言行录》所记载的《致美诺伊库斯》一信。这封信是伊
壁鸠鲁的伦理学的概要，它关于欲望部分有如下阐述：

> 要知道，在各种欲望中，有些是自然的，有些则是虚
> 妄的。在自然的欲望中，有些是必要的，有些则仅仅是自
> 然的而已。在必要的欲望中，有些是为了获得幸福所必需
> 的，有些是为了摆脱身体的痛苦所必需，有些则是为了生
> 活本身所必需。①

从以上文本，我们可以看到，伊壁鸠鲁没有对各种欲望
一概而论，而是对于诸欲望（τῶν ἐπιθυμιῶν）做了一个较精
细的划分。伊壁鸠鲁指出，有些欲望是自然的（φυσικαί），与
之相对的是"非自然的"欲望，伊壁鸠鲁对后者用了"虚
妄"（κεναί）一词，显示他对于后一种欲望的拒斥。而在自然
的欲望中，伊壁鸠鲁又提出存在一类必要的欲望，这类必要欲
望在他看来是最为正当的欲望，它又可以细分为三类。我们下
面将把关注点集中在伊壁鸠鲁哲学中欲望和自然的相互关系上，

---

① Cyril Bailey, *Epicurus*: *The Extant Remains* (Oxford: Clarendon Press, 1926), p. 87.

因为只有先把这个问题解决之后，我们才能阐明伊壁鸠鲁的欲望划分的根本依据，从而为伊壁鸠鲁的欲望分类的解读提供一个基础。

在谈论伊壁鸠鲁的自然欲望之前，我们似乎不可能绕过柏拉图。古代作者已经意识到了他们两个人之间的某种传承关系。一个观察来自阿特纳乌斯（Athenaeus，约2—3世纪），他在《宴饮丛谈》（*The Deipnosophists*, 12.4）中把伊壁鸠鲁的欲望分类和柏拉图联系起来，并明确指出伊壁鸠鲁的分类依据来自柏拉图的《理想国》第八卷。事实上，柏拉图在《理想国》（559a—c）举例说明了两类必要欲望和不必要的欲望：对于面包的欲望的必要性（ἀναγκαία）基于两方面，即它是生活所必需的又是有益的，它同时可以维持身体健康（ὑγιείας）和身体强健（εὐεξίας）①；对于饭菜的欲望则只来自有益性一个方面，即它可以促进身体强健，但谈不上是维持身体健康的必需品；不具有上述两种必要性的欲望就是不必要的。

由此观之，我们发现柏拉图在《理想国》第八卷中确实已经关注欲望分类这个问题，并且他给出了同样是三分的回答：同时满足两种必要性的欲望，只满足一种必要性的欲望，和不必要的欲望。我们从中可以看到伊壁鸠鲁的欲望三分的一些端倪。然而，我们也会注意到一个明显的差别：伊壁鸠鲁把"自然/虚妄"作为首要的划分标准，而柏拉图的关注点则停留在"必要/不必要"这个划分标准上。

---

① ὑγιείας一词有时也译作"健康"，但古希腊人对"健康"的看法比较简单，只要满足基本的身体需求即可，对健康的追求通常伴随人的一生，而εὐεξίας则是指在身体健康之上的更强健的状态，它可能只持续一段时间（比如青壮年时期）；为避免误解，本文把ὑγιείας译为"身体健康"，把εὐεξίας译为"身体强健"。

那么柏拉图是否没有注意到"自然的"（φυσικαί）这一原则呢？其实不然，我们在《理想国》（558d11—5）对于必要欲望的说明中就找到了"自然"的痕迹："苏：有些欲望是不可避免的，还有一些欲望满足了对我们是有益的，它们难道不可以正当地被叫做'必要的'的吗？因为这两种欲望是我们出于本性不得不需要的。不是吗？阿：当然是的。"① 柏拉图在这段话中首先提到了两种必要性：一些欲望的必要性在于它们是不可避免的，比如古希腊人对于作为主食的面包的需求；而另一些欲望的必要性相比之下会弱一些，它们的必要性仅仅体现在它的有益性，比如（好的）饭菜可以让人身体变得更好。其次，更为关键的地方在于，柏拉图指出了两种必要欲望的必要性都"出于本性"（τῇ φύσει）。就此而言，柏拉图也认为，一切必要欲望都是我们出自本性的欲望，即自然欲望。柏拉图和伊壁鸠鲁在这点上可以说是一致的。无论如何，柏拉图的欲望分类理论其实已经包括了"自然"这一划分标准。如果把这一点考虑进去，那么柏拉图的欲望划分包含三类欲望：前两类都是自然且必要的欲望（它们只是在必要性上有所差别），最后一类是既非自然也非必要的欲望。

此时，我们就会发现伊壁鸠鲁的欲望三分和柏拉图的欲望三分，确实有非常类似的要素：他们都承认欲望当中有一类自然且必要的欲望，它是欲望当中最为基础的，而在不必要的欲望中，则存在一些虚妄或者说有害的欲望。阿特纳乌斯肯定两者之间的传承关系不是没有根据的。但两个欲望分类的理论所依据的划分标准不一样：伊壁鸠鲁主要依赖的是自然与虚妄之分，而柏拉图依赖的是（出自本性的）必要与不必要的划分。

---

① Allan Bloom, *The Republic of Plato*: *translated with notes and an interpretive essay*, 2nd ed. (New York: Basic Books, 1991), p. 237.

此外，伊壁鸠鲁在他的欲望分类中给自然但不必要的这一类欲望留下了专门的位置，但是柏拉图并没有对此作专门讨论。总之，伊壁鸠鲁作为一位希腊化时期的哲学家，他对于欲望的分类既遵循了古希腊哲学的"传统路线"①，又特别强调了"自然"作为首要的划分标准的地位。

二　两种出于"自然"的原始欲望

如果说自然概念在柏拉图的欲望分类中还是若隐若现，那么伊壁鸠鲁的欲望分类则是把"自然"提到了一个首要的地位。这背后其实反映了时代背景的变化。柏拉图的《理想国》考虑的还是城邦中的人，柏拉图所说的必要欲望不仅对这个人本身而言是必要的，而且对于一个理想的城邦也是必要的，例如，城邦公民的身体强健不仅对公民本身是有益的，对于城邦也是有益的。而在伊壁鸠鲁身处的希腊化时期，城邦已经逐渐衰落了，哲学家们此时更多转向对于个人幸福的追求，进而关注人的本性问题的讨论。除此之外，伊壁鸠鲁关于自然的讨论的另一个理论背景来自亚里士多德的动物学。不同于柏拉图强调人的理智，亚里士多德开始思考人的出生、早期训练和心灵塑造的问题。② 受此影响，伊壁鸠鲁也给自然赋予了一个基础的地位，而理智（nous）一词在他的三封哲学信件和《基本要道》中都消失匿迹了。遗憾的是，在伊壁鸠鲁现存文本中，关于自然的讨论所剩很少，"自然"一词更多见于伊壁鸠鲁派菲洛

---

① Cyril Bailey, *Epicurus*, p. 334.

② N. D. DeWitt, *Epicurus and his philosophy* (Minneapolis：Univ. of Minnesota Press, 1954), pp. 65, 127.

德谟斯的纸草卷残篇当中①，因此，直接从伊壁鸠鲁的自然概念出发讨论自然欲望，恐怕是比较困难的。②

然而，伊壁鸠鲁对至善的讨论其实已经隐含了他对"自然/本性"和欲望的关系的看法：

> 伊壁鸠鲁为了证明快乐是目的这个论断，他认为动物从降生的那一刻起，无须借助论证就自然地满足于快乐并且要驱除痛苦。我们本能地逃避痛苦，因而赫拉克勒斯在遭受毒袍的折磨时也发出叫喊。③

我们从这句话中就能隐约看到亚里士多德的影响：伊壁鸠鲁把动物（也包括人）的行为作为证据④来论证快乐是目的，并且他认为动物行为是出于自然（φυσικῶς）而非出于论证（χωρὶς λόγου）。人对于痛苦的逃避并不是推理的结果，这完全出于本能（αὐτοπαθῶς），而这种自然的或完全出于本能的反应真正揭示了我们的本性和目的。也就是说，这种本能反应并不是通过后天的学习掌握或训练习得的，它是动物一生下来就内在于它们体内的，并且这种反应并不会随着人的成长而消失，无论人的身体是否强壮、理性是否健全，它都会一直存在。即

---

① Hermannus Usener, *Glossarium Epicureum*, edited by M. Gigante and W. Schmid (Rome: Edizioni dell' Ateneo & Bizzarri, 1977), pp. 717 - 720.

② Julia Annas, *The Morality of Happiness* (New York: Oxford University Press, 1993), pp. 190 - 191.

③ Cyril Bailey, *Epicurus*, p. 171.

④ 正如布伦瑞克所言，伊壁鸠鲁没有说明，对于动物行为的描述究竟是出于直接观察，还是从观察中直接推论出的结论；伊壁鸠鲁似乎对于这一观察的真假也不作讨论。这出于某些由来已久的传统看法，而老学园派对此已经有很多讨论了。参见 Jacques Brunschwig, "The Cradle Argument in Epicureanism and Stoicism," in M. Schofield and G. Striker (eds.), *The Norms of Nature* (Cambridge: Cambridge University Press, 1986), p. 117。

使是神勇无比的大力神赫拉克勒斯也不能抵抗这样的本能反应,他在痛苦的折磨之下也会发出声来。当然,这个证明中没有直接出现"欲望"一词,然而,满足于快乐(εὐαρεστεῖσθαι)和去驱除痛苦(προσκρούειν)这两种天生的情感反应或原始冲动本身就体现了动物两种内在的欲望,可以说,我们一生下来就具有趋利避苦的原始欲望。此外,伊壁鸠鲁试图用人趋利避苦的事实(以赫拉克勒斯为例)来证明(ἀποδείξει)快乐作为目的(τέλος)的伦理学主张,表明了我们的内在的原始欲望相对于我们的快乐来说是更加底层的构成要素。所以说,这段文本实际上包含了伊壁鸠鲁学派非常基础性的思想,而且,它的重要性和可靠性从其他哲学家(西塞罗和塞克斯都·恩披里克)的相关讨论中也可以得到佐证。

我们首先讨论塞克斯都的叙述,相比西塞罗,他本人跟第欧根尼·拉尔修所处年代更加相近,他的叙述也跟第欧根尼·拉尔修更为接近:

> 为了回答这些反驳,有些来自伊壁鸠鲁学派的人通常说动物会自然地并且无须教导就能逃避痛苦和追求快乐。因为当人刚生出来的时候,他还没有成为诸多意见的奴隶,他一时间不习惯冷风的拍打,就会大声叫喊并放声大哭。如果它自然地渴求快乐和厌恶痛苦,那么自然地,痛苦就是被它回避的东西,而快乐就是被它所欲求的东西。①

塞克斯都作为一名怀疑派,他不承认任何东西本身是可欲

---

① Sextus Empiricus, *Against the Ethicists*, Translated by R. G. Bury (Cambridge: Harvard University Press, 1935), pp. 431 – 433.

求的，并为此提出了非常详细的论证。① 而伊壁鸠鲁派对于这些反驳的"通常"（εἰώθασί）回应其实反映了伊壁鸠鲁本人的证明思路。和第欧根尼·拉尔修的记述类似，塞克斯都转述的版本也是以某种观察作为论证前提的：人在刚出生时，受到冷风的刺激就会哭起来。这完全是人的自然反应，并不需要后天的教导（ἀδιδάκτως）。因为对于婴儿来说，他还从来没有接受过外界的意见，更不会成为意见的奴隶，这种自然反应显然不是意见世界（τοῖς κατὰ δόξαν）的产物，这和拉尔修所说的"无须借助论证"是一致的。还有一点值得注意的是，拉尔修和塞克斯都的文本都使用我们生来"厌恶痛苦"的例子，而不是我们生来"渴求快乐"的例子。这也暗示着，厌恶（以至于想驱除）痛苦这种原始欲望其实更为基础，这也和伊壁鸠鲁的伦理学把作为目的快乐看成"身体的无痛苦和灵魂的无烦扰"②不谋而合。从这一类观察事实出发，对于伊壁鸠鲁派来说，最关键的是要确立一点：动物自然地"渴求快乐和厌恶痛苦"。正是这一对原始欲望的存在，使得伊壁鸠鲁认为，痛苦就是我们要规避的东西，快乐是我们所追求的东西，因为我们的本性就是逃避痛苦和追求快乐。由此"快乐是目的"这一命题也得到了证明。于是，我们看到了，伊壁鸠鲁通过对于初生婴儿的观察，给本性和原始的内在欲望的关系做了很好的解释，并奠定了他的伦理学的基本主张。

我们从更接近伊壁鸠鲁时代的西塞罗的《论至善和至恶》中亦可看到这一点：

---

① Sextus Empiricus, *Against the Ethicists*, Translated by R. G. Bury（Cambridge：Harvard University Press, 1935），pp. 431－433.

② Cyril Bailey, *Epicurus*, p. 87.

伊壁鸠鲁在快乐中发现了至善；他认为快乐是最大的善，痛苦是最大的恶。他是这样证明这一点的：每一个动物一出生，就把快乐作为最大的善来追求，并为之欣喜，而把痛苦作为最大的恶来逃避，把它推得离自己越远越好。只要它的本性还没有被败坏，它就会这样做，它是被自然那没有偏见和诚实的判断所推动的。所以，在证明快乐会被欲求和痛苦会被避免的问题上，伊壁鸠鲁拒绝承认任何论证或者讨论的必要性。他认为，这些事实是被感官所觉察到的，就像火是热的，雪是白的，蜂蜜是甜的一样，没有一样是需要通过精密的论证去证明的：仅仅只要注意到它们就足够了（他认为，对一个事物做出形式三段论的证明和仅仅注意到或者回想起它是有区别的，前者是一种发现抽象晦涩的真理的方法，而后者不过是指出那些明显和自明的事实）把感觉从人类身上剥离后，就没有什么剩下了，这就意味着自然本身就是什么符合自然，什么违背自然的裁判。①

这段论述来自伊壁鸠鲁派塔奎图斯（Torquatus）。在此，我们发现拉尔修、塞克斯都和西塞罗的文本所提供的论证都具有三个类似的构成要素：

（1）伊壁鸠鲁指出了动物一出生就具有喜好（*gaudere*）快乐和排斥（*repellere*）痛苦的两种内在的原始欲望；

（2）伊壁鸠鲁认为动物内在的原始欲望来自其本性（*natura*）；

---

① Julia Annas（ed.），and Raphael Woolf（trans.），*Cicero： On Moral Ends*（Cambridge： Cambridge University Press, 2001），p. 13.

（3）这两种原始欲望构成了快乐是至善的证据。

　　然而，塔奎图斯的论述似乎把（1）和（3）混为一谈，给人造成一种感觉，似乎动物一出生就意识到快乐是最大的善，而痛苦是最大的恶，但这并非塔奎图斯自己理解有误，事实上，这可能源于伊壁鸠鲁对于自然欲望和自然需求往往不作区分：我们对于痛苦的排斥和我们对于"不受痛苦"（即伊壁鸠鲁对快乐的定义）的需求几乎是一回事。① 甚至，伊壁鸠鲁会认为我们关于原始欲望的认识，是不需要任何论证或讨论的。因此这些事实是被我们的感官所觉察到的，我们对快乐的喜好和对痛苦的排斥，就像火是热的一样，具有同样的自明性。伊壁鸠鲁认为我们的内在的情感反应跟通常的五官的感觉，作为一种感觉，都不是理性的产物（ἄλογός）。② 正因为如此，它们不受意见的影响，可以提供一种没有偏见的判断。如果我们不相信感觉告诉我们的事实，那么我们的一切认识就失去了根基。"自然本身（*natura ipsa*）就是什么符合自然，什么违背自然的裁判（*iudicari*）"这个命题，一方面在认识论上强调了感觉的基础性地位，即我们要把伦理学理论奠基在观察事实之上；另一方面在伦理学上强调了自然所具有的规范性作用，即我们尊重自然本身的裁判地位。毫无疑问，伊壁鸠鲁的伦理学是奠基在他的认识论的基础上的，就欲望而言，什么是自然欲望，什么是虚妄欲望，只能由我们内在的原始欲望来作裁判。因此，我们可以说，人的本性对于伊壁鸠鲁而言，不仅包含了

---

① 参见 Phillip Mitsis, *Epicurus' Ethical Theory*（Ithaca and London：Cornell University Press, 1988），p. 36 n. 67。事实上，伊壁鸠鲁的这种观点至少可以追溯到柏拉图的《理想国》，柏拉图所说的人的必要欲望同时也是必要需求。

② Cyril Bailey, *Epicurus*, p. 161.

我们拥有内在的原始欲望的事实，而且也是我们如何划分欲望的裁判。

三　遵循自然和满足欲望

我们一开始提到伊壁鸠鲁的欲望分类包含了三种类型，而每个人刚出生的时候只有两种内在的原始欲望，因此，我们可以认为，伊壁鸠鲁的欲望分类并不是针对动物或婴儿的欲望，而是针对一个生活在意见世界中的个体的欲望。对于生活在意见世界的人来说，我们所具有的欲望虽不能说和动物有本质上的差别，但在内容上已经变得复杂了，这时候，我们的欲望再不能用两种原始欲望进行描述了。然而，正如赫拉克勒斯所感受的，原始欲望在这时仍然发挥作用，并且是我们划分欲望的规范性来源。这两种原始欲望，决定了我们在面对不同的情况时会有不一样的态度和应对。

伊壁鸠鲁是这样解释自然和三种欲望类型的关系的：

> 绝不要违背自然，相反，必须遵循她：我们对自然的遵循在于满足必要的欲望，也在于满足自然的欲望，如果它们不带来伤害的话，还在于坚决地拒斥那些有害的欲望。①

伊壁鸠鲁首先承认两种面对自然的态度：我们要么遵循她，要么违背她。这是因为，自然本身尽管包含某种推动的

---

① Cyril Bailey, *Epicurus*, p. 109.

力量，但是人并不是生活在自然的必然性下的奴隶，我们可以选择遵循自然，也可以违背它。也就是说，并不是任何内在于我们的情感反应都会导致我们必然采取相应的趋利避苦的行动。在人应该如何行动（包括如何满足欲望）的问题上，伊壁鸠鲁认为我们"必须遵循"（πειστέον）自然，因为如果我们的行动不指向自然的目标，那么就会和我们的原则（logoi）发生冲突。① 这里的"必须"就意味着，正是自然提供了我们如何行动的规范。这就意味着，我们对自然的遵循就要从趋利避苦的最原始的内在欲望出发。由此，我们会发现，必要的欲望是不得不满足的，因为满足它就是为了解除痛苦的，例如一个人总是要吃饭，除非他不想驱除他的饥饿感；与之相对地，非必要的欲望的满足就不是为了解除痛苦，伊壁鸠鲁认为："在欲望当中，那些即使得不到满足也不会带来痛苦的，都是不必要的，相反，它们包含的渴求是容易消解的，当这些渴求是难以满足，或者可能会造成危害的时候。"② 不必要的欲望就算不满足也不会带来痛苦；相反，这些欲望本身所具有的渴求是容易消解的，正如对于奢侈食物的渴求，在我们发现它难以满足的时候，我们通常就会打消这个念头，又比如性欲，当我们发现它可能会给人造成危害时，我们也会消解这种渴求。而有害的欲望则是必须坚决拒斥的，因为它必然地会给人带来痛苦和伤害，显然，这里的有害欲望就是虚妄欲望。虚妄欲望不是人自然产生的，而是人后天所接受的虚妄的意见的产物，这些意见的虚妄性不仅在于它的虚假性，更在于它是有害的。③ 这种有害性体现在它所追求的对象是完全由虚妄意见所建构，并且

---

① Cyril Bailey, *Epicurus*, p. 101.

② Cyril Bailey, *Epicurus*, p. 101.

③ Julia Annas, *The Morality of Happiness*, p. 190.

它是没有限度的。① 对于自然的遵循，决定了我们要对必要欲望和有害欲望采取完全相反的处理方式。无论是满足必要欲望还是拒斥有害欲望，其规范性都源于"逃避痛苦"这种原始欲望。

然而，对于那些并非为了解除痛苦而只是为了追求快乐的欲望来说，伊壁鸠鲁一方面承认了对这种欲望的满足有其合理性，它们缘于追求快乐这种原始欲望，因而也属于自然欲望，但是另一方面，伊壁鸠鲁为此限定了一个条件，即满足非必要的自然欲望以"不带来伤害"（ἂν μὴ βλάπτωσι）为前提。伊壁鸠鲁在这里也就暗示了，追求快乐和躲避痛苦其实是两种潜在地会发生冲突的原始欲望或者内在情感反应。一旦这两种原始欲望发生冲突，躲避痛苦的这种原始欲望的满足就具有优先性。这样看来，伊壁鸠鲁划分欲望的两个标准（自然/虚妄、必要/不必要）完全是基于我们的两种内在的原始欲望而来的：

（1）就自然/虚妄的划分标准来说，自然欲望是和我们内在的原始欲望不相冲突的欲望，而虚妄欲望则是和我们的内在的原始欲望相违背的欲望。

（2）必要欲望满足"逃避痛苦"这种内在的原始欲望的要求，而非必要欲望不满足"逃避痛苦"这种内在的原始欲望的要求。

所以，我们的两种原始内在欲望不仅是关于我们的本性的事实，而且也具有一定的规范性。在伊壁鸠鲁那里，这种规范性的最终证成不是来自理性的论证，而是来自我们选择了遵循

① Cyril Bailey, *Epicurus*, p. 99.

自然本身。① 因而，我们会发现，如果一个自然不必要的欲望
是无害的，那么它至少在两种情景下是容易消解的：一是客观
环境难以满足这种欲望，二是这种欲望的满足可能带来其他的
危害。把握这一点对于我们理解《基本要道》第 30 条（*KD.*
30）至关重要：“在自然欲望当中，有些即使得不到满足，也不
会带来痛苦，但却会有强烈的渴求，这样的欲望就是来自虚妄
的意见，它们之所以不能被消解不是出于它们的本性，而是出
于人的虚妄的意见。”② 伊壁鸠鲁已经意识到了，并非所有的自
然不必要欲望都具有特殊情景下的可消解性。也就是说，有些
自然不必要欲望会伴随着强烈的渴求，使得我们在任何情景下
都难以消解它。然而，它所包含的渴求之所难以消解，只是因
为它包含了虚妄的意见，而不像必要欲望那样只要不被满足就
永远无法消解痛苦。相反，如果我们可以把出于人的虚妄意见
消除，那么这种强烈渴求就可以消解。这种欲望不符合无害性
要求，如果我们选择满足这种欲望就可能给我们带来危害，从
而违背我们的本性。但是，我们并不能因此说，渴求包含了虚
妄意见的自然欲望就变成了虚妄欲望，因为它就本性而言仍是

---

① 在努斯鲍姆看来，自然在伊壁鸠鲁那里是一个规范概念，它不是和技艺相对，
　而是相对于那些膨胀过度的因而也会阻碍健康的活动的东西。生物降生那一刻
　不仅是一个自然的时刻，更多地代表一种最好的状态。在人的最初状态中，一
　切都是好的、健康的。所谓自然欲望无非是处于最初状态里的人，他们所拥有
　的虚妄欲望使人逐渐受到败坏，开始听信偏离本性的各种论述。对于伊壁鸠鲁
　来说，“未被败坏的动物是一位可靠的证人”（The uncorrupted creature is a reliable
　witness），参见 Martha C. Nussbaum, *The Therapy of Desire*（Princeton：Princeton U-
　niversity Press, 1996），pp. 105 – 108。笔者基本赞同努斯鲍姆所言，自然是一个
　规范概念，然而，她把婴儿看作“可靠的证人”的象征则是求之过深。如上文
　所言，我们只不过从婴儿那获得我们具有两种内在的原始欲望这个事实，并通
　过对于自然的遵循来建立起一定的规范，这一点并不需要在伊壁鸠鲁哲学里假
　设一种抽象的作为可靠证人的完美存在。

② Cyril Bailey, *Epicurus*, p. 103.

自然的，只是此刻它不符合我们满足自然不必要的欲望的前提。①

四　自然的限度和欲望满足的前提

　　自然和欲望之间的紧密关系，既体现在"原始欲望出于自然"和"欲望满足必须遵循自然"，还可见伊壁鸠鲁在《致墨

---

① 安娜斯认为，KD. 30 表明了同一个欲望既可以是自然非必要的，也可以是虚妄的，视拥有这个欲望的人的态度和信念而定。她举例说，一个人对于龙虾的喜好可以是自然非必要的，但是如果这个人非常想吃龙虾，总想着去获得它，那这个欲望就可能成为虚妄的了。自然非必要欲望和虚妄欲望作为一种具体欲望（specific desire）是可以相互转换的、是可错的，只有自然且必要欲望作为一种类欲望（generic desire），比如对食物的欲望，才是不会出错的。参见 Julia Annas, *The Morality of Happiness*, pp. 192–193。然而，我们对于龙虾的欲望作为一种自然非必要欲望，并不是指用龙虾填饱肚子的欲望，而是追求吃龙虾带来的快乐。假如想吃龙虾是一种难以满足的欲望，那它就不符合满足这种欲望的前提条件，但这并不能说吃龙虾是虚妄欲望。安娜斯的解读混淆了满足不同欲望的前提条件和诸欲望的定义。此外，她把自然且必要欲望理解为类欲望也是成问题的，即使类欲望的提法无误，也只有我们两种内在的原始欲望称得上是类欲望，而其他欲望要么来自原始欲望的具体化，要么来自虚妄的意见。朗格和塞德利认为 KD. 30 表明了伊壁鸠鲁的欲望分类允许存在这样一种欲望（例如性欲），它是自然的，但它的强度又是虚妄的，参见 Long, A. A. and David Sedley, *The Hellenistic Philosophers*, Vol. II（Cambridge：Cambridge University Press, 1987），p. 119。库伯批评了安娜斯、朗格和塞德利的观点，并且在他看来，伊壁鸠鲁在 KD. 30 所指的欲望不仅仅强度来自虚妄意见，本身也来自虚妄意见，因此这里描述的是对于某对象的自然欲望变成了虚妄欲望的转换（transformation），参见 John M. Cooper, "Pleasure and Desire in Epicurus," in J. Cooper, *Reason and Emotion*（Princeton：Princeton University Press, 1999），p. 500 note 22, p. 505。本文更倾向于朗格和塞德利的观点，KD. 30 谈论的是一类被虚妄意见所影响的自然且不必要欲望，它本身和虚妄欲望的界限是明确的，因为只要我们能消除虚妄意见的不良影响，我们仍应该有机会去满足这种欲望。而依据库伯的意见，KD. 30 的自然欲望已经转变成了虚妄欲望，而虚妄欲望则是我们无条件拒斥的，那么它也不应该再有被满足的机会。

诺伊库斯》一信中关于满足诸欲望的前提和自然的关系的分析："我们认为自足乃是大善，这并非让我们永远只能享用少许的东西，而是说，在我们没有许多东西的情况下，我们就享用少许的东西，因为我们真切地相信：那些最不需要奢侈的人才能够最愉快地享受奢侈带来的快乐，一切自然的东西都是最容易获得的，而虚妄的东西都是难以获得的。"① 伊壁鸠鲁在这里试图就何为自足（αὐτάρκειαν）做一个澄清，自足作为一种大善，绝不是我们无条件地选择一种最少需求和最少欲望的生活，而是说我们的欲望和行动都要符合我们身处的大环境，也就是自然。在自然没有赋予我们很多的情况下，我们满足于仅有的东西无疑是对自然的遵循，而追求自然不赋予我们的东西，那显然就是违背自然。这一点从伊壁鸠鲁接着的解释中可以看得很清楚，伊壁鸠鲁这里对于我们所可能享用的东西区分了三种情况：奢侈的东西、自然的东西以及虚妄的东西。这三种情况恰好就对应伊壁鸠鲁的三种欲望类型。首先，追求奢侈的东西是一种自然但不必要的欲望，它的满足的前提条件是这种欲望必须是无害的，如伊壁鸠鲁所言，只有最不需要奢侈的人才能最愉快地享受奢侈带来的快乐，这是因为，最不需要奢侈的人不会在满足不了奢侈欲望的情况下产生无法消解的强烈渴求，因而奢侈的欲望对于他而言是无害的。相反，那些对奢侈有所需求的人尽管也能享受奢侈带来的快乐，但是他们对于奢侈的过多依赖就潜藏着危害的可能性，这种顾忌反而使得他们无法"最愉快地"（ἥδιστα）来享受奢侈。其次，追求自然的东西对应着自然且必要的欲望，伊壁鸠鲁指出，这种欲望的无条件满足的前提，就在于自然的东西最容易获得。最后，追求虚妄的

---

① Cyril Bailey, *Epicurus*, p. 89.

东西对应虚妄欲望，我们要无条件拒斥虚妄欲望，原因就在于虚妄的东西（在自然中）难以获得。

这里还需要注意的是，伊壁鸠鲁把"一切自然的东西都容易获得""虚妄的东西难以获得"称为"我们相信"（πεπεισμένοι）的东西。那么，这里就会有一个问题：这些信念表达的究竟是一种自然事实①，还是一种自然规范？我们不妨回想一下伊壁鸠鲁对于快乐是至善的证明，他是通过我们具有原始欲望这个自然事实出发，推出我们必须以遵循内在的原始欲望的方式来对待诸欲望，而这种做法完全可以类推到欲望的限度的证明：伊壁鸠鲁是通过自然具有限度这个自然事实，从而推出我们对于欲望的满足也有限度（前提）这个自然规范的。我们可以从《基本要道》第 15 条发现自然的限度的说法："自然所需的财富既是有限的，也是容易获得的，而那些虚妄意见追求的财富则无穷无尽。"② 自然的有限性（ὥρισται）和追求自然的东西的容易性（εὐπόριστός）是放在一起来说的，事实上，正是自然的限度的存在决定了满足自然欲望的容易性，而那些出于虚妄意见的欲望之所以难以满足，是因为它们所追求的对象是无穷无尽的（εἰς ἄπειρον）；联系虚妄欲望的例子，追求权力和名望的欲望在伊壁鸠鲁看来是没有尽头的，看不到一个可以使其满足的界限。自然的东西容易获得，这不仅是伊壁鸠鲁主义的一个规范性教条，它来自自然本身的安排，伊壁鸠鲁为此专门表达了对自然女神的赞美："感谢那有福的自然女神，因为她让那些必要的东西变得容易获得，并且让那些不容易获得的东西变得不必要。"③ 我们从中就能看到自然事实和自然规范在这里是

---

① John M. Cooper, "Pleasure and Desire in Epicurus," pp. 485–514.

② Cyril Bailey, *Epicurus*, p. 99.

③ Cyril Bailey, *Epicurus*, p. 137.

不可分的，一方面，是自然女神（Φύσει）造就了"自然的东西容易获得，而虚妄的东西难以获得"这个事实，为此伊壁鸠鲁对自然女神大加礼赞，称之为"有福的"（μακαρία）；另一方面，自然女神的作为显然同时也给人的行动提供了一种自然规范，即人的活动必须遵循自然的安排。

自然事实和自然规范的紧密联系，在后来的伊壁鸠鲁派塔奎图斯对欲望分类的表述中体现得更加直白，他指出了满足不同欲望的容易程度不一样的自然事实："必要欲望的满足是不费力气和代价的，而自然欲望的满足也不需要太多，因为自然本身所提供的财富是有限并且容易获得的。"① 并且他把这一自然事实看作伊壁鸠鲁的欲望分类的基础。必须指出的是，塔奎图斯的这个说法本身是成问题的：自然有限度这个事实，只是构成了欲望的满足也有限度（前提）这一自然规范的基础，并不能构成整个欲望分类理论的基础。② 如前文所述，整个欲望分类理论的基础在于我们生来具有内在的趋利避苦的原始欲望这个事实。但无论如何，在塔奎图斯的相关表述中，我们又一次看到了从自然事实推演到自然规范这一方法论原则的应用，这无疑跟伊壁鸠鲁的论证策略是一脉相承的。

参考文献

1. Annas, J., *The Morality of Happiness*, New York：Oxford University Press, 1993.

2. Annas, J. (ed.) and Woolf, R. (trans.), *Cicero：On Moral Ends*, Cambridge：Cambridge University Press, 2001.

3. Bailey, C., *Epicurus：The Extant Remains*, Oxford：Clarendon

---

① Julia Annas (ed.), and Raphael Woolf (trans.), *Cicero：On Moral Ends*, p. 18.
② John M. Cooper, "Pleasure and Desire in Epicurus," p. 499 n. 21.

Press，1926.

　　4. Bloom，A. ，*The Republic of Plato*：*translated with notes and an interpretive essay*，2nd ed. ，New York：Basic Books，1991.

　　5. Bury，R. G. ，*Sextus Empiricus*，*Vol. III*：*Against the Ethicists*，Harvard University Press，London：William Heinemann，1935.

　　6. Cooper，J. M. ，"Pleasure and Desire in Epicurus，" in his *Reason and Emotion*，Princeton：Princeton University Press，1999.

　　7. DeWitt，N. D. ：*Epicurus and his philosophy*，Minneapolis：Univ. of Minnesota Press，1954.

　　8. Usener，H. ，*Glossarium Epicureum*，Edited by M. Gigante and W. Schmid，Rome：Edizioni dell' Ateneo & Bizzarri，1977.

　　作者简介：许欢，哲学博士，中国海洋大学马克思主义学院讲师，主要研究方向为古希腊哲学。

书　评

知识是关于"所是"的真说理

——评詹文杰《柏拉图知识论研究》*

盛传捷

大约十五年前，古希腊哲学逐渐成为国内哲学研究的热门分支，而近年来更是出现了从一般的哲学史研究转向专题研究和文本细读的趋势。中国社会科学院哲学所研究员詹文杰于2020年出版的著作《柏拉图知识论研究》呼应了这一研究趋势。对柏拉图知识论进行专题研究无疑是一项艰巨的任务，国外以"柏拉图知识论"为主题的著作并不多见，国内更是空白，詹文杰这部花十年时间完成的著作无疑大大推进了国内柏拉图哲学的研究。读罢全书可以发现，这部作品框架清晰，逻辑严密，论证翔实可信，不仅对柏拉图文本的分析精当，而且从现代学术视野出发提出了不少新观点，确实是一部难得的佳作。虽然作者在后记中自谦地说，本书的最终样态还不是他心目中最完善的形式，但是"十年辛苦不寻常"，相信每一位读者都不仅能在本书中领略到柏拉图对"知识"以及相关问题的深度思考，而且可以发现作者在柏拉图研究方面的深厚功力。

柏拉图的知识论是理解柏拉图哲学极为关键的主题。自泰

---

* 本文评论的著作是詹文杰《柏拉图知识论研究》，北京大学出版社2020年版。

勒斯开始,哲学一直用"思"(thinking)来引领"是/在"(be-ing),这一原则始终贯穿于以"埃利亚学派"哲学、柏拉图哲学、亚里士多德哲学为代表的古希腊哲学中。于是作为"思"之核心的知识论成了理解古希腊哲学的钥匙。如何理解柏拉图的"知识论"对于理解他的"本体论"以及其他论题起到了关键作用。以下是笔者阅读此书的一些心得体会,它分为两个部分,第一部分是对全书观点的梳理,第二部分是全书一些特点的概括。以此向詹文杰研究员和各位读者学习请教。

一　全书概要

全书约四十五万字,包括长篇的导言、正文八章和两个附录。在导言部分,詹文杰说明了他对柏拉图知识论的基本观点(参见第30—53页),正文八章可以看成是对这些观点的具体展开和阐释。该书的第一章和第二章聚焦于柏拉图早期对话,以"苏格拉底的有知和无知"和"专家知识"为主线讨论了早期对话中的知识论问题。自第三章开始,詹文杰则开始讨论柏拉图单篇对话中的知识论,主要涉及《美诺》《斐多》《理想国》《泰阿泰德》《智者》和《斐莱布》。附录是两篇与知识论密切相关的高水平研究论文,即《柏拉图论感觉》以及《柏拉图哲学中的信念(Doxa)难题》。

全书试图对柏拉图知识论给予一个连贯的、一致的解释。如果总结一下詹文杰全书的观点,柏拉图的"知识"最终被理解为"关于所是的真说理(logos)",其中,所是跟本质是同一概念,是对于古希腊语"ousia"的一种译法。当然,这个概括可能不是那么准确,因为全书对柏拉图有关知识论的重要文本的分析而得出的结论很难完全纳入这个简单的概括之中。举例来说，"说理"（logos）在不同对话中其实呈现为不同的含义，在早中期对话中，它是"专家知识"或"说理"，这本身就有"真"的意味在其中，而到了后期对话中，它又主要是在"陈述"的意义上被使用。按照书中分析，"说理/陈述"（logos）直到柏拉图后期的对话（如《泰阿泰德》和《智者》）才和真假问题联系在一起，这才有了"真说理"这样看似古怪的说法。同时，"说理"也意味着"能力"，即有能力给出理由，而其前提则是"理解"，如果没有"理解"，如何能够"说理"呢？"所是"也需要说明。在《斐多》和《理想国》等中期对话中，"所是"指涉理念，是事物之本质，而到了《泰阿泰德》《智者》和《斐莱布》等后期对话中，"知识论"局限于经验的领域，其对象的"所是"也局限在此领域，这时候它指涉经验事物——尽管作者强调柏拉图并没有放弃理念论。这也就牵引出作者在诠释中明确区分了"理念知识"和"经验知识"。那么如何达到对理念的把握和认识，或者说如何就"理念"给出说理呢？作者强调了语言和辩证法的关键作用，也就是说，只有通过不能脱离语言的辩证法才能最终达到对"理念"或"所是"的把握。

　　通过以上对全书整体观点的概括性说明，可以看到柏拉图对知识以及相关议题的认识是逐步深入的，也是极端复杂的，这意味着对全书观点做一个梳理是有必要的（作者已经在"导言"的第四部分做了这样的工作，参见第53—59页）。

　　在导言中，詹文杰反驳了葛梯尔（E. Gettier）和法恩（G. Fine）等人把柏拉图的知识理解为"得到证成的真信念"，并介绍了学界对柏拉图知识"三分"（即"命题性知识""能力之知"和"亲知"）的考察以及"信念"和"知识"之间的关系等问题，进而提出了他对于柏拉图知识论的基本看法，即柏拉图关于知识有四个基本观点：1. 知识要求领会到真；2. 知识要求给出说理的能力；3. 知识要求稳固性和确定性，并且不会被说服而放弃；4. 理想的知识是难以达到和极其稀有的。

在第一章中，作者列举了"柏拉图早期对话"中十四处苏格拉底宣称自己"完全无知"的文本，同时给出十一处苏格拉底自称"知道"的文本。如何调和"完全无知"和"知道某些事情"是该章要解决的核心问题。学界共提出了四种解决方案，作者赞同"语义辨析"的方案。"语义辨析"意味着需要分析苏格拉底所说的"知道"和"无知"概念在不同文本中的具体意义。这又牵涉到苏格拉底"属人智慧"和"超人类智慧"的区分，此区分构成了理解"语义辨析"方案的前提和背景。就消极方面而言，苏格拉底否认任何人可以获得"超人类智慧"；而积极方面则是说一个人可以获得"对某个事物或领域的不完满的认识"（第71页）。于是当苏格拉底说"知道 X"的时候并不意味着他承认自己对 X 拥有严格意义上的知识。作者指出，尽管"知识"一词具有多重含义，但是早期对话中的苏格拉底主要是在"专家知识"的意义使用该词的。"专家知识"即"掌握某个领域的专家知识或技艺"（第73页），这同时意味着拥有"给出说理的能力，即理解"（第75页）。通过上面的分析，作者得出结论："当苏格拉底说'我知道（认识）某某'的时候，他主要是从'意识'和'确信'这些层面上讲的"，而当他说自己无知的时候，主要是在"专家知识"和"理解"的意义上说的。（第77—79页）

第二章是上一章的延续，既然在柏拉图早期对话录中苏格拉底主要是在"专家知识"意义上使用"知识"一词的，那么细致考察早期对话中"专家知识"的含义以及与之密切联系的

"理解"的意涵就是顺理成章的事情了。作者在第二章中首先考察《克里托》和《拉凯斯》两篇，并且从文本中提炼出了"专家"的五项外在特征（第 83—84 页）。接下来，通过对《拉凯斯》一处文本的考察，作者仔细分析了"专家知识"的本质内涵，而这包括"知"和"行"两方面。就"知"而言，专家知识意味着专家"知道某物 X 是另一物 Y 变得更好的充分必要条件"，而这意味着理解 X、Y 和"好"之间的关系。就"行"而言，专家知识表现为某种去行动的能力，也就是"在与'好'的关联性中有能力处置 X"。就如何验证"知"和"行"两个内涵这个问题，作者认为需要看某人是否"认识 X 是什么"（第 86 页）。这立即在表面上构成了某种循环论证：为了检验某人的"知"，需要考察此人的"行"，然而为了检验他的"行"，又需要考察他的"知"。然而，只要区分了"认识"的不同含义，循环论证就不成立了。根据"认识"的不同含义，知识被区分成了"知识 T"，即专家知识，以及"知识 E"，即纯理论性理解。这两种不同类型的知识之间的关系是："知识 T"蕴含"知识 E"，而某人是专家就意味着他拥有"知识 T"，但其内核却是"知识 E"。"知识 E"意味着能够给出"说理"（logos）或"定义"。

　　自第三章起，全书转向对柏拉图单篇对话中知识论的详细讨论。作者首先选择了《美诺》作为这些章节的起点，这可能不仅因为《美诺》相较于其他待讨论的对话在时间和次序上较早，更是因为作者有着学理上的考虑。如果说，柏拉图早期对话中的苏格拉底给予我们的哲学在某种意义上存在着巨大困难的话，那么困难就在于苏格拉底没办法很好地说明他追求的美德与他一直强调的"专家知识"之间的关系到底为何。在《申辩》和《普罗泰戈拉》等早期对话中，苏格拉底已经开始围绕美德和知识的关系问题做出了讨论，这些讨论可以被归纳为三命题：（1）美德即知识（这里说的"美德"即作者所说的"德性"，第 102 页）；（2）知识可教；（3）美德不可教。《美诺》全篇所讨论的内容就是围绕上述三命题展开的，其核心就是美德和知识的关系。

第三章在内容上是顺着《美诺》的文本展开分析的。面对美诺提出"美德是否可教"的问题，苏格拉底的反应是：必须首先知道美德是什么。作者认为这实际上是把美德与知识密切联系起来了。苏格拉底在此表达了两方面的意思：一是他不掌握美德的"专家知识"，二是他不能就"美德"给出说理。（第106 页）这两方面的意思实际上是：缺乏知识 T 是因为缺乏知识 E。接着，作者围绕"辨认性知识"提出它是"在对特定事物具有亲知的基础上有能力进行辨认或识别"（第 108 页）。于是"知识要求某种亲自、直接的觉察或领会，而仅仅通过间接方式获悉的人最多只能拥有正确信念"（第 109 页）。拥有辨认性知识的标志就是"以语言的方式进行指认"，而"将这种辨识性认识体现出来的 logos 就是定义"。（第 110—111 页）

美诺回应苏格拉底的"美德是什么"这个问题的方式是提出自己的美德定义，但是几次尝试均告失败，这导致他提出"探究之不可能性"的难题，即所谓的"美诺悖论"。作者认为美诺悖论反映了柏拉图"对早期对话录中的苏格拉底探究方法的不满意"（第 113 页）。同时"美诺悖论"也反映了美诺并没有知识和信念的区分。苏格拉底并没有直接做出上述区分来解决美诺悖论，而是提出了"回忆说"。回忆说再一次确认了"知识意味着亲自的、直接的领会"（第 117 页）。

解决了美诺悖论之后，苏格拉底接着讨论"美德"与"知识"的关系问题。作者通过对文本的考察得出结论：（1）在

《美诺》86c—89c 中，美德是"作为理想的理智能力的 phronēsis（即实践智慧/理解力）"（第 134 页）。然而，（2）在《美诺》89d—96c 中，知识又被视为专家知识。就"理解力"不能被教授，美德也不是专家知识而言，美德不能被教授。如果美德不是专家知识，那么看起来美德最多只能在"真意见"层面上被谈论，于是又需要讨论真意见和知识的关系。作者区分出了知识概念的三种不同"面相"：确知、理解力和专家知识（第 137 页）。相应于知识的这三种不同面向，也存在信念的三种不同面相。此外，除了知识可以给出说理之外，知识和真信念在对象和内容，甚至在效果上并没有差别。如果真信念想要变成知识，则需要"亲知"。

　　第四章围绕《斐多》中的知识论展开。《斐多》的讨论话题在诸多方面继承了《美诺》的讨论主题，比如回忆说、灵魂不朽、如何获得知识等。于是，在《美诺》之后讨论《斐多》中的知识论是很自然的。不同于《美诺》，《斐多》是从灵魂净化的角度来讨论知识的。纯粹灵魂被说成是认识主体，而身体则是获取知识的阻碍。"于是，灵魂能否获得智慧关键在于能否摆脱身体的影响而达到'独立自在'。"（第 158 页）智慧的对象是"理念"。由于身体对认识有阻碍，于是有无身体的参与导致出现了两种认知方式：（1）"感知"，即伴随身体进行的意识活动；（2）"思想"，即无身体参与的意识活动。这些说法尚未说清如下问题：如何把握理念而获得智慧呢？是通过直观的方式吗？作者在该书导言和其他章节中多次认定知识最终需要语言，它涉及理解与说理，因此这样的看法实际上就排斥了通过直观而直接通达知识的可能性。作者通过反驳陈康先生的"理念直观"论而进一步强化了这一看法。作者强调柏拉图并没有在"思维"之上设定更高的认知能力，即"理念直观"，也因此不存在更高的认知能力。"回忆说"被认为是通达知识的方式，作者指出：（1）知识的必要条件是能够说理（第 168页）；（2）"回忆"意味着由 X 联想到或提醒而意识到 Y（第168 页）；（3）如果 X 表示某个东西的图像（或影像），而 Y 表示这个东西自身，那么很容易导向"理念论"解释（第 170页）。（4）回忆意味着由感性物 x 而联想到理念 X，或由 x 提醒而意识到 X。接着，《斐多》中的假设法被讨论，它被认为是"回忆说"的后续（第 180 页）。"通过假设进行论证的方法"就是《斐多》中著名的"第二次航行"的文本所提及的通过"logoi"（陈述或命题）来考察实在的方法。"假设法本身是排除感性观察而完全运行在思维或推理的领域之中的……只有在感觉的帮助下，我们唤醒了关于特定概念的理解，我们才能在思维中应用它们。"（第 180 页）

第五章聚焦于《理想国》第五卷 475e—480a 这段文本，这么选择的理由大致有二：一是《理想国》自第五卷开始与《斐多》的讨论有关联；二是《理想国》第五卷集中讨论了柏拉图对知识和信念的看法。此段文本首先区分出了理念和分有理念的感性物，然后据此区分了哲学家和非哲学家，通过哲学家和非哲学家的区别说明他们拥有不同的认知状态，即"知识"和"信念"，此种状态显示了他们各自拥有或缺乏某种认知能力。拥有此种能力被说成是不仅"能够看见""美的事物"，也能够看见"美本身"或"美的理念"。作者特别强调了哲学家也有两种类型："理想的"和"现实的"哲学家，以此来调和《斐多》中认为没有人能够通达理念而《理想国》中则认为极少数哲学家可以通达理念之间的矛盾。

第六章讨论《理想国》第六卷和第七卷的文本。如果在《理想国》第五卷中，柏拉图主要是在"理想哲学家"意义上讨论知识和信念的话，那么这无疑是某种精英主义的认识论。在《理想国》第六卷和第七卷中它被"扩展到更加系统化的程度"（第217页）。柏拉图使用了三个比喻来达成这种系统化，这三个比喻就是"太阳喻""线喻"和"洞喻"。在"太阳喻"中，柏拉图的苏格拉底把"善本身"类比为太阳。他首先反驳了"善是快乐"和"善是智慧"这两种观点。然后他指出正如太阳在可见领域中"关联于视觉与可见者"，善在可理解领域中"关联于理解力与可理解者"（第221页）。于是"善"提供其他一切事物的实在性并赋予认识者以认识能力，同时它也是实在性和知识的原因，其自身也是知识对象。在"线喻"中，苏格拉底区分了存在论的四种不同层次，并认为对应于这四种不同层次，有四个认知层次。作者分别把这四个认知层次称为"臆想""确信""思维"以及"纯思"（第232页）。同时，线喻不应该被认为是太阳喻的简单延展，而是"自身就是对于不同认知状态的划分"（第238页）。至于"洞喻"，作者认为它"应该被看作太阳喻和线段譬喻的某种延续"（第243页）。它不仅补充了前两个比喻，而且"以动态的方式描绘灵魂如何从最低层次的认知状态向上提升，逐渐过渡到最高层次的认知状态"（第244页）。在给出详尽的对洞喻的分析之后，作者指出，最高层次的认知对象"善"是"在可理解领域中最后才被""看见"的。"看见"得到的"知识"指的是"灵魂的理解力或理性能力本身，也就是nous"。（第253页）

　　第七章围绕着《泰阿泰德》展开。在其中，柏拉图讨论了"什么是知识？"这个问题。作者解读这篇对话的整体倾向是"柏拉图在写作这篇对话时并没有放弃他的理念论，尽管他在某些细节方面或许有一些修正"（第270页）。对于"知识本身是什么"这个问题的回答要求就知识整体"给出说理"或提供定义性说明（第271页）。对话中知识的第一个定义是：知识是感觉。作者指出"感觉"是与普罗泰戈拉的"尺度学说"以及赫拉克利的"流变学说"联系在一起的。如果感觉可以领会到"是的东西"，而且"不会错"，那么它就满足了充当"知识"的要求，即感觉等同于知识。（第280页）泰阿泰德提出的第二个知识定义是：知识是真信念。苏格拉底从"假信念"的分析开始。信念在这里相当于"陈述或论断"（logos）（第308页）。于是信念内容有了真假之分：假信念即错误地等同。为了说明假信念是可能的，苏格拉底提出了"蜡板比喻"。该比喻实际上引入了印记［即心像（mental image）］的"联结和匹配"问题（第311页），于是在依赖于感觉的认知活动中，"当某个感觉跟相关的某个记忆不匹配，就会出现假信念"（第312页）。然而，"蜡板"说"不能适用于只涉及思想内容的那种假信念"，于是区分"持有知识"和"占有知识"的"鸟笼说"被提了出来。这两个说法最终都不能很好地指明假信念的本性，因为需要预先知道"知识是什么"（第317页）。如果知识是真信念的话，那么就意味着知识像真信念那样可以通过说服而得到，可是知识只能通过教导而获得，于是知识不能是真信念。（第317页）作者认为需要认识到柏拉图有"理念知识"和"经验知识"之分（尽管柏拉图自己没有明确地表达出这样的区分），于是定义二中的知识还不是"理念知识"，这也意味着《泰阿泰德》中的这段文本和更早的知识论是兼容的。"理念知识"和"经验知识"的区分也让（通过感觉经验而获得的）"亲知"和通过"教导"而获得的知识得到了阐明（第320页）。对话中知识的第三个定义是：知识是"带有说理的真信念"。苏格拉底首先区分了"简单物"和"复合物"。由于不能为简单物提供说理，因而没有关于简单物的知识，而复合物可以拥有说理，因而是知识的恰当对象。苏格拉底提出"对简单物不能说理"中的"说理"有三个含义（第326—329页），但这三个含义都不足以让真信念转变成知识。于是三个关于"知识"的定义都失败了。作者认为柏拉图"很可能支持"定义三，即知识是带有说理的真信念。如果是这样，就需要进一步解释何为"说理"。"它是关于对象之本质和原因的说明"，因而知识的对象只能是事物的"所是"。（第330页）

　　第八章围绕《智者》和《斐莱布》展开。作者认为，《智者》是对《泰阿泰德》的补充，因为它考察了"说理"的本性。《智者》中首先区分了绝对是者、相对是者以及绝对不是者。"logos"（说理/陈述）在《智者》中被认为有真假之分。真陈述即把"是的东西"说成"是"；假陈述把"不是"和"是"结合，而从属于"相对的不是者"。（第335页）这似乎是对更早对话中认识论的突破："logos"在各个认知层次上其实都有真假之分。然而作者并不认为这样的说法与更早的知识论有冲突："认识实在可以有两种方式"，"一种方式是借助于直观的方式领会它的形象（eidōlon）或'可感觉的相似物'"，这种方式得到的并不是知识而是感觉，因为知识是对"理念"的领会。另一种方式是"完全通过言语方面的说明"，它是"关于所是的定义性描述"。此种说明或说理（logos）必然为真，是"理念在语言中的体现"（第339—340页）。在此章的第二部分，作者转而开始讨论《斐莱布》中有关于信念本性的描述。"信念（doxa）和陈述（logos）紧密关联在一起，两者包含的思想内容明确被说成是相同的，都是命题性判断，它们的区别仅仅是外在的：一个是沉默不宣的，另一个是讲出来的。"（第350页）这显示了《斐莱布》和《智者》之间的密切联系。在最后一部分，作者专门讨论了《理想国》《政治家》和《斐莱布》

中有关知识分类和等级的思想。在前两个对话中，知识被大致分为偏实践的"技艺"和偏理论的"科学"，而《斐莱布》中对此问题的说法更为成熟。知识首先被区分为技术知识和道德知识，但是前者是柏拉图考察的重点。"依照知识门类的纯粹性层次从高到低"，区分出了"辩证法""纯粹数学""应用数学""更加追求数学精确性的技艺"以及"在数学精确性方面较差的技艺"。"就认知层次的完满性而言，理性洞见（nous）和智慧（phronēsis）"处于最高等级，其次是信念。（第355页）知识门类和认知层次是关联在一起的，即高的知识门类运用高的认知能力。作者强调，"柏拉图的知识论跟他的形而上学始终是紧密相关的"（第357页）。

二　全书的特点

整体上，《柏拉图知识论研究》一书的特点可以归纳如下：

第一，全书对柏拉图知识论的讨论非常全面，这涉及两个方面。一是柏拉图知识论的重要对话，比如《美诺》《斐多》《理想国》《泰阿泰德》等一个不漏，全部都有专门章节进行讨论和分析。同时，虽然该书没有专章分别讨论柏拉图早期对话中的知识论，但是通过知识论的议题把它们联系起来讨论，让读者对这些对话中的知识论也有了清晰的把握。二是全书涉及的二手文献非常全面。詹文杰常常在讨论某个具体问题时先列举学者们对此观点的看法，然后在此基础上给出自己的论证和观点，这显示了作者深厚的学术积累。当然，如此专业地讨论柏拉图的知识论，并不意味着作者学术视野狭窄。作者虽然专注于柏拉图的知识论，但是对前苏格拉底哲学中的知识论也有讨论（第33—34页），对"知识"一词在中文中的含义也有详尽的分析说明（作者对古希腊词汇中的"知识"以及相关概念含义异同的分析更是随处可见）（第10—14页），对"善"在古汉语中的含义也给予了分析（第218页）。此外，作者对柏拉图知识论与当代知识论的联系与区别的讨论都显示出了作者思考的广度（第19页）。就研究方法而言，詹文杰坚持从柏拉图古希腊文的原著出发，采用文本细读的方式来研究柏拉图的知识论，融合了古典学和哲学的研究方法，这使得对柏拉图的文本进行详尽的哲学与古典语文学分析成为本书的一大特色。这样的研究方式在中文柏拉图研究中是少见的、难得的，也是需要学界同仁发扬的。全书第五章对《理想国》第五卷结尾（475e—480a）一小段文本进行的详细解读就是全书研究方法极好的范例。

　　第二，詹文杰在其讨论的每一个议题上几乎都有自己独到的见解。以下试举几个具体的例子来说明。比如，他在导言中对柏拉图知识论给出了自己的基本理解："（1）知识要求领会到真或者是者/实在。（2）知识要求给出说理或说明的能力。（3）知识要求稳固性和确定性，并且不会被说服而放弃。（4）理想的知识是难以达到和极其稀有的。"（第30—53页）这些理解成了其后各章论证的导引。比如他谈及柏拉图的"真"是"事物之真或修饰性的真"，而当代知识论谈论的"真"是"命题之真或断言性的真"（第30页）。于是，"柏拉图首要地把知识对象理解为事物而不是事实或命题"（第31页）。这无疑是正确看法。这也是古希腊哲学家和后休谟时代哲学家之间的巨大差别，是当代研究者在从事古希腊哲学研究时需要特别注意的差别。再比如，在《理想国》中，根据线喻，如果认知存在四种层次，那么这是否意味着柏拉图用某种四元论取代了知识和信念的二元论呢？詹文杰对此进行了否认。作者给出了两点理由：首先，这四个认知层次是"灵魂中的诸状态"。其次，尽管"柏拉图确认了这四个认知层次的内容是互不兼容的，但是他未必设定四重的存在论领域分别充当这些认知层次的对象"（第232—233页）。又如，第五章最后一部分，作者在《理想国》第五卷中知识和信念之间的区分问题上着墨颇多。具体来说，知识和信念是否兼容？哲学家拥有知识和信念中的一者还是两者兼而有之？在分析了学界的各种看法之后，作者认为《理想国》第五卷中的知识论与《美诺》《泰阿泰德》以及《蒂迈欧》，甚至《理想国》第七卷和第八卷中知识论论述一致的观点应该被抛弃。同时，作者认为不能把《理想国》第五卷中的知识和信念仅仅理解为认知状态，而应认识到它们同时表示某种认知能力。此外，作者认为我们也不应该预设哲学家只有知识而无信念。作者据此区分了"理想哲学家"和"现实哲学家"。于是，《理想国》第五卷谈论的是理想哲学家和非现实（？）哲学家。通过上述分析，作者最终主张，在《理想国》第五卷中，知识和信念不兼容，即它们是相互排斥的（第199—216页）。中文柏拉图研究中尚没有看见过这样分析，特别是两类哲学家的区分。再比如，第七章对《泰阿泰德》的讨论中，就苏格拉底是全面还是部分否定"知识即感觉"这个定义，研究者分化成了修正论与统一论，作者认为统一论更有说服力，即苏格拉底只是部分地反驳了上述定义（第294页）。他指出苏格拉底反驳的关键在于：有比感觉更高级的认知（第294页），总有一些普遍的概念是不经过感觉获得的（第301页）。

　　第三，尽管没有明言，詹文杰似乎持有温和"发展论"的立场。"发展论"意味着作者把柏拉图的知识论视为一个不断发展并最终形成的学说。从全书总体的观点看，知识一开始是与"说理"联系在一起的，直到后期对话中"说理"有了真假之分，知识需要真说理，借此作者给读者提供了柏拉图知识论总的看法，他也认为这是柏拉图不断深入探讨知识以及相关议题的产物。作者持有"发展论"可以从全书的多处说法和讨论中看出。比如他认为"柏拉图中期知识概念并非突然形成，而是从早期知识概念发展而来"（第60页）。比如谈及《泰阿泰德》中"感官知觉"时，他说道："毋宁说，柏拉图在《泰阿泰德》这里才发展出了一种清晰的感官知觉概念，因为在哲学思考中需要这样一个概念……柏拉图晚期对感官知觉的本性有了更多的反思，他在《斐莱布》（33d—34a）给出的一段描述可以被视为他关于感官知觉之本性的成熟看法。"（第274—275页）

有关"发展论"的立场更集中地体现在了导言部分，在那里作者介绍了柏拉图著作中的真伪性和年代次序问题。相较于真伪问题，作者把更多的篇幅给予了柏拉图著作的写作次序问题。柏拉图著作的次序问题对本书的意义是重要的，因为它是"发展论"立场的基础之一。柏拉图的对话录被分成了三组，"早期对话录"或"苏格拉底对话录""中期对话录"以及"晚期对话录"。全书的各个章节也是依据早中晚次序进行编排的。

当然，上述概括并不意味着詹文杰完全忽视"整体论"这一柏拉图哲学诠释进路。作者力图从温和的发展论立场出发，坚持从柏拉图知识论整体出发考察其发展变化，同时也从柏拉图知识论的发展变化中寻找到其统一的、稳定的东西。这样做既能够让读者体察柏拉图在知识论领域内思想不断深入的过程，也能够帮助读者把握柏拉图知识论的核心要义。

第四，詹文杰坚持认为需要从哲学论证的角度对柏拉图知识论做出统一连贯的解释。哲学论证自然离不开语言，于是语言成了通达知识的必要手段，和语言紧密联系的辩证法成了获取理念知识的手段和途径。作者在第六章专门讨论了辩证法。因为"辩证法"就是"纯粹理性能力的运用"，即"纯粹的哲学探讨"。（第 258 页）它"能够最有效地促成灵魂转向"，而数学是"掌握辩证法之前需要学习"的"预备性的学问"。（第254 页）作者强调了"说理"在整个辩证能力运用过程中的重要作用（第 261、265 页），同时它也"离不开语言表达"（第266 页）。

这样的坚持有明显的阐释优势。正如上文已经提及的，詹文杰在书中提及的任何议题都有自己独到的想法和观点，这样就让柏拉图的思想看上去非常清晰，不再有模糊的空间，特别是对中期和后期对话中使用隐喻、故事、寓言（作者把三者统称为"譬喻"）的方式来表述从知识层面如何把握理念提供了可直接通达的理解。传统上，陈康先生坚持从字面上理解这些譬喻而提出了"理智直观论"，詹文杰对此是持批评态度的。他在书中多次提及不能从这些譬喻的字面意思来理解柏拉图的思想。比如，他提及"多处文本使用了'看见'或'洞察'（idein，horan，kathoran）这样表示视觉活动的动词。这些词不能从字面上了解为感性上的视觉活动，而应该了解为类比意义上的理智的认知活动"（第 190 页）。比如，"对于理念的'看见'本身的确是比较晦涩的说法，它实际上只能表示获得关于事物之是什么或所是的理解，而这种理解只能以语言表达或说理（logos）来呈现，从而不是直观而是命题性判断"（第 199页）。比如，谈及"太阳喻"中的"至善"时，作者说道："善在可理解领域中是最后才被艰难地'看见'的；所谓'看见'是比喻意义上的而不是字面意义上的。"（第 249 页）在讨论线喻时，作者再一次坚持线喻的比例不应该做字面的理解，而应该将之理解为"正确性、真理性"的程度。（第237页）又如，"天文学肯定是一门使人的灵魂'向上观看'的学问……但是……那些不可见的永恒实在，不是通过肉眼观看到的，而是凭借理性（noēsis）才能把握到的"（第256页）。这样的例证还很多，第268页谈及"对于理念的'观看'这类视觉上的措辞只有在类比意义而绝不能从字面上去理解"。作者在第249、335页和第350页再一次强调了通过视觉词汇进行譬喻性说明不能从字面上理解，即它不是指理智直观，而需要通过logos（说理）进行"推理"而加以把握。

《柏拉图知识论研究》一书毫无疑问是一部论述柏拉图知识论的佳作。作为国内研究柏拉图哲学的代表性学者之一，詹文杰在全书中既有对柏拉图知识论的宏观把握，也有对柏拉图涉及知识问题的具体文本的详尽分析，从而对该主题做出了清晰、全面和连贯的解读。本书讨论的很多议题以及结论，比如中后期对话中两类哲学家和两类知识的区分，早期对话中对"专家知识"外在标志、内在含义的界定与分析，对语言和辩证法的重视等，都是以往汉语学界尚未深入探究的。因此，无论是对于柏拉图哲学的爱好者还是专业学者，该书都是一部需要参考与研读的著作。

作者简介：盛传捷，哲学博士，吉林大学哲学社会学院教师，主要研究方向为古希腊哲学。

评《苏格拉底的道德心理学》*

林丽娟

布瑞克豪斯（Thomas C. Brickhouse）和史密斯（Nicholas D. Smith）在2010年推出了他们关于苏格拉底问题的研究著作《苏格拉底的道德心理学》（*Socratic Moral Psychology*）。两位学者自20世纪70年代末以来一直合作研究苏格拉底问题，曾共同出版四部有关苏格拉底研究的专著。① 如果说，这四部专著均沿袭了有关苏格拉底道德心理学的一种经典解释，即苏格拉底是一位美德理智主义者（virtue intellectualist）或动机理智主义者（motivational intellectualist），他主张一切美德皆由某种知识构成，或者他认为人们之所以做出某种行为，是因为他们认为这是最好的，那么，在2010年出版的这部新书里面，两位作者则希望修正他们自己过去的想法（他们认为也是绝大多数苏格拉底研究者的观点），转向一种对苏格拉底的新解释。区别

---

* 本文评论的是英文著作：Brickhouse, T. C. & Smith, N. D., *Socratic Moral Psychology* (Cambridge University Press, 2010)。程炜、刘玮对本文初稿提出了中肯的修改意见，在此谨致谢忱。评论中若有失误，由笔者本人负责。

① 二人共同出版的专著包括：*Socrates on Trial* (Oxford：Oxford University Press, 1989)；*Plato's Socrates* (Oxford and New York：Oxford University Press, 1994)；*The Philosophy of Socrates* (Boulder, Colorado：Westview Press, 2000)；*Plato and the Trial of Socrates* (London：Routledge, 2004)。两位作者亦共同编有 *The Trial and Execution of Socrates：Sources and Controversies* (New York：Oxford University Press, 2002)。两人另合作发表过多篇有关苏格拉底问题的研究论文，此不赘述。

于之前解释中"知识即美德""信念导致行为"的简单模式，这种解释希望提醒人们注意，苏格拉底并没有忽视欲望（appetite）和情感（passion）在人类美德养成和行为方式当中所起的作用，这也使得一种更为复杂的苏格拉底道德心理学成为可能。

事实上，这种新的道德心理学解释路径并非两位作者首创。在该书引言部分，两位作者自述他们想法的转变始自德弗洛（Daniel Devereux）发表于 1995 年的一篇"开创性"的文章（第5—6 页）。① 然而，促成他们想法转变的或许还有**更深层次的原因**：如同引言末尾所提到的，布瑞克豪斯与史密斯希望能为他们向来所坚持的、从属于弗拉斯托斯（Gregory Vlastos）一派的苏格拉底研究进路做辩护（第9—10 页）。② 众所周知，弗拉斯托斯是当代著名的苏格拉底和柏拉图研究者，他的研究对于推动 20 世纪美国学界对于苏格拉底和柏拉图哲学的重新关注起了举足轻重的作用。在关于柏拉图的解释上，弗拉斯托斯属于发展论传统，即认为柏拉图在刚开始写作对话时是忠实的苏格拉底主义者，而在某一阶段其思想发生转向，开始进行自己独立的哲学思考。与此相关，他的苏格拉底研究亦尤其看重**依据柏拉图早期对话来复原历史上苏格拉底本人**的哲学思想，③而也正是这一点后来招致了不少批评：以卡恩（Charles Kahn）为代表的统一论者强调苏格拉底对话的文学特征，而并不认为

---

① Daniel T. Devereux, "Socrates' Kantian conception of virtue," in *Journal of the History of Philosophy*, vol. 33 (1995), pp. 381 – 408.

② 这当然并不意味着布瑞克豪斯与史密斯和弗拉斯托斯没有分歧，事实上恰恰相反，他们在具体问题上少有能达成一致的，参见 Brickhouse & Smith, *Plato and the Trial of Socrates*, p. vii.

③ 参见 G. Vlastos（ed.），*The Philosophy of Socrates. A Collection of Critical Essays*（New York: Anchor Books, 1971）; G. Vlastos, *Socrates: Ironist and Moral Philosopher*（New York: Cornell University Press, 1994）; G. Vlastos, *Socrates Studies*, ed., by M. Burnyeat（Cambridge: Cambridge University Press, 1991）。

柏拉图早期对话可供作为复原历史上的苏格拉底哲学的可靠文本证据使用。[①] 面对这种批评，布瑞克豪斯与史密斯在该书中希望能够继续（即使部分地）坚持弗拉斯托斯的观点，认为早期对话中依然存在独立的苏格拉底哲学（即便这个苏格拉底并不完全是历史的苏格拉底）。然而他们也意识到了他们所面临的一个难题：由于部分早期对话，比如《高尔吉亚》，呈现出不同于其他对话的苏格拉底思想，这使得早期对话难以完美地呈现出一个统一的苏格拉底形象，即苏格拉底作为美德理智主义者的形象。而新的道德心理学或许可以被视为为解决这个难题而做出的一次理论微调：两位作者希望用这个新的解释框架来呈现出他们认为存在于柏拉图早期对话当中独立的、完整的、前后一致的苏格拉底哲学。

截至目前，两位作者着力于苏格拉底新道德心理学领域的研究已有二十年之久。而此书便是基于一系列他们截至 2010 年已经发表或即将发表的十一篇同主题的文章修改而成。自 2010 年出版之后，该书随即在英美学界引起了广泛的讨论。就笔者所见，目前已有至少十三篇书评或评论文章问世，其中仅 2011 年一年就先后有七篇书评发表，2012 年五篇，2014 年一篇。此书备受赞誉的同时，也引起了不少争议。今天之所以仍有必要再对此书发表评论，主要鉴于以下三个原因：（1）大多数书评虽不乏洞见，但受限于篇幅，较为简略，有些关键问题未能展开谈论，或者根本未能触及。（2）所有书评作者均为英美学者，所作议论也主要依据英语学界，特别是美国学界的情况，

[①] 参见 Ch. Kahn, *Plato and the Socratic Dialogue*: *The Philosophical Use of A Literary Form* (Cambridge: Cambridge University Press, 1996), pp. 74 – 75。更早的还可参见 Ch. Kahn, "Does Plato write Socratic dialogues?" in *Classical Quarterly*, vol. 31 (1981), pp. 305 – 320; Ch. Kahn, "Vlastos' Socrates," in *Phronesis*, vol. 37 (1992), pp. 233 – 258。

而欧洲学界对于此书反应寥寥。此书所关注的问题实则与欧洲
苏格拉底研究的相关讨论亦有关联，因此值得结合他者视角对
此书做更综合的评价。（3）在该书出版之后，史密斯及其学生
又有多篇同主题的论文发表，仍然在持续影响苏格拉底研究。①
如何评价苏格拉底道德心理学，特别是情感对于柏拉图的苏格
拉底的意义，仍然是个富有现实性的问题。

一

《苏格拉底的道德心理学》一书除引言和附录以外，共有
七章，另附参考文献和索引。第一章相对独立，主题为"苏格
拉底研究申辩"。在这一部分两位作者主要面对以卡恩为代表
的统一论者的批评，试图为自己的苏格拉底研究辩护。他们提
出了苏格拉底研究的两个基本原则：同一身份原则（The identi-
ty principle）和相关对话原则（The relevant dialogues assump-
tion）。关于前者，他们主要指的是在特定的某组柏拉图对话中
存在同一个苏格拉底形象，这个形象持有同一哲学观点；而通
过后者他们把这组对话定位为早期对话。两位作者特别澄清他
们从未主张柏拉图早期对话**完全精确**地描述了历史的苏格拉底，

---

① 比如 T. C. Brickhouse & N. D. Smith, "Socratic Moral Psychology," in J. Bus-
sanich & N. D. Smith（ed.），*The Bloomsbury Companion to Socrates*（Bloomsbury,
2013），pp. 185 – 209；N. D. Smith, "Moral Psychology in Plato's *Apology*," in G.
Anagnostopoulos & F. D. Miller, Jr.（ed.），*Reason and Analysis in Ancient Greek
Philosophy. Essays in Honor of David Keyt*（Dordrecht, New York：Springer, 2013），
pp. 45 – 53；N. D. Smith & D. Hoesly, "Thrasymachus：Diagnosis and Treatment,"
in N. Notomi & L. Brisson（ed.），*Dialogues on Plato's Politeia（Republic）：Selected
papers from the ninth Symposium Platonicum Dialogues*（Sankt Augustin Academic Ver-
lag, 2013），pp. 60 – 65。

而只是主张早期对话中呈现出一个**大致可信**的历史的苏格拉底形象。甚至在更多时候，特别是这本书里，他们谈论的只是苏格拉底哲学，也即柏拉图早期对话里的那个苏格拉底的哲学，而历史问题对他们来说可能根本没那么重要（第 16—17 页）。基于这两个原则，他们对一系列反对意见：主要是柏拉图对话统一论（反对早期对话作为苏格拉底对话），反历史主义（反对柏拉图对话呈现了历史的苏格拉底）和文学解读（特别指要求独立解读单篇对话，反对系统解读和前后一致的苏格拉底形象设定）等进路进行了再反驳。

第二章到第七章阐释新的苏格拉底道德心理学。在第二章中，继澄清动机理智主义的基本内涵之后，两位作者举出了一系列早期对话中的例子，尤其是《申辩》中提到被省察者的骄傲、愤怒和羞耻等情感，来表明苏格拉底并没有忽视欲望和情感的作用，而是认为欲望和情感可以影响人类行为。

第三章重新解释"审慎悖论"（prudential paradox）：无人有意做跟自己认为好的事情相悖之事，即不存在"不自制"（*akrasia*）。两位作者一方面通过对《美诺》77b6—78c2 的分析，表明苏格拉底区分了非理性欲求（*epithumein*）和理性欲求（*boulesthai*）的不同用法：他并非主张人们不可能**非理性地欲求**（*epithumein*）坏事，而只是主张人不可能**理性地欲求**（*boulesthai*）坏事。① 这就是说，苏格拉底承认非理性欲求（nonrational desire）的存在。另一方面通过对《普罗泰戈拉》352b1—358d4 的分析，两位作者试图证明当苏格拉底主张大多数人往往被表象的力量（*dunamis tou phainomenou*）所迷惑而做出他们认为好而实则坏的事情，这种表象的力量实际正牵涉到欲望和

---

① 这一区分更早地已被 Devereux（1995）注意到并详细评述，参见 pp. 396—404。

情感。两位作者由此认为，苏格拉底承认非理性欲求的存在以及它们在人类行为中的作用，并且因此要求人们节制和训练自己的欲望和情感（《高尔吉亚》505b）。

第四章重新解释"道德悖论"（moral paradox）：无人有意作恶。两位作者认为，他们的新解读可以有效地解决传统解释无法胜任的难题，比如为何行不义的人需要受惩罚，以及为何恶贯满盈的人可能是无可救药的（《高尔吉亚》525b1—c6）。①因为作恶不仅仅由认知错误所导致，也与欲望和情感的作用相关：强烈的欲望和情感驱使人们错误地认为某事对自己更好而行恶，而作恶又会继续导向欲望和情感进一步无节制地增长和要求满足。这使得灵魂产生疾病。而持续作恶，甚至可以使得灵魂败坏到无可救药的地步。为节制欲望和情感所实施的惩罚，就是在灵魂尚未病入膏肓之前的医治行为。

第五章是对苏格拉底教育理念的一个新解读：教育并非只针对理性，也同样针对欲望和情感。作为苏格拉底教育的重要方式，elenchos（辩驳）不仅用来省察信念，也用来省察人们的生活方式，有的时候它还被用来使对话者感到羞耻。而羞耻这种"消极的情绪体验"能够进一步引导对话者改变他们的原初观点。两位作者进一步借助对早期对话，特别是《高尔吉亚》和《克力同》的分析，表明苏格拉底认同传统的雅典教育，认为对孩子的早期教育中应该包括对欲望和情感的训练。

第六章尝试重新解释苏格拉底的美德理智主义，分别处理美德的统一性问题，美德和幸福的关系，以及美德理智主义和动机理智主义的关系。布瑞克豪斯与史密斯特别指出，新的动

---

① 按照传统的理解，作恶并非出自道德问题，而是理智差错，那么对于作恶的人我们并不应施以惩罚，而只需进行教导；而即便恶贯满盈的人，一旦他理智上明白自己的错误所在，似乎也可以有改过自新的机会。

机理智主义的解释意味着新的美德理智主义的解释：虽然美德仍是某种知识，但是有德性的人亦需要通过自制来节制欲望和情感。这也就是说，欲望和情感不仅在苏格拉底道德心理学中，也在其美德概念中发挥着一定作用。

在第七章中，两位作者将苏格拉底的新道德心理学置于思想史的背景中，将它分别与其他哲学家及哲学流派（柏拉图、亚里士多德和斯多亚学派）的道德心理学进行比较。需要特别注意的是，两位作者**并不认为**他们的新解读使得苏格拉底的道德心理学更接近于柏拉图的道德心理学（特别是《理想国》中的灵魂三分），恰恰相反，他们仍然坚持二者的区分：如果说后者认为错误的行为可能由欲望和情感挣脱理智的控制所导致，那么前者则否认这种情况，而是认为，错误的行为仍然来自理智的判断：理智相信这种行为是在当时条件下最好的选择，而欲望和情感在促成这种错误信念的过程中扮演了成因性角色（a causative role）。两位作者因此认为，他们的解释仍从属于理智主义的图景之中。①

在最后的附录中，两位作者进一步确认《高尔吉亚》的苏格拉底对话特征，表明它应被归入早期对话。

二

本文接下来尝试对本书两个基本主题：苏格拉底研究申辩和苏格拉底新道德心理学逐一进行评论。

布瑞克豪斯与史密斯的申辩向我们提示出苏格拉底研究所

---

① 参见第 194 页及以下。在全书中，两位作者多次强调这一点，比如第 107 页。

遭遇的危机：因为申辩只有在遭遇严重批评并且这种批评值得被严肃对待的时候才有必要进行。两位作者将针对他们的批评主要追溯到卡恩在 2001 年的会议发言。在 2001 年举行的第六届亚利桑那（Arizona）古代哲学会议上，卡恩发言表示学者们应该停止谈论"苏格拉底的哲学"（the philosophy of Socrates）。卡恩此言并非针对广义的苏格拉底研究，而主要指试图通过柏拉图早期对话重构苏格拉底哲学的、影响深远的弗拉斯托斯一派的研究，也即当时英语学界苏格拉底研究的主流。[①]

事实上，这并不是卡恩第一次批评弗拉斯托斯一派的苏格拉底研究。早在 1992 年发表的对弗拉斯托斯《苏格拉底》一书的书评里，卡恩就已经对其苏格拉底研究进路发表了异议。[②] 而在亚利桑那会议上的发言一方面是对他先前主张的一次重申；另一方面也增加了批评的力度，从而真正构成了布瑞克豪斯与史密斯所认为的"苏格拉底研究的危机"。在两位作者看来，当卡恩主张人们应该停止谈论苏格拉底的哲学的时候，他实际上是在要求从思想史中彻底抹去苏格拉底的哲学，而这堪称继"苏格拉底之死"事件之后的"第二次对哲学犯罪"（第 42 页）。

然而，从学术史的角度来看，卡恩的主张可能并不新鲜。如同两位作者已经部分地注意到的，针对苏格拉底研究同样的

---

① 在弗拉斯托斯之前，也有不少研究者曾不同程度地支持依据早期对话重构历史的苏格拉底及其哲学，比如斯坦泽尔（J. Stenzel）、耶格尔（W. Jaeger）、格思里（W. K. C. Guthrie）等，而跟随弗拉斯托斯的苏格拉底研究进路的学者还有桑塔斯（G. X. Santas）、克劳特（R. Kraut）、彭纳（T. Penner）和尔文（T. Irwin）等，参见 K. Döring, "Sokrates," in *Überweg. Grundriss der Geschichte der Philosophie*, *Die Philosophie der Antike*, Band 2/1（Basel：Schwabe, 1998），pp. 141–142。

② 参见 Kahn（1992），另参见 Kahn（1996：74）。或者更早以前，在 1981 年的"柏拉图是否写作了苏格拉底对话"一文中，Kahn 已经对发展论者所持柏拉图的苏格拉底阶段这一观点表示了质疑，参见 Kahn（1981）。

批评和危机在欧洲**早就发生过**①：如果说苏格拉底研究的对象是那个历史的苏格拉底，那么至少从 19 世纪乔伊尔（Karl Jöel）的著作《真正的苏格拉底和色诺芬的苏格拉底》② 开始，从书写苏格拉底的作品中还原历史的苏格拉底的可能性就已经受到质疑。然而，真正改变苏格拉底研究状况的则是吉贡（Olof Gigon）出版于 1947 年的《苏格拉底——他在诗和历史中的形象》一书。③ 通过吉贡的综合研究，书写苏格拉底的作品被进一步确认为苏格拉底的朋友或追随者在他死后所发展出来的一种**新的文学体裁**，用以表达和继续发展苏格拉底的思想。在亚里士多德那里，这种体裁被称为"苏格拉底对话"（*dia-logos Sōkratikos*），或"苏格拉底散文"（*logos Sōkratikos*），被归属于诗（*poiēsis*）。④ 由此，所有存世的苏格拉底对话，不光包括完整留存的柏拉图创作的对话，还有以残篇形式留存的其他苏格拉底后学（如，埃斯基涅、安提司泰尼、欧几里德、斐多）写的对话，以及色诺芬所著回忆录都从一开始就带有**虚构的文学特征**。而这就解释了为什么这些作者所描写的苏格拉底形象往往大相径庭，甚至截然相反。

　　吉贡一书有力地挑战了苏格拉底研究的既有格局。这意味着学者们不能再直接将主要的苏格拉底作品当作史料来使用，或者

---

① 第 24 页注 14 提到了吉贡的研究和 Friedländer 对他的批评。不过，这里 Olof Gigon 被误写为 Olaf Gigon。

② 参见 K. Joël, *Der echte und der xenophontische Sokrates*, Berlin：R. Gaertner Verlag, 1893 – 1901。

③ O. Gigon, *Sokrates. Sein Bild in Dichtung und Geschichte*, Bern：A. Francke Verlag, 1947。

④ 参见 Aristot. *peri poiētōn*, fr. 3 Ross；*politica*, 1447 a 28 – b 13；*rētorikē*, 1417 a 19 – 21 = SSR I B 1 – 3. 亚里士多德关于苏格拉底的论述（一般用于佐证人们传统所认为的苏格拉底哲学），则被认为主要受柏拉图作品的影响，参见 Kahn（1996），pp. 79 – 87。

过于简单地信靠某一作者（不管是柏拉图、色诺芬还是阿里斯托芬），认为他的苏格拉底作品中反映了真实的苏格拉底。如果人们不是因为没有读过吉贡的研究或虽读过而简单忽略他的观点，从而继续坚持过去的路数的话，那么就必须在两条路当中做出选择：要么继续坚持对历史上的苏格拉底的追问，但要求面对尽可能多的材料，进行细致的考证和比较，从而提炼出有关历史的苏格拉底的信息；要么搁置历史的苏格拉底问题，而满足于对每一古代作者提供的苏格拉底形象进行单独研究。而这两条路，正是欧洲此后的苏格拉底研究所走的两条主要道路。①

　　这样看来，当卡恩提出对弗拉斯托斯一派的批评时，其身后其实隐藏着一个深厚的欧洲背景。事实上，卡恩本人关于苏格拉底和柏拉图研究的治学路数，也深刻打上了欧洲有关历史苏格拉底问题讨论的烙印。② 而对于这一在欧洲发生的论战，布瑞克豪斯和史密斯两位作者并非完全不知情。早在 1989 年的专著中他们已经注意到了针对柏拉图《申辩》的"虚构理论"（fiction theory），并简略提及了吉贡和蒙托利（Mario Montuori）的研究。而在之后的著作中，他们也曾与这种理论对峙。③ 两位作者在此书中所做的辩护很大程度上是他们过去观点的重复。总的来讲，布瑞克豪斯与史密斯认为这是一种在古代和现代都不乏支

---

① 相关研究综述参见 A. Patzer（ed.），"Der Historische Sokrates," in *Wege der Forschung*，Band 585（Darmstadt：Wissenschaftliche Buchgesellschaft, 1987）。西方苏格拉底研究的最新进展可参见三次 *Socratica* 会议论文集：L. Rossetti & A. Stavru（ed.），*Socratica 2005. Studi sulla letteratura socratica antica presentati alle giornate di studio di Senigallia*（Bari：Levante, 2008）；L. Rossetti & A. Stavru（ed.），*Socratica 2008. Studies in ancient Socratic Literature*（Bari：Levante, 2010）；F. De Luise & A. Stavru（ed.），*Socratica III. Studies on Socrates, the Socratics, and ancient Socratic Literature*（Sankt Augustin Academia Verlag, 2013）。
② 参见 Kahn（1996），pp. xvii – xviii。
③ 虽然都是非常简单的讨论，参见 Brickhouse & Smith（1994），pp. viii – ix；（2000），p. 15；（2004），pp. 4 – 6。

持者的怀疑理论。而面对这种理论，他们一开始就做出了许多让步，也就是说相较弗拉斯托斯的观点，他们所持的观点可能更弱：他们表明早期对话未必准确刻画了历史的苏格拉底，以及愿意有时①抛开历史问题而只谈论柏拉图的苏格拉底。② 而在此次申辩中，他们做出了更多让步，比如他们愿意承认多里昂（Louis-André Dorion）、莫里森（Donald Morrison）等学者针对色诺芬的苏格拉底作品所做研究的价值（第 12 页）。而最大的让步无疑在于，他们非常明确地提出现在的苏格拉底研究**没有任何历史层面的诉求**：目前从事在这一领域的学者事实上只关**心那个存在于柏拉图早期对话的苏格拉底**的哲学（第 16—17 页）。这就是说，他们所进行的苏格拉底研究，其实质为柏拉图（某组对话中）的苏格拉底研究。而之所以有必要继续保留苏格拉底研究的名称，一方面是延续过去既有的传统；另一方面是因为柏拉图自己就用了苏格拉底这个名字来命名他笔下的人物。（第 17 页）

　　有关两位作者对苏格拉底研究所做的界定，我们可能有如下疑虑：首先，他们所界定的苏格拉底研究有可能使这一研究背离它最初的目的，那就是探讨历史上的苏格拉底。苏格拉底研究变成了对某个苏格拉底后学（柏拉图）笔下的名叫苏格拉

---

① 在另一些时候，比如在 2000 年的《苏格拉底的哲学》一书中，两位作者就曾旗帜鲜明地主张，**只有**柏拉图早期对话才能提供给我们有关苏格拉底形象的可信描述，参见 Brickhouse & Smith (2000)，p. 2。两位作者试图通过柏拉图早期对话复原历史的苏格拉底及其哲学，这一点从此书书名亦可推知（这也让人联想到弗拉斯托斯 1971 年所出版的文集《苏格拉底的哲学》）。我们并不知道卡恩 2001 年会议上所提出的批评在多大程度上是针对这本书的，但仅从时间上来看，似乎二者之间存在着一定关联。

② 这一点足见于 1994 年《柏拉图的苏格拉底》一书的书名。桑塔斯（Santas）在其《苏格拉底：柏拉图早期对话的哲学》一书中也持相近的立场，即悬置历史问题而只谈哲学问题，参见 G. X. Santas, *Socrates. Philosophy in Plato's Early Dialogues* (London, New York：Routledge, 1979)，p. X。

底的人物的研究。另一方面，将狭义的对柏拉图的苏格拉底的研究命名为苏格拉底研究，还可能导致一些不必要的误解和混淆：比如人们将无法从名称上将其与仍然保持历史层面诉求的历史的苏格拉底研究以及无历史诉求的、针对在其他苏格拉底后学作品中的苏格拉底形象的研究进行区分。而就弗拉斯托斯一派苏格拉底研究的主要研究对象为柏拉图而言，或许将其归类为柏拉图研究更为适合。

不过我们暂且搁置这种命名是否合理，而来关注更为实质的问题：继这样的澄清之后，两位作者是否已经走在了吉贡所指出的道路上，即放弃探讨历史问题，而主要从事于对某类文学作品中苏格拉底形象的研究？或者换句话讲，他们与卡恩的主要分歧是否已经不存在了？事实并非如此。其一，两位作者对卡恩和其他被他们归类为怀疑派的学者所持观点十分消极。在他们看来，卡恩和莫里森等人的观点中可能包含如下推论，即他们所有人（苏格拉底对话的作者们）说的都不是真的，所有见证人都是骗子。[①] 事实上，所谓怀疑派学者中任何一个人都未曾主张过这样极端的观点。这当中最极端的吉贡也只是认为，虽然他们说的有可能真的，但是我们无法甄别。[②] 实际上，与布瑞克豪斯和史密斯一样，卡恩主张柏拉图《申辩》的历史可信性。[③] 这恰恰暗示出，虚构理论和历史诉求并不完全冲突：因为有虚构性质的文学作品中也可能存在着符合历史事实的元素。因此，在欧洲，苏格拉底研究的危机并未导致这一领域的消亡，而是一方面刺激这一领域的研究者在历史问题上更加小

[①] 参见第27页及注释17。两位作者进一步认为这种主张无法支持任何建设性的论述，而只适合悬置判断，参见第40页。

[②] 参见 Gigon（1947），pp. 177 – 178。

[③] 参见 Kahn（1981），pp. 307 – 308；Kahn（1992），p. 240 n. 9；Kahn（1996），pp. 88 – 89。

心地立论；另一方面引导他们以更开阔的视野看待苏格拉底问题，进行比较研究。[①] 其二，两位作者并没有接受卡恩有关亚里士多德证言可信性的怀疑，而只是表示，无论如何，亚里士多德都应该比卡恩更知道历史的苏格拉底是什么样的。（第28页）这也意味着，两位作者将仍然依据亚里士多德的证言来构建历史上的苏格拉底的哲学，而这将和柏拉图早期对话的苏格拉底形象非常接近。这一点恰恰暗示我们，虽然两位作者声称苏格拉底研究不再有任何历史诉求，但他们并**没有真正放弃早期对话中存在**历史上的苏格拉底及其系统哲学的主张。这也是为什么他们会说，认为早期对话存在大致可信的苏格拉底形象的观点仍然是一个"可行的和有吸引力的解释预设"[②]。在这方面，布瑞克豪斯和史密斯可能仍然是弗拉斯托斯的学生。

有一点两位作者很可能是正确的：相对中后期作品来说，柏拉图早期对话的确可能包含更多历史上的苏格拉底的元素。和他们一样，德国的苏格拉底研究专家帕策父子和杜灵（Klaus Döring）在综合研究 Sokratikoi Logoi 的基础上，均将《申辩》视作重构历史上的苏格拉底的最重要作品。[③] 而在其他早期对话中，

---

① 参见帕策新作：A. Patzer, *Studia Socratica. zwölf Abhandlungen über den historischen Sokrates* (Tübingen: Narr Verlag, 2012)。

② 参见第30页。而在2004年的《柏拉图和苏格拉底的审判》（*Plato and the Trial of Socrates*）一书中，两位作者则表示他们对这一问题持开放态度：虽然他们目前更倾向于柏拉图早期对话中存在历史的苏格拉底及其系统哲学的主张，但他们不否认未来有更好解释出现的可能性。总的来说，他们认为自己属于有关历史问题的不可知论者，参见 Brickhouse & Smith (2004), p. 6n. 2。

③ 参见第14页注3。另参见 H. Patzer, "Die philosophische Bedeutung der Sokratesgestalt in den platonischen Dialogen," in J. Hirschberger & K. Flasch (ed.), *Parousia. Studien zur Philosophie Platons und zur Problemgeschichte des Platonismus* (Frankfurt: Minerva, 1965), pp. 21–43; A. Patzer, "Sokrates als Philosoph," in Patzer (1987), pp. 434–452; K. Döring, "Der Sokrates des Aischines von Sphettos und die Frage nach dem historischen Sokrates," in *Hermes*, vol. 112 (1984), pp. 16–30. 如同前面所提到的，卡恩同样承认柏拉图《申辩》对重构历史苏格拉底的价值。

也很有可能存在着符合历史上的苏格拉底本人特征的元素。但是，若要将各篇早期对话中的**主要论证**亦视作苏格拉底本人的哲学思想，以及将其发展为一套独立完整的体系，则无疑需要更多斟酌。且不谈许多论证彼此无法兼容，以及难以与中后期对话的论证相区分，即使我们勉强使之兼容或区分，也很难论证它们就是苏格拉底本人的思想，而非柏拉图的。比如我们很难论证早期对话中有关美德定义的追问在历史层面究竟归属于谁。① 另外，历史的苏格拉底也很可能并不是一个拥有完整、独立、系统哲学的思想家，而恰恰**很有可能**是那个在《申辩》中主张自己没有任何知识、不断通过辩驳解构他人知识主张的街头哲学家。② 否则我们将难以解释为何在诸多苏格拉底文学作品中存在截然不同甚至完全相反的苏格拉底形象。③ 这一切很可能出自如下原因：历史的苏格拉底从来没有正面言说他的思想，或者他根本上怀疑系统哲学思想的可能性，他终生都在通过辩驳来解构一切体系，而他的追随者们，则各自根据自己的想法进一步发展了他的主张，并在他们的作品中通过苏格拉底之口表达了出来。最后，苏格拉底研究的最新进程表明，要真正讨论历史的苏格拉底问题，必须以更广阔综合的研究视野为前提：需要被纳入考量的不仅有柏拉图早期对话，还有老喜剧作家、色诺芬、埃斯基涅以及其他苏格拉底后学的作品。恰恰由于弗拉斯托斯一派的研究重心**主要放在柏拉图早期作品上**，这使得他们关于历史苏格拉底的论断从一开

---

① 比如帕策就认为早期对话中对美德定义的追问有可能属于柏拉图自己的哲学，而非历史的苏格拉底，参见 A. Patzer, "Sokrates als Philosoph"。这一点也为卡恩所认同，参见 Kahn (1996), pp. 93—95。

② 参见 A. Patzer, *Wort und Ort* (Freiburg: Alber Verlag, 2006), pp. 42 – 59; K. Döring, "Der Sokrates des Aischines von Sphettos und die Frage nach dem historischen Sokrates," in *Hermes*, vol. 112 (1984), pp. 16 – 30; Kahn (1996), pp. 89 – 92。

③ 参见 Gigon (1947); Patzer (1987), 引言 pp. 1 – 4。

始就缺乏足够全面和坚实的文本支撑。

所有这些质疑并非要（也并不能）取消两位作者所坚持的苏格拉底研究的意义。或如罗（Rowe）所说，在发展论者居多的英语学界，真正感到困窘和需要辩护的可能并不是布瑞克豪斯与史密斯，而是卡恩。① 而就阐发早期对话中的哲学论证而言，弗拉斯托斯一派在许多方面都有着特殊贡献，这一点更无须多言。然而，鉴于既有的苏格拉底研究存在一些争议和难题，更加严肃地对待来自卡恩或者来自一种更悠久传统的挑战亦绝非没有必要。

三

在"申辩"中，两位作者表明，虽然他们仍然主张柏拉图早期对话中可以呈现出一个**大致可信**的历史的苏格拉底，但本书的讨论却完全不依赖于任何历史问题。也就是说，该书只讨论存在于柏拉图早期对话中的那个苏格拉底的哲学。这就牵涉到该书的另一重要主题，即新的苏格拉底道德心理学。

毫无疑问，两位作者的新解读仍然从属于发展论的大框架，也即他们承认，柏拉图早期对话中的苏格拉底思想，尤其是他的理智主义，的确与中后期对话中的哲学主张（比如《理想国》中）存在较为明显的区别，因此应各归属于柏拉图思想发展的不同阶段。因此，两位作者继续坚持早期对话中苏格拉底

① 参见 Rowe（2012），p. 312。而在笔者最近与《剑桥苏格拉底指南》主编莫里森（Donald Morrison）的一次短暂交谈中，莫里森认为弗拉斯托斯一派有关历史苏格拉底的看法在现今美国苏格拉底研究界已经不再是主流了，而是"非典型"（atypical）的。

的理智主义者形象，不过，有别于经典解释，他们认为苏格拉底也承认欲望和情感在人类行为当中的作用。可以觉察到，这种微调的理智主义很容易陷入一种尴尬的境地：就新解读提醒人们注意欲望和情感的角色而言，这种苏格拉底的道德心理学有可能被看作更接近于柏拉图（中后期对话）的;[①] 而就新解读仍然从属于传统理智主义解释而言，人们似乎又很难明确地区分二者，从而有理由继续坚持原有的理智主义观点[②]。这两者都是两位作者想努力避免的结论。

在此，我们无意于介入发展论和统一论的大论争之中，后者对前者最经典的批评当然是质疑仅从不同对话内容的差异推测柏拉图思想发生转变这种做法的合理性。[③] 然而，上面所举出的理由也提示我们，即便发展论者也未必能接受该书的解读。[④] 不过，最难辩护的似乎仍然是两位作者对早期对话的划分以及他们认为其中存在独立完整的苏格拉底哲学这一观点。如同史达立（Richard Stalley）所指出的那样，事实上，两位作者所认为的苏格拉底对话录和他们所认为的柏拉图对话录（即表达柏拉图本人哲学思想的对话录）之间，很难做出清楚的划

---

① 参见 Rowe (2012)，pp. 323—332。两位作者对此已有意识，参见第 194—195 页。

② 参见 J. C. Shaw, *Ancient Philosophy*, vol. 32 (2012)，pp. 181 - 185。

③ 发展论的解释进路一方面预设了柏拉图在写每部对话时都一定将他当时所知道的一切都写了进去，另一方面预设柏拉图的对话可以被当作论文来读，其中作者本人的思想清晰可辨，参见 M. Erler, "Platon," in *Überweg. Grundriss der Geschichte der Philosophie, Die Philosophie der Antike*, Band 2/2 (Basel: Schwabe, 2007), p. 3。

④ 比如罗恰恰认为苏格拉底的理智主义才是区分早晚对话的关键，而就布瑞克豪斯与史密斯的解释可能模糊苏格拉底的道德心理学和柏拉图的道德心理学之间的界限而言，罗反对他们的解释，参见 Ch. Rowe, "A Problem in the *Gorgias*: How is punishment supposed to help with intellectual error?" in Ch. Bobonich & P. Destrée (ed.), *Akrasia in Greek Philosophy* (Leiden, Boston, MA: Brill, 2007), pp. 19 - 40。

分。① 人们一方面可以质疑为什么有些对话，比如《高尔吉亚》可以被算作早期苏格拉底对话；另一方面可以质疑为什么另一些对话，比如《斐多》不能被算进苏格拉底对话中——巴特勒（Travis Bulter）就举出了《斐多》的相关段落为例，认为这些段落恰恰能够有效地支持两位作者的新解读，而《斐多》显然可以被算在柏拉图对话录之内。②

不过，尽管存在着这些质疑，布瑞克豪斯与史密斯的新解读在笔者看来仍应为学界所乐见。必须承认，他们的解读的确观察到了柏拉图早期对话中一种长久以来被忽视的现象，那就是柏拉图的苏格拉底不仅重视理性论证，而且也常常诉之于人类情感和欲望的作用。以情感方面为例，依据传统的看法，柏拉图所塑造的苏格拉底形象要么根本否认情感的作用，要么对情感的看法主要趋于负面：在《斐多》中苏格拉底差人送走了哭泣的妻子，而愿意将生命的最后几个小时用来进行哲学讨论。由此，无怪乎学界通常视柏拉图为亚里士多德的对立面，而认为后者对于情感的理解更为积极。③ 两位作者的研究恰恰提示我们柏拉图的苏格拉底所可能具有的一个新面相，那就是柏拉图的苏格拉底并没有忽视情感，而即便在主张所谓理智主义的早期对话当中，他也对情感的作用有所关注。相较于过去既有的解释，他们的新解读一方面能够更有说服力地阐发相关文本（比如《申辩》中羞耻的作用，《高尔吉亚》中苏格拉底论惩罚）；另一方面亦能为我们呈

① 参见 R. Stalley, in *Hwa-kang Journal of Philosophy*, iss. 3 (2011), pp. 115–126。

② 关于为何《斐多》不能被算进早期对话的质疑，另参见 Shaw 2012, p. 2。

③ 参见 M. Nussbaum, *The Fragility of Goodness*, Cambridge：Cambridge University Press, 1986, p. 133；M. Erler, "Platon：Affekte und Wege zur Eudaimonie," in H. Landweer & U. Renz（ed.）, *Handbuch Klassische Emotionstheorien：Von Platon bis Wittgenstein*, 2012, Berlin, Boston：Walter de Gruyter Verlag, pp. 19–43, 特别参见第 23 页；Ch. Rapp, "Aristoteles：Bausteine für eine Theorie der Emotionen," in H. Landweer & U. Renz（Hrsg.）2012, pp. 45–69, 特别参见第 64 页。

现出一个更丰富的苏格拉底形象。另外，虽然在本书中两位作者较为主要地谈论情感如何可能消极地影响人们做出错误的决定，[①] 但从他们之后发表的研究来看，他们也并没有忽略情感所可能产生的积极作用，比如在《布鲁姆斯伯里苏格拉底指南》"苏格拉底的道德心理学"一章中，布瑞克豪斯与史密斯就着重介绍了莫斯（Jessica Moss）的研究，表明在苏格拉底式的辩驳中，诉诸对方的羞耻感有时能帮助理性论证完成其单凭自身无法完成的任务。[②] 两位作者的解释进路进一步也可以从不少其他研究者那里得到支持，他们都不同程度地注意到苏格拉底的道德心理学中情感和欲望所起的作用。[③]

在所有情感中，布瑞克豪斯与史密斯特别讨论到羞耻（shame, *aidōs/aischunē*）这一情感的意义，比如在《申辩》中苏格拉底提到，他致力于通过辩驳使人感到羞耻，而正是被省察者的羞耻将苏格拉底推上法庭（第 53—62、136—137 页）。有关羞耻感在早期对话中的作用，过去已有不少研究论及。[④]

---

① Zaborowski 对此表示了不满，参见 R. Zaborowski, *Metapsychology*, vol. 15 (2011); R. E. Jones, *Polis*, vol. 28 (2011), pp. 147 – 152。

② 参见 J. Bussanich & N. D. Smith（ed.）(2013), pp. 199 – 200 和 J. Moss, "Shame, pleasure and the divided soul," in *Oxford Studies in Ancient Philosophy*, vol. 29 (2005), pp. 137 – 170。

③ 比如可参见 P. D. Woodruff, "Socrates and the irrational," in N. D. Smith & P. B. Woodruff（ed.）, *Reason and Religion in Socratic Philosophy*（New York, Oxford: Oxford University Press, 2000）, pp. 130 – 150; R. Singpurwalla, "Reasoning with the Irrational: Moral Psychology in the *Protagoras*," in *Ancient Philosophy*, vol. 26 (2006), pp. 243 – 258。

④ 有趣的是，恰恰是卡恩早在 1983 年，即在首期《牛津古代哲学研究》上发表了有关羞耻在《高尔吉亚》中如何作用的论文，参见 Ch. Kahn, "Drama and dialectic in Plato's *Gorgias*," in *Oxford Studies in Ancient Philosophy*, vol. 1 (1983), pp. 75 – 121。这提示我们，布瑞克豪斯与史密斯和卡恩在早期对话中的情感问题上可能分享着一些共同的关注点。而两位作者对情感和欲望的强调也可能使他们的苏格拉底道德心理学更接近卡恩的描述。

相较于既有的研究而言，两位作者的贡献可能在于，他们有意识地将羞耻感纳入苏格拉底的道德心理学整体中来考察，并以此挑战人们对苏格拉底的既有认识。稍显美中不足的是，两位作者及其支持者对于辩驳中的羞耻感之理解可能仍过于负面：在他们看来，羞耻感主要意味着羞辱感，而在辩驳中苏格拉底会特别借助反讽和嘲笑来达成羞辱对话者的效果（第137页）。虽然我们不能否认，面对桀骜的对话者（特别是智者及其学生），苏格拉底有可能借助反讽对其略施惩戒，但毫无疑问，柏拉图对话中的苏格拉底仍然主要地通过**理性论证**来辩驳。其辩驳并不是为了**羞辱**对方①，毋宁说是通过理性论证使人为自己的无知而**羞愧**。② 由此，如果说苏格拉底辩驳诉诸了情感的作用，那么这种情感并不是导致愤怒和对抗的羞辱感，而是相对温和、促人改过的羞愧感。这一点非常清楚地体现在柏拉图的**后期对话**，特别是《智者》当中。在这篇对话里，苏格拉底辩驳的基本精神则经由异邦人之口得到了清楚的表达：在他看来，辩驳的真正目的在于使被辩驳者觉察到其自身关于同一主题针对同一事物以及在同一些方面存在游移不定和自相矛盾的意见，而当他觉察到这一点的时候，他将感到羞愧，并为此责难自己和温顺地对待他人。③

---

① 这恰恰是智者辩驳的主要目的，而在其对话中，柏拉图特别致力于将苏格拉底式的辩驳与智者式的辩驳加以严格区分。有关智者辩驳与羞耻的关系，参见 T. Buchheim, *Die Sophistik als Avantgarde normalen Lebens* (Hamburg: F. Meiner Verlag, 1986), p. 5; L. -A., Dorion, "La subversion de l' 'elenchos' juridique dans l' 'Apologie de Socrate'," *Revue Philosophique De Louvain*, vol. 88 (1990), pp. 311 – 344。

② 笔者以此来区分两种不同意义上的羞耻感。相对于主要消极含义的羞辱（humiliation），中文的"羞愧"一词可能更能表达出羞耻所包含的积极含义：它可以是理性的助手。

③ 参见《智者》230b—d。关于苏格拉底式辩驳与羞耻的关系，详见林丽娟《辩驳与羞耻》，《世界哲学》2017年第3期。

我们看到，恰恰由于两位作者只关注早期对话，从而使得他们关于辩驳与羞耻的讨论特别受限于这种设定，而无法进行整体的考察。事实上，需要被整体考察的不光是羞耻这种情感，也包括柏拉图对其他情感的讨论：它们并不特定地只出现在某个对话群中，毋宁说是在**所有对话**里。① 作为对话艺术的大师，柏拉图熟谙情感的秘密：无论是作为单次事件（episode）爆发的情感，还是作为被固化为人物性情（disposition）的情感，都在柏拉图对话中有着鲜明的刻画，并参与具体情节和思想的建构。被苏格拉底驳斥的雅典人感到愤怒：这种愤怒让他们无意于反省自己的无知，而倾向于报复苏格拉底；同样被苏格拉底驳斥的阿尔基比亚德感到羞愧：这种羞愧则让他意识到自己的无知，愿意跟随苏格拉底②。性情冲动暴躁的波卢斯（Polos）和卡里克勒斯（Callicles）对苏格拉底的对话没有耐心，以嘲讽或沉默来回应苏格拉底；而性情温顺恭谨的吕西斯（Lysis）和格劳孔（Glaucon）则更专注地倾听与回应苏格拉底的谈话。情感并不一定好，也并不一定坏：在对话中，柏拉图的苏格拉底赞许和鼓励那些好的情感③，而试图惩戒和驯服那些坏的情感④。而情感在人类判断和行为中能否扮演积极角色实际上取决于教育：在《理想国》和《法律》中，柏拉图对如何通过教

---

① 参见 R. Zaborowski, "Some remarks on Plato on emotions," in *Mirabilia*, vol. 15 (2012), pp. 141 – 170; "On so-called negative emotions," in *Organon*, vol. 45 (2013), pp. 137 – 152, 147。

② 参见《会饮》216ab。

③ 比如对话当中对话者的善意和坦诚极为重要，参见《高尔吉亚》486e—487b。苏格拉底称许那些在对话中表现出适当情感、谦逊而友善的年轻人，参见《吕西斯》206bc，207ab，213d；《卡尔米德》158c，160de；《理想国》474ab。

④ 特别针对智者及其学生。当然，苏格拉底在这一点上并不总是成功，一个极端的例子当然是《高尔吉亚》中的卡里克勒斯，他后来甚至不愿意再继续回答苏格拉底的问题，而是让苏格拉底独自将谈话进行到了最后。

育使情感成为理性的助手有过详细说明。① 从这个角度来看，柏拉图对情感的看法可能并没有通常人们所认为的那般消极。波兰学者扎博罗夫斯基（Robert Zaborowski）近来特别主张为柏拉图的情感理论正名。② 虽然他的观点引起了一些争议，但从学术史来看，这一观点实际上也拥有不少支持者，比如布兰克（David Blank）曾主张柏拉图的论证本质上是要取得一种情感上的效果③，而吉尔（Christopher Gill）亦认为柏拉图的道德心理学与亚里士多德的道德心理学之间存在诸多相似之处④。法国学者雷诺（Olivier Renaut）于上一年发表的新作《柏拉图：情感的中介》则特别强调柏拉图"意气"（*thymos*）概念的中性含义及其情感学说的伦理和政治意义。⑤ 布瑞克豪斯与史密斯有关苏格拉底道德心理学的新解读，无疑在这方面又向我们传达出一些新的讯息。

四

　　作为古希腊哲学史上的一位划时代的哲人，苏格拉底本人

① 参见《理想国》386a—404d，410a—412b，441a，442a—c；《法律》644d—654c，653c—655b，666e，793e—794c；等等。

② 参见 Zaborowski（2013）。

③ 参见 D. Blank，"The arousal of emotion in Plato's dialogues," *Classical Quarterly*, vol. 2（1993），pp. 428–439。

④ Ch. Gill, *Personality in Greek Epic, Tragedy, and Philosophy: The Self in Dialogue*（Oxford: Clarendon Press, 1996），pp. 266–267, 272。

⑤ O. Renaut, *Platon. La médiation des émotions. L'éducation du thymos dans les dialogues*（Paris: Librairie Philosophique J. Vrin, 2014）。另参见 M. Erler，"The Happiness of Bees. Affect and Virtue in the *Phaedo* and in the *Republic*," in M. Migliori, L. M. Napolitano Valditara, A. Fermani（ed.），*Inner Life and Soul, Psychē in Plato*, *Lecturae Platonis* 7（Sankt Augustin Academia Verlag, 2011），pp. 91–101。

及其哲学却并不像他所被赋予的意义那般清晰；恰恰相反，苏格拉底至今仍是一个谜。布瑞克豪斯与史密斯此书再次向我们确认了苏格拉底问题的复杂性。此书一方面有助于我们了解苏格拉底研究的过去与现状，另一方面向我们提示苏格拉底可能具有的一个新面相。而特别就发掘情感对柏拉图的苏格拉底的意义这一点而言，可以说此书具有开创性和示范性的意义与贡献，值得被广泛和严肃地阅读。

作者简介：林丽娟，哲学博士，北京大学历史学系助理教授，主要研究方向为古希腊思想史、古希腊文化在叙利亚—阿拉伯世界的接受史、叙利亚基督教。

纪　念

纪念余纪元老师

——兼评余纪元《亚里士多德〈形而上学〉中 being 的结构》[*]

吕纯山

一

　　第一次看到余纪元老师的名字是在我攻读硕士学位时的北大哲学系课程表上，那应该是在 2003 年的春季学期，一门似乎名为"古希腊哲学原著选读"课程上写有任课教师"余纪元"的名字，当时只听说他是在美国教书的中国人，会专程赶回国给我们上课。但后来这门课没有上成（不知是不是由于当年春天的"非典"），但在当年的秋季学期赵敦华老师给我们上了这门专业必修课。记不清课上是否还读了其他文本，但亚里士多德的《形而上学》是读得最多的，也是我比较用心阅读的。也正是在这门课上，我开始了解余老师的思想。一直记得那个学期冬季一个周末的早晨，外面北风呼啸，我们在四院的一个小房间里补一次课，刚开课，赵老师就打开墙角的一个箱子，拿

　　[*] Jiyuan Yu（余纪元），*The Structure of Being in Aristotle's Metaphysics*（Kluwer Academic Publishers, 2003）。中文版由杨东东翻译：《亚里士多德〈形而上学〉中 being 的结构》，中国社会科学出版社 2013 年版。

出包装完好的、刚出版的汪子嵩①等人编著的《希腊哲学史》第三卷精装本——亚里士多德哲学卷，送我们在座学生每人一本。这一卷涉及《形而上学》思想的部分，主要是以陈康和余纪元二位在海外工作的中国人的思想为代表介绍的，于是我开始对陈余二位先生的思想有了一点了解，知道了余纪元老师原来是苗力田先生的学生，而他的博士论文和第一本书都是以亚里士多德《形而上学》的相关内容作为主题。那个学期我在课堂学习之余还收集了当时汉语学界某些学者的相关论文（其中也有多篇余老师的文章，包括《亚里士多德论 ON》）进行阅读，我想那个学期于我而言就是最早的亚里士多德哲学启蒙。紧接着的一个学期要确定硕士毕业论文题目了，在赵老师的指导下，我选择了《形而上学》ΑΒΓΕ 卷里所讨论的哲学和神学的主题作为论文题目，开始了材料的收集和紧张的阅读。2004

---

① 汪子嵩先生也于 2018 年年初去世了，而我对汪先生也一直心存感激。汪先生主要执笔的《希腊哲学史》第三卷亚里士多德哲学《形而上学》部分隆重介绍了陈康和余纪元二位先生在这一领域的思想，我因他的介绍而得以窥得《形而上学》全貌，并有了进一步学习的可能。汪先生著名的《亚里士多德关于本体的学说》一书也让我受益匪浅。余老师在《亚里士多德伦理学》前言中深情地回忆说他的《亚里士多德论 ON》一文就是汪先生推荐到《哲学研究》发表的，而且是通过汪先生誊写到格子纸上。汪先生不仅对晚辈悉心提携，也对同行学友虚怀若谷。余老师把汪先生当作亚里士多德幸福标准的典范，并用《论语·子罕》中颜回谈到孔子的话来比喻自己和汪先生的关系。我没有见过汪先生，但仔细读过汪先生和王太庆先生一起出版的《陈康：论希腊哲学》，以及在王先生去世后他整理后者的书稿而出版的《柏拉图对话集》，还听陈村富先生谈到他在四卷本的《希腊哲学史》写作、出版过程中所付出的很多不计个人得失的轶事，我想他应该就是余老师说的那一类人。汪先生还说过要翻译陈康先生的 *Sophia：The Science Aristotle Sought* 一书，但终究没有翻译，现在这个翻译任务机缘巧合地落到了我的身上，我有感于自己入亚里士多德哲学门以来所熟识的北大聂敦华、尚新建、靳希平等多位老师的无私帮助，还大大受益于陈康、汪子嵩和余纪元先生的诸多工作，觉得翻译陈康先生的巨著是自己的一项使命。或许一辈辈的学人就是如我一般在前辈的基础上开始自己的学术道路吧，而我也愿意尽力做好学术薪火传递中的一环。

年秋季学期靳希平老师也开设了《形而上学》课程，靳老师知道我的硕士论文与此相关，就让我做这门课的助教，因此我又得以向靳老师请教问题，靳老师还慷慨地把他从美国的余老师家里带来的好多有关亚里士多德研究的资料借给我复印，其中就包括余老师的 *The Structure of Being in Aristotle's Metaphysics* 一书。这本书不太厚，而且读起来非常流畅，于是它和其他某些经典著作就成为我入亚里士多德哲学之门的第一批著作。我对于他在书中提出的联系哲学辞典卷 Δ7 来解释核心卷（ZHΘ）的做法以及敏锐地抓住核心卷中 τόδε τι（这一个）和 τοιόνδε（这样的/这类）的矛盾来解释论证思路的做法都印象非常深刻。陈康先生的著作 *Sophia：The Science Aristotle Sought* 也由当时在国外访问的我的导师尚新建教授帮我复印了回来。读他们二人的著作，精神上的激励是其他英文著作给不了的，在吸收他们思想的同时，会禁不住感叹，原来在这个领域里有这么优秀的中国人做出这么好的成绩！也就是说，我们也可以做很前沿的问题研究啊！于是经由汪子嵩先生带领而让我识得的二位先生的著作及其思想就如此深刻地印在了我的脑海中，隐约觉得，继续深入对亚里士多德《形而上学》的研究并不是那么遥远而不可能。

真正见到余纪元老师是在 2007 年春夏之际。余老师回国在中国人民大学开设"亚里士多德的《形而上学》"课程，而当时的我还在北大哲学系攻读博士学位，正处于博士论文开题阶段。我完成硕士毕业论文时没敢讨论晦涩的核心卷（ZHΘ），可是核心卷那种迷宫般的深邃一直吸引着我，我想以核心卷的实体概念为主题进行讨论，并且计划联系 Δ8 与 Z3 对实体两个标准的强调来写作第一篇要公开发表的论文。在去人大上余老师的课程时，我介绍自己读过他的书，并计划博士论文开题，他非常友善，还请我在汇贤居吃饭；我记得自己当时其实对完成博士论文信心不足，根本谈不到已经明确要在论文中解决什么问题，于是惴惴不安地说，亚里士多德的体系太庞大，都不知道从哪里下手，也不知道针对核心卷能否有自己的独到解释，云云。余老师却直接打断我，说亚里士多德哲学体系就像一个圆，从哪里入手都是可以的！这句话对于当时的我而言犹如醍醐灌顶，当即就意识到或许真可以凭自己当时的朦胧想法开始切入亚里士多德的哲学！他还提到自己就是在捧读《形而上学》时注意到 τόδε τι 和 τοιόνδε 之间的张力而开始博士论文的，甚至提到他刚去意大利留学时他的导师直接送他一本自己的书，然后吩咐他写文章反驳等等，很形象地跟我分享他自己如何逐步进入问题的思考。他也毫不客气地批评我：怎么能没有自己的问题？我当时自然很汗颜，也因此主动地思考我的论文究竟要解决什么问题。2010 年博士论文预答辩时，记得张祥龙老师的评价是：你的论文跟其他人不同的就是，问题意识很强！我自己也不知道是否在后来的思考中不自觉地突出了这一点，如果是，那也是源于余老师的点拨。在 2007 年集中一个星期的课程中，当时年轻的余老师神采飞扬地在讲台上如数家珍地介绍亚里士多德的思想，还介绍如弗雷德这样只见其书而不见其人的西方学者的轶事，我突然对这个领域产生了更为生动的亲切感，好像所有困难都被扫净了似的，也因此坚定了博士论文的方向，并在以后的这么多年一直执着地沿着这个方向深挖，最终在博士论文和博士后出站报告的基础上完成了生平第一本书《亚里士多德的实体理论——〈形而上学〉ZHΛ 卷研究》（36 万字），并得到国家社科基金的资助。而 2016 年冬天那个早晨惊闻 52 岁的余老师病逝的消息时，我正在最后修改这本书的样刊，怎么也不肯相信，赶忙向权威求证；当得知是事实时，我一整天都热泪盈眶，脑中浮现的就是 2007 年夏天余老师侃侃而谈、踌躇满志、春风得意的神色，谈到自己要成为终身教授的兴奋，还记得他结账时拿出几张百元钞票，开玩笑说他得多请学生吃饭、否则钱花不出去的那种幽默。我不是严格意义上的余老师的学生，但余老师对我的影响不仅是亚里士多德《形而上学》的思想启蒙和博士论文开题时的鼓励，我后来在课堂上讲授《尼各马可伦理学》和《理想国》等名著时，发现他就这两部著作在国内也开设过专门的课程（当时我正在德国交流，无缘亲临听讲），并有专门的书出版，即《亚里士多德伦理学》（中国人民大学出版社 2011 年版）和《〈理想国〉讲演录》（中国人民大学出版社 2009 年版），就把他的这些书作为第一批相关读物来参考使用。还有他与张志伟老师合编的介绍西方哲学前沿问题的《哲学》（中国人民大学出版社 2008 年版），与他人合作翻译的《中英对照西方哲学辞典》（人民出版社 2001 年版），都给我极其深刻的印象，我的收获也特别大。我这几年忙于一项有关亚里士多德哲学的教育部课题，涉及《前分析篇》《后分析篇》等，要参考汉译本，发现苗力田先生主编的中文版《亚里士多德全集》中这两篇作品的译者也是余老师！于是禁不住感叹，难道人家说的人的思想总会有知己者是真的？我为什么会与余老师对相同的问题感兴趣？我觉得他就像一直走在我前面的领路人和拓荒者，帮我扫除很多障碍，然后我轻松地沿着他的路往前走就可以了。因此虽然与他见面的时间加起来也就是十几个小时，后来也一直没有机会再见到他，可是从来没有觉得他是陌生人，反而觉得一直在聆听他的教诲。前几年听说他每年夏天回山东大学他的母校授课，我想着总有机会再见面，到时候送他一本我的书，感谢他对后学的鼓励，但是没想到竟再也没有机会见面了！徒叹奈何！

余老师病逝后的 2017 年春季学期，我参加了山东大学举办的追思会。会上余老师生前的老师、同学、朋友和学生济济一堂，都深情回忆余老师的一生。我才知道余老师居然是孤儿，小时候经历了很多的磨难。但他显然没有被幼时的经历所影响，性格是那么阳光，充满了对教育、对人性的热爱，是一个好老师，对那么多学生有好的影响，更是一个好人，对曾经帮助过他的人一直在涌泉相报！而就是这么一个人，居然在 52 岁这样作为人文学者而言的黄金年龄病逝，真是令人痛惜！我相信他对我这样的"外校学生"可能印象不太深刻，甚至可能早就忘记了，可是于我而言，余老师却是亚里士多德哲学的启蒙老师，我一直心怀感激，一直受惠于他的书、他的课程、他的谈话的深刻影响！2007 年夏季那短短一周时间的学习中，我曾经将自己关于《范畴篇》的一些现在看来很浅薄的读书心得发给他，他居然都一一批注，还邀请我暑假期间去由他发起并作为主讲教师之一、由山东大学承办的"中英美暑期学校（古希腊哲学课程）"学习，而我当时因为要去德国交流学习而在准备各种材料，遗憾最终没能去成，现在想来觉得真对不起他的善意。他对于任何学生都没有偏见，只要去跟他学习亚里士多德和柏拉图，他都会像自己的学生那样亲切交流，而且我发现他确实有优秀老师的那种禀赋和资质，总是短短几句话就能让你意识到问题所在，并给出很好的指导。

以上就是我与余老师交往的全部，虽然的确接触不多，但这位老师在我的思想发展道路上占有一个独特的位置。

二

下面我想谈谈余老师的代表作 *The Structure of Being in*

Aristotle's Metaphysics。这本书是余老师在其博士论文的基础上修改、扩充而成，于 2003 年出版，后来由杨东东翻译为中文，书名是"亚里士多德《形而上学》中 being 的结构"。余老师在这本书里主要就亚里士多德《形而上学》核心卷（ZHΘ）中 being 的结构问题进行探讨，[①] 他独辟蹊径地从《形而上学》哲学辞典卷 Δ7 中对于 being 的分类出发进行讨论，认为 Δ7 提出的 being 四种方式之中的两种——范畴的 being 和潜能/现实的 being——恰是核心卷论证结构的指导思想，认为作为范畴的 being 探讨关于实在的基本成分及有关谓词、范畴和定义，是静态地看待世界的方式；作为潜能和现实的 being 是针对世界的运动和发展，是动态地看待世界的方式；Z3—16 讨论前者，Z17—Θ 卷讨论后者。从哲学辞典卷出发来解释核心卷的重要问题，这在传统解释中并不多见，因此他的做法颇为新颖，对我的启示很大（后文将会说明）。在对范畴的 being 的解释中，余老师提醒我们不仅要注意首要范畴，还要注意其他范畴，虽然 Z 卷核心问题是回答"实体是什么"的问题，但是其他范畴都有其存在的合理之处，如我们知道首要的、严格的定义是对实体的定义，而其他范畴在次要的意义上也是有定义的；本质，首要地就是实体的本质，甚至本质就是实体，然而其他的范畴也在次要的意义上有本质；生成，我们知道首要的生成是实体的生成，就是质料和形式生成复合物，但其他的范畴同样在次要的意义上有生成；"是什么"在首要的意义上是实体，但在次要

---

① 基于对余纪元老师的尊重，既然他生前审定出版的中译文标题中 being 没有翻译，我们在本文中也不把 being 翻译为"存在"或"是"。余老师在哲学核心词汇是否要翻译的问题上与陈康先生有一定的相似之处，都主张不要翻译。陈康先生代表著作 *Sophia：The Science Aristotle Sought* 中，Sophia 即智慧一词，通篇都没有用英文翻译，而是保留希腊文。这两位享誉世界的亚里士多德专家在翻译问题上的观点，不能不令我们多几分深思。

的意义上其他范畴也有各自的"是什么"；我们说实体有复合实体，其他范畴也有复合物……在传统解释中，研究者当然都同意 Z 卷对实体的首要性的讨论，但是，如果没有意识到这一卷的论证与 Δ7 的关联，则容易忽视其他范畴也在亚里士多德的思考范围之内；亚里士多德总是在论证实体的间隙提醒一句其他范畴在次要的意义也如此，从而给出对 being 的整体解释。当然，余老师没有解释亚里士多德在主要讨论实体的文本中何以能充分地说明其他范畴也是类似的，而我们从亚里士多德在《形而上学》Λ3—5 对类比的解释可知，只要我们解释清楚了实体这个首要范畴，其他范畴就在类比的意义上得到了解释，换言之，只要解释了实体，那么全部实在或万事万物都得到了解释，这就是亚里士多德集中讨论实体的用意所在。对类比意义的领会是我钻研 Λ 卷多年之后才领悟到的，而余老师只关注核心卷就敏锐地抓住实体与其他范畴在文本中的关系，实属洞见深刻！

余老师对于核心卷尤其是 Z 卷最具独创性的解释是，他注意到在 Z 卷中有两个形容形式的词，一个是 τόδε τι（这一个），一个是 τοιόνδε（这样的或这类），前者是个别的，后者是普遍的，而且他认为这两个词都是对形式的修饰和描述，而这两个词是矛盾的，形式无论是 τόδε τι 还是 τοιόνδε，在文本中都能找到相反的证据，因此在他看来，根本不必要求一个明确的答案。余老师认为："在 Z 卷中有一个暗藏的结构并没有被当今的著作所充分地察觉，这个结构基于'这一个'（a this, τόδε τι）和'这样的'（a such, τοιόνδε）的根本性的不同。"形式的个别性和普遍性的不同就是基于 τόδε τι 和 τοιόνδε 的根本差异，二者之间的紧张关系构成了整个 Z 卷最大的困难。在他看来，更为重要的是，Z3—16 可以进一步分为两组，每一组都包含通向第一实体的一个考察线索，从而一起构成了 Z 卷困境的两角。当亚里士多德在 Z3 声称分离性和 τόδε τι 更属于实体时，他追求的是两条线之一，这条线是由 Z3、Z4—6、Z10—12、Z15 组成，这条线表明了在个别的实体（τόδε τι）和普遍的定义之间内在的紧张关系。同时，Z7—9 中形式是 τοιόνδε 而非 τόδε τι，这是另一条考察路线，而这一路线就像 Z13 所揭示的也是有问题的。许多评论家对 Z13 都有各自的认识，不过共识是这段文本意在批评柏拉图。但余老师认为，Z13 是批评 Z7—9 中 τοιόνδε 的形式学说的，是一种自我批评。总之，在他看来，关于 Z 卷的形式的讨论是没有结论的，他认为 Z 卷的结构可以这样来简单说明：

（a）形式或者是 τόδε τι（Z3 的计划）或者是 τοιόνδε（Z7—9）。

（b）它不能是 τόδε τι，因为 τόδε τι 不是定义的对象（Z4—6，Z10—12，Z15—16）。

（c）它也不能是 τοιόνδε，因为实体不是普遍的（Z13）。①

西方学界关于"形式是个别的"抑或"形式是普遍的"形成了不同的解释路径。余老师能敏锐地注意到 Z 卷中亚里士多德对形式这个概念的互相对立的修饰词 τόδε τι 和 τοιόνδε，而没有诉诸传统的发生学方法从种属角度进行讨论的做法，很值得肯定和重视。传统解释中虽然肯定形式是普遍的，但通常是将形式等同于 Z1 提到的"是什么"，也就是把形式与"种"等

---

① Jiyuan Yu（余纪元），*The Structure of Being in Aristotle's Metaphysics*（Kluwer Academic Publishers, 2003），p. 118.

同来，以此展开解释，并没有从 τόδε τι 和 τοιόνδε 这两个词的对立出发来进行思考。在我看来，余老师的这个敏锐洞见是他思想的闪光点。虽然在我看来，τόδε τι 和 τοιόνδε 所指的形式的功能或许并不完全一致，因为前者是实体，存在论意义上的；后者是定义的对象，知识论意义上的，或许 Z 卷在前一个问题上有结论，而在后一个问题上没有。而且，亚里士多德对柏拉图理念的批评中，并没有批评理念既个别又普遍的特征，[①] 亚里士多德何以提出一个互相否定的说法呢？但是，在我看来，余老师主张《形而上学》Z 卷的形式既非个别也非普遍的观点，或许是他性格宽厚的体现，因为他接纳彼此矛盾的对立方，并认为双方都有文本根据，不偏取一方，这点也体现在他对于《理想国》和《尼各马可伦理学》中的一些问题的解释上。

余老师对于核心卷 ZHΘ 三卷的分割也提出了自己的看法。对于 ZHΘ 之间的关系，传统上许多学者倾向于前两卷的关系更为密切一些。如，罗斯把核心卷划分为讨论范畴存在的 ZH 卷和讨论潜能/现实存在的 Θ 卷，[②] 而欧文斯认为："ZH 两卷可以被看作是一个连续的文本，它们看起来原来就是一个文本，而只是被后来的一个编辑者分成了两卷。"[③] 弗雷德和帕齐希则更为详细地证明 ZH 卷是一个整体，是《形而上学》中唯一构成整体的两卷，认为它们不仅论述的对象是一致的，而且如果撇开 Z 卷，人们根本没有办法理解 H 卷。他们在《〈形而上学〉Z 卷注释前言》第三节专门论证了 ZH 作为统一体是"关于实

---

① 如有读者对这一问题感兴趣，可参阅吕纯山《亚里士多德的实体理论——〈形而上学〉ZHA 卷研究》，中国社会科学出版社 2016 年版。

② ［英］W. D. 罗斯：《亚里士多德》，王路译，张家龙校，商务印书馆 1997 年版，第 182 页。

③ Joseph Owens, *The Doctrine of Being in the Aristotelian "Metaphysics"* (Pontifical Institute of Mediaeval Studies, Toronto, Canada, 1978), p. 316.

体和存在"的论文，二者的论证对象都是可感实体。他们认为，《形而上学》除了这两卷以外，其他各卷各自构成相对封闭的统一体，"只有 H 卷是如此紧密地补充了 Z 卷，以至于人们能够把这两卷设想为单一体。另外如在《形而上学》其他各卷这一点很清楚，写作 H 卷是为了继续 Z 卷的研究。……H1 几乎整章都是奉献给 Z 卷的一个总结"①。他们强调指出，"Z 和 H 卷构成了统一体，它们是如此的紧密，以至于没有 Z 卷，人们就不能思考 H 卷"②，而且这两卷的关系紧密到 "Z 和 H 卷既不与《形而上学》作为相同论文部分的较早各卷发生关系，也不与较晚各卷发生关系"③。

　　然而，余老师鲜明地亮出自己的观点，他不满意目前的分割，而认为目前以 Z17 作为 Z 卷的最后一章，不如说这一章是 H 卷的引子，因为在他看来，"Z17 是研究潜能和现实的一个导论……以解决实体的统一性问题"④。因此他的划分是 Z3—16 和 Z17—HΘ 卷。因为，Z3—16 关心实体的成分，而 Z17—HΘ 卷关心可感实体如何生成、同一和起作用，讨论动态的世界变化问题，讨论潜能和现实的关系，认为 H 卷的思路承接的是《物理学》而非 Z 卷。⑤ 而且，关于潜能和现实的 being 的讨论是《物理学》的延续，在一定程度上可以解释《形而上学》和

① Frede, Michael & Patzig, Günther, *Aristoteles*, *Metaphysik Z. Text*, *Übersetzung und Kommentar*, vols. 2（München：C. H. Beck, 1988），s. 21.

② Frede, Michael & Patzig, Günther, *Aristoteles*, *Metaphysik Z. Text*, *Übersetzung und Kommentar*, vols. 2（München：C. H. Beck, 1988），s. 21.

③ Frede, Michael & Patzig, Günther, *Aristoteles*, *Metaphysik Z. Text*, *Übersetzung und Kommentar*, vols. 2（München：C. H. Beck, 1988），s. 22.

④ Jiyuan Yu（余纪元），*The Structure of Being in Aristotle's Metaphysics*（Kluwer Academic Publishers, 2003），p. 156.

⑤ Jiyuan Yu（余纪元），*The Structure of Being in Aristotle's Metaphysics*（Kluwer Academic Publishers, 2003），p. 78.

《物理学》的关系。他还认为"亚里士多德对潜能和现实的 be-ing 的研究也导向了对第一动力因研究"①。余老师专门反驳了传统上把 ZH 卷视为不可分离的文本的做法，在他看来，"这种看法有一个致命的问题，那就是，无法解释把 H 卷与 Z 卷分开的主要特点，就在于 H 卷关注潜能与现实而 Z 卷没有"②。他认为，一旦人们注意到"存在的 being"与"潜能和现实的 being"之间的区别，就不会把这两卷作为统一体来解释。③ 对于《形而上学》这样论文集性质的文本，当然有诸多的解析方式；虽然我本人更倾向于传统的自然划分，认为 H 卷补充解释了质形复合物中形式和质料的功能，以及如何对它进行定义，回答了 Z 卷没有解释的问题，因而对余老师的划分理由有一些质疑。④ 但对于余老师的提议颇觉新颖，认为这一解释也算是诸多结构划分中的一派吧。

余纪元老师的这部著作内容很丰富，尤其对于"潜能和现实的 being"和第一因的讨论，很精彩细致，但限于篇幅，我就不过多论述了，期待其他同仁给出更好的评述。从浩繁的对《形而上学》核心卷的注释和研究来看，绝大部分研究者根本无暇顾及亚里士多德以外的材料，如柏拉图的哲学（虽然这么做的结果是直接错失了把握亚里士多德对柏拉图理念的直接继承），他们常常只涉猎《范畴篇》和《物理学》的相关文本，连《形而上学》ΔΛ 等卷都无暇顾及，更谈不上对亚里士多德

① Jiyuan Yu（余纪元），*The Structure of Being in Aristotle's Metaphysics*（Kluwer Academic Publishers，2003），p. 78.
② Jiyuan Yu（余纪元），*The Structure of Being in Aristotle's Metaphysics*，（Kluwer Academic Publishers，2003），p. 79.
③ Jiyuan Yu（余纪元），*The Structure of Being in Aristotle's Metaphysics*，（Kluwer Academic Publishers，2003），p. 79.
④ 如有读者对这一问题感兴趣，可参阅拙著《亚里士多德的实体理论——〈形而上学〉ZHΛ 卷研究》，中国社会科学出版社 2016 年版，第 168—170 页。

近五十部著作的全面掌握，毕竟核心卷本身就足够晦涩、足以消耗学者的大量精力了。而余老师能跳出核心卷，联系与其关系密切的、直接指导其篇章划分的 Δ7 来讨论 being 问题，能把传统上局限于对实体的兴趣正确地扩展到十个范畴，这种敏锐我是一直叹服不已的。正是受他联系哲学辞典卷来解释核心卷的启发，我在后来对核心卷实体问题的讨论中，就注意到哲学辞典卷 Δ8 这一对实体解释的词条与 Z3 和《范畴篇》的密切关系，从而找到了一条独特的解释路径。最后，我还想指出的是，余老师的阐释是系统论或整体论的，他并没有执念于个别观点的前后不一致，而是从具体文本出发，同时也能走出来，从大的结构方面整体刻画 being，因此在我看来，这一点也是他的理论能够成立的魅力所在。然而，很惭愧的是，我刚入亚里士多德哲学门时习惯于发生学的方法，在很长时间里没有意识到余老师著作中对系统论方法的彻底贯彻，还是在后来的多年阅读中才体会到发生学方法的一些弊端而逐步接受系统论方法的。当然，今天的我可能会认为两种方法结合使用——总体上坚持系统论，但一些具体的文本和问题上运用发生学——可能更为审慎些。总之，余老师教授另辟蹊径的阅读方式，以及勇于直接进入西方学人讨论的问题中心，并给出自己的精辟见解的精神，实在难能可贵，很值得我们学习。

　　在这部著作之后，余老师的研究兴趣更多地转向了亚里士多德伦理学、柏拉图哲学和中西比较哲学，并出版了一系列著作。他不仅在自己的专业领域成果卓著，为古希腊哲学甚至整个西方哲学在国内能够更好地发展，他也投入了极大的热情和精力，致力于把他认为优秀的西方学术成果介绍给国人。如我们上文提及的，他组织一批学者翻译西方哲学辞典，为山大举办的暑期学校邀请多位英语世界的古希腊哲学专家，还请优秀的海外华人哲学学者把各自领域的最新成果用中文介绍到国内……这些工作都极大地促进了国内的哲学研究。余老师是一位卓越的有国际声誉的中国学者、哲学家，他热爱祖国，热爱学术，热爱学生，他作为中国人、作为科研工作者、作为教师，每一个角色都非常成功，是学人的楷模！谨以此文纪念尊敬的余纪元老师！

　　（作者简介：吕纯山，哲学博士，天津外国语大学欧美文化哲学研究所副教授，主要研究方向为古希腊哲学。）

会议综述

"第五届全国古希腊罗马
哲学大会"综述

　　古希腊罗马哲学在中国传播和落地生根的时间比较早，某种意义上可以说它已内化于中国现代文化系统之中。近年来，在学界前辈辛勤耕耘的基础上，国内本研究领域更是汇聚了一批优秀的学人，对西方古代哲学的研究既拓展了国际化视野，又呈现出中国化的特色。为进一步促进学术交流、探讨学术前沿问题，中华全国外国哲学史学会古希腊罗马哲学专业委员会联合中山大学哲学系于 2021 年 3 月 20—21 日在中山大学南校园锡昌堂举办了"第五届全国古希腊罗马哲学大会"。来自中国社会科学院、中国人民大学、北京大学、复旦大学、中山大学、浙江大学、四川大学、南开大学、华侨大学、东南大学、西南大学等高校和科研院所的 56 位专家学者和 13 名研究生参加了此次大会，并围绕"古代哲学的问题和方法"这一主题展开了热烈而深入的探讨。

　　3 月 20 日上午，大会正式开幕。会议开幕式由中山大学哲学系**江璐**副教授主持。中山大学哲学系外国哲学学科负责人方向红教授和中国社会科学院哲学研究所詹文杰副研究员分别代表中山大学哲学系和中华全国外国哲学史学会古希腊罗马哲学专业委员会致辞。**方向红**对各位专家学者的到来表示热烈欢迎，并介绍了中山大学哲学系的古希腊罗马哲学研究团队。他对这个古老学科研究者的年轻化程度表示惊喜，并十分期待这个研究领域能在不久的将来实现突飞猛进的发展。**詹文杰**则在致辞中感谢了中山大学哲学系的会务团队，表示此次大会的举办十分不易。他简要介绍了"全国古希腊罗马哲学大会"的历史，并强调这个学术交流平台的核心旨趣在于古代哲学和科学，而与此密切相关的古代历史、语言和文学等领域可以适当兼顾，但不是关注的重点。

一　古代哲学的问题和方法

大会共有三场主旨报告，它们很好地呈现了本次会议的主题，即古代哲学的问题和方法。问题和方法这两个层面紧密结合在一起并互相推动，因为问题的提出召唤不同方法的运用，而方法的使用又决定了回答问题的不同方向。中国人民大学哲学院**聂敏里**教授的报告《〈理想国〉"哲学家论证"的内在结构和困难》对《理想国》卷五到卷七的"哲学家论证"的结构进行了集中梳理，指出它所塑造的哲学家是眼睛只盯着真理的人。柏拉图认为这样的哲学家不仅能够把握真理，而且具有统治者所需要的美德，但只关心真理不关心实际事务的哲学家并不具有面对实际事务的恶德和美德。由此柏拉图陷入了"不相干谬误"，哲学家与现实城邦的彻底分离使他只能成为理想城邦的统治者，他原本是要改善现实环境，但环境反而是成就他的前提。正因为现实城邦无法自然产生哲学家，所以柏拉图只能诉诸哲学教育，但教育培养的哲学家依旧与现实城邦不相干。柏拉图的"哲学家论证"只有连接两个分离世界的意愿，却没有任何足以结合二者的内在逻辑可能性，这是"哲学家论证"的内在困境。中山大学哲学系**郝亿春**在评议中对聂敏里提出的问题和看法表示基本赞同，他从哲学家和城邦两个方面指出了柏拉图论证的失败，并提出两点值得商榷之处：一是"哲学家论证"的重点并非"哲学家"而是"哲学王"；二是放眼于《理想国》的整体思路，就哲学家从护卫者阶层中产生而言，加之《会饮》中苏格拉底的例子，柏拉图的想法可以得到一定辩护。聂敏里对这两点表示认可。

西南大学哲学系**崔延强**教授的报告《亚里士多德之后——希腊化时代的哲人理想》关注的是希腊化时代的哲学转向。这个时代的哲人们因为面对跨城邦、跨民族的文化碰撞，开始突破城邦的局限性，于是，个体概念、契约论和世界主义等观念悄然萌发。**崔延强**将这一时代的核心词定为"哲人理想"，其共通性是以获得宁静与幸福为人生目标。他在报告中依次刻画了伊壁鸠鲁派、斯多亚派和怀疑派为实现这一目标所采取的不同路径，呈现了希腊化时代的多元样貌。四川大学哲学系**梁中**和认为**崔延强**的翻译和研究工作降低了国内希腊化哲学研究对于英美学界的依赖程度，他将古代的希腊化与当前的世界化关联起来，指出我们现在甚至依旧处于某种意义上的希腊化时代。他认为既要重视希腊化时期三大哲学流派的独立思想脉络，也要考察它们的相互关联，以及它们与柏拉图主义之间的思想纠葛。崔在回应中强调了一手文献的重要性，并表示思想流派之间的思想纠缠是他下一步要澄清的工作。

中山大学哲学系（珠海）**王晓朝**教授在《"文化互动转型论"的创建与运用》的报告中反思了自己在1999年提出的文化互动转型论。他以学界关于文化问题的五点共识为基础提出了文化互动转型论的五点基本立场。**王晓朝**表示，文化互动转型论已经成了具有一定解释力的探究工具，它有几个重要的解释域。最后，他以"Being"问题的争论为例从微观层面阐述局部和细节如何支撑起整体的宏观理论，特别指出我们不仅是文化的研究者，还是文化交流的担纲者。中山大学哲学系的**田书峰**在随后的评议中富有洞察力地指出了三场主旨报告之间所具有的内在逻辑：聂敏里讲的是一个哲学家当王预设了作为乌有之乡的理想城邦，崔延强则看到了希腊化时代问题意识的转化，哲人的快乐需要退回到自己的内心，而王晓朝又说文化之间需要互动和转型，还是需要走出去，这是一个从问题转向到方法反省的过程。田书峰提出的疑问是，中国学人对西方文化的研究是否可以具有中国化的视角，对古代文化的研究作为某种文化互动和转型转向何方。他认为关于古代哲学的研究不仅要将古代哲学的概念和论证重述出来，更要理解自我在所处文化中的意义，所以文化的互动转型最终仍要以自我为基点。

二　古代哲学研究的中国化

研究的中国化是一个学科真正落地生根的标志，它不仅仅意味着对中西思想资源的比照和会通，还包括带着独具自身特色的问题意识投入西方古代哲学研究，或者在研究理路内部融入中国当下经验，反过身来对古代哲学的问题和方法进行审视。只有立足于研究的中国化，才能真正走向研究的国际化。本次大会的分会场报告中有不少都集中体现了具有中国特色的问题意识和一定的中国化趋向。

大连理工大学哲学系的**谢一旐**《系词论视域下的 ontology

再发微——兼论 ontology 的汉译问题》集中关注国内学界关于
"ontology"的理解和翻译争论，尝试考察"on"的词源含义，
强调它的系词用法。她分析了系词论在哲学史上的五种形式，
并认为国内学界对"ontology"的译法主要受实在论视野的影
响。东北师范大学马克思主义学部**罗兴刚**在评议中建议单从一
位思想家具体切入进行解释，而不需要太过宏观思想史脉络分
析，因为会涉及不同文本的不同思想语境。王晓朝也对国内
"ontology"的翻译争论提出了自己的观点，对这个方面的研究
方向给出了细致的指导。

中央美术学院人文学院**黄水石**是本次会议中少有的涉及前
苏格拉底哲学的报告人，他在《在逻各斯的自相区分中奠定根
据——作为希腊哲学开端的巴门尼德哲学》中以独特的表述方
式解释了巴门尼德的哲学教谕诗；他认为巴门尼德的思想展开
过程就是"逻各斯自相区分的当下的完满实现"。张波波等学
者与黄水石就巴门尼德是否为一元论者、Logotektonik、残篇翻
译以及逻各斯是否为巴门尼德的核心概念等问题进行了讨论。

在柏拉图的伦理学研究方面，**罗兴刚**在题为"美善καλὸς
καὶ ἀγαθός：柏拉图理想人格的构型"中关注的是柏拉图所构想
的理想人格如何教化养成；他认为美和善的结合奠基了人性的
不同属性，美与道德的统一最终将哲学定位为爱欲的教化，最
后他还比较了柏拉图和孔子的人格教化路径。于江霞、张波波、
崔延强和郝亿春就教育的路径、对人性的二元界定、美和善的
关系等问题与罗兴刚进行了探讨。**张波波**在与当代心灵哲学和
心理学中的快乐观的对照和争辩中考察柏拉图的《菲丽布篇》，
他在报告《柏拉图快乐观新探——古今争论及其当代思考》中
认为柏拉图并没有提出统一融贯的快乐解释，而区分了不同的
快乐，特别提出了可以收纳进好生活中的真快乐。董波、郝亿

春与张波波就幸福与快乐的关系、柏拉图与亚里士多德在快乐观上的差异、快乐与情感的关系进行了讨论。

在柏拉图政治哲学和美学研究方面，东南大学人文学院**武小西**的报告《柏拉图政治哲学中的战争与和平》结合对当代战争形态（如军备竞赛）的思考，考察了战争在柏拉图政治哲学中的位置，认为城邦的立法只是着眼于战争，最终追求的其实是和平。郝亿春肯定了武小西对理想城邦与国际形势关系的分析，提供了一些写作建议，并指出热爱和平的简朴城邦并非反驳柏拉图是战争狂热分子的强有力的论据，在寡头制中人性的贪婪也不构成战争的必要条件，而划分个人欲望和城邦欲望则有助于澄清这个问题。贵州大学哲学与社会发展学院**林早**的报告《"美"之何"是"——从希腊语汇及柏拉图辩证法出发考读〈大希庇亚篇〉》讨论了柏拉图《大希庇亚篇》的文本性质，她从朱光潜先生漏译的开场对话出发介入有关《大希庇亚篇》是美学文本还是政治哲学文本的争论，并重申这篇对话对于美学研究的基础地位。罗勇从《大希庇亚篇》在柏拉图评注传统中的缺位质疑了将这篇对话重新确立为美学奠基性文本的理论后果。

在亚里士多德研究方面，大连海事大学马克思主义学院的**杨之林**在报告《论实践智慧与教育智慧》中结合现代教育的理论和实践，认为亚里士多德对实践智慧这种理智德性的阐发有助于把德性论的视角纳入当代教育科学之中。林早在评议中强调现代教育在德性培养上的缺失，但指出诺艾尔（J. Noel）教育智慧中的实践智慧概念与亚里士多德的用法或许不相匹配。中山大学哲学系（珠海）**高健康**的报告《慈善缺席——对亚里士多德伦理学的一种辩护》涉及现代学界十分关心的陌生人问题，他认为慈善这种对所有人无差别的仁慈在亚里士多德伦理学中的缺席不会使这种伦理学无法应对陌生人问题，用慷慨取代慈善反而更能应对陌生人社会这种现代经验。花威就慈善在基督教中的理解、慷慨涉及财富、古代城邦与现代社会的差异等问题与高健康进行讨论。

延安大学文学院**张硕**的报告《模仿的技艺与理性——理性在亚里士多德〈诗学〉中的作用》探讨了诗与哲学的关系，指出在亚里士多德那里诗作为对理性的模仿具有很高的地位，但它的位置仍然无法取代哲学。黄俊松就技艺的定义、悲剧与工匠造鞋子之间类比的困难、命运的必然性与逻各斯的关系等问题与张硕进行讨论。江苏理工学院马克思主义学院的**田伟松**关注悲剧性过错的丰富意蕴，他的报告《如何理解悲剧性过错——基于亚里士多德诗学理论的阐释》从悲剧性过错的过程性、产生的效果和过错根源的含混性三个方面展开讨论，并在与当今文化的对比中去反思悲剧中近亲血污所体现的希腊文化背景，认为对《诗学》文本的解读需要寻找一种平衡。董波在评议中就古今之间的血亲互杀和悲剧性过错的伦理学解读等问题与田伟松进行商榷。

中山大学哲学系**覃万历**的报告题目为"亚里士多德的隐喻理论"，处理的是哲学与修辞学之间的关系。他特别强调隐喻修辞在哲学论述及其背后的逻辑建构中的积极作用，认为亚里士多德的隐喻理论是范畴理论的延伸，这是亚里士多德试图通过属种逻辑关系规范隐喻的结果，但这种规范在类比式隐喻中并不成立，恰恰暴露出亚里士多德对隐喻的低估。黄俊松在评议中指出类比这种结构对应的比例关系其实才是亚里士多德所有隐喻类型中最根本的一种，而类比不能"创造"而只能"发现"某种相似性，因为"创造"与古希腊哲学关于存在的观念背道而驰。

中南大学马克思主义学院的**刘临达**在《权力论的基础性分歧：古希腊哲学研究中的马克思与黑格尔》中将马克思对权力阐述的双重性追溯至对伊壁鸠鲁原子论的分析，并认为通过这种回溯我们能更清楚地阐明马克思独特的共同体思想。高健康认为刘临达在文中并未对核心的权力概念进行专门澄清，并提出伊壁鸠鲁形而上学意义上的自由与马克思的社会自由如何结合在一起的疑问。刘临达回应说马克思是将形而上学的东西移植到社会关系领域，而自己是在福柯意义上理解权力，虽然这与马克思的理解不同，但可以说马克思在博士论文的文本中预见了福柯的权力含义。

此外，还有两场报告从某种当下政治现实的视野重新分析索福克勒斯的悲剧《安提戈涅》。东南大学社会学系**朱雯琤**的报告为《安提戈涅的"不"——论"直言"中的政治实践》，她通过后期福柯的视角去重新看待安提戈涅这个具有伦理学意义的人物，说明伦理上的直言还有政治上的意味，这种政治直言为个人参与社会政治决策打开了可能性。胡辛凯和其他在场学者针对如何区分伦理直言与政治直言、中国语境与西方语境的不同、政治直言与言论自由的区别、直言与沉默的辩证关系、戏剧作为中立性的权力技术等问题与朱雯琤交换了意见。中国社会科学院哲学研究所的**张羽佳**关注友爱政治学这一热点问题，她在报告《政治何以友爱？以〈安提戈涅〉为出发点》中通过陈家祠的历史变迁引入了家族与政府之间的紧张关系，而后借助黑格尔的理论解析《安提戈涅》中的家国冲突，并结合柏拉图和亚里士多德的想法尝试将友爱关系放入无爱的当代政治哲学之中。黄水石就互文式解读、黑格尔与拉康的差异、亚里士多德《诗学》的非政治性、从血亲之爱到公民间政治友爱的距离等问题与张羽佳展开了激烈的讨论。

三　古代哲学研究的国际化

在立足于自己独特问题意识的同时，与国际学术界接轨也是国内古希腊罗马研究界一个不断努力的方向。本次大会不少论文体现出了较高的国际化视野，最明显的是有多篇论文涉及亚里士多德的知识论、灵魂论和生物学等国际学界研究的重点领域和热点问题，而且有些研究成果和水准已基本能与国际学界同步和持平，可以与西方学者进行直接对话和争论。

知识论和逻辑学是国内亚里士多德研究中亟需加强的领域。**詹文杰**的报告《亚里士多德〈后分析篇〉中的 Epistēmē 和 Nous》集中讨论了《后分析篇》（尤其是 II. 19）中的理性洞见（nous）概念，以及理性洞见与科学知识（epistēmē）的关系。他尤其反驳了佩雷穆特（Z. Perelmuter）把理性洞见视为不能把握命题而只能把握概念的主张，指出包括佩雷穆特在内的一些西方学者把理性洞见视为非命题性的认知形式是错误的。他认为，在亚里士多德那里，把握到证明之初始原理的"非证明性知识"与理性洞见并非（如佩雷穆特试图辩护的）两种不同的认知形式，而是同一种认知形式，而且理性洞见也不是理性直观，而是在感知和经验的基础上经由"归纳"（epagōgē）过程才被人获得的，它是关于构成任意一门科学辖域之主题的诸本质之定义的把握，只为特定科学领域的专家所具有。常旭旻、葛天勤和王纬就归纳与辩证法的关系、《后分析篇》II. 19 与之前章节的关系等问题与詹文杰进行了讨论。安徽大学哲学系**夏天成**的报告《亚里士多德的术语 Endoxa》探讨了学界对"Endoxa"含义的理解分歧，指出这种分歧其实分别指向了"Endoxa"在质与量两个方面的特质，从而提出一种对"Endoxa"的综合理解。田书峰在评议中对从质和量两方面考察"Endoxa"的进路表示认可，但认为报告并未充分分析谈及"Endoxa"的文本，还需要就亚里士多德为何看重意见这个问题进行更多文本上的挖掘。

亚里士多德的灵魂论是这次会议受到重点关注的领域。云南大学哲学系**曹青云**的报告《亚里士多德论理性、欲望与行动》论述了理性与欲望如何联合引发行动的问题；她发展了理性主义对理性优先性的解释，由此反驳非理性主义的解释，澄清了动物与人的行动的原因结构。聂敏里认同理性主义的立场，认为这个报告为这种立场提供了重要的文本证据，而后就欲望作为动力因、欲望对象随附于理智对象的方式等问题与曹青云进行了讨论。**田书峰**在报告《论亚里士多德对灵魂与身体关系的形质论理解》中对《灵魂论》和《形而上学》的一些核心文本进行了分析，认为同名异义原则不会对灵魂与身体的形质论关系造成威胁，反而能够使它们之间紧密而不可分离的关系得到更好的理解。曹青云首先进一步澄清和回顾了阿克里尔（J. Ackrill）关于同名异义原则的观点，而后就一般的形质论，以及一般形质论与灵魂形质论的差异是在类型上还是程度上等问题与田书峰进行了探讨。上海社会科学院哲学研究所的**裴延宇**在报告《论亚里士多德灵魂学说中"营养生殖机能"的统一性》中处理的是狭义的营养灵魂与生殖灵魂的统一性疑难，他结合亚里士多德动物学相关著作将营养—生殖灵魂指认为一种"闭合循环"。在评议和讨论环节中，葛天勤和田书峰就雌雄性的差别、人通过感觉和努斯保存自身、营养灵魂的对象等问题与报告人进行讨论。广东省委党校**胡志刚**在题为"亚里士多德论理性与神的关系"的报告中将《灵魂论》中的主动理性与

《形而上学》中的神学联系起来，提出主动理性可以作为形而上学和伦理学共同根基的观点。刘飞和郝亿春在评议环节就灵魂讨论的不同语境、主动理智的可分离、神的实在性、伦理学与形而上学的关系、布伦塔诺对黑格尔解读方式的批评等问题与胡志刚进行了深入探讨。

亚里士多德的动物学理论是国际学界近年讨论的热点领域。葛天勤的报告《亚里士多德〈论动物的部分〉中的多重原因论》和胡辛凯的报告《亚里士多德的种子理论：寻求一个统一性的定义》都是关于这个领域的问题的讨论。**葛天勤**认为亚里士多德在《论动物的部分》中提出了一种不同于"首要原因论"的"多重原因论"，而这种原因关系有"合取模型"和"析取模型"两种不同的模式，表明亚里士多德的生物学探究超出了本质主义框架。王纬认为，这个问题的背后是《后分析篇》中的科学方法论与亚里士多德具体科学探究的关系问题，随后他就本质主义的对象、多重原因论在不同类型原因与同类型原因之间的差别等问题与葛天勤交换了意见。聂敏里肯定了这项研究的理论意义，指出这个问题需要进一步回溯到亚里士多德原因关系结构本身的弹性上。**胡辛凯**的报告分析的是《论动物的生殖》种子定义的差异性与统一性，他认为三种不同的种子定义都可统一于"作为种子的潜在动物"这个定义之下。胡艾忻在评议环节针对子宫概念的添加、译本的争议性和"ἀρχή"的译法等问题与胡辛凯进行了商榷。

在亚里士多德的伦理学和政治学研究方面，浙江大学人文学院**魏梁钰**的报告《亚里士多德"归来"——当代英美道德哲学中的亚里士多德伦理学》着重梳理了当代重新接纳亚里士多德伦理学资源的伦理理论之间的争论，以及这些争论与安斯康姆（G. E. M. Anscombe）重要论文中的两条不同进路之间的复杂关联。在评议环节，张贵红认为，这个报告着重分析哲学方面的研究，而亚里士多德的"归来"不仅是分析传统的伦理学的发展，更是整个分析哲学的历史转向趋势影响下的结果。**刘飞**的报告《亚里士多德论幸福在于合德性的实现活动》主要分析《尼各马可伦理学》中著名的"实现活动论证"（一般译为"功能论证"），指出这一论证在根本上是理智主义的。李涛就理智主义与经验主义、努斯的无逻各斯和"实现活动论证"的形而上学含义与刘飞进行了讨论。**董波**在《亚里士多德的非公民问题》中认为，非公民的产生根源于亚里士多德对仅以必需和有用之物为目标的生活方式的拒斥，最佳城邦的建立就需要将这部分远离德性的群体排除出公民阶层之外，而这揭示出亚里士多德的政治哲学原则是要在城邦中确立起高低有别的正当秩序。在评议环节，葛天勤针对不具备理性而服从理性、亚里士多德是否有关于公民的统一定义等问题与董波进行了讨论。中国社会科学院大学哲学学院的**李涛**在报告《亚里士多德如何创立实践哲学》中提出，只有将自然正义与实践理性结合起来，才能最终为实践哲学奠定基础。夏天成对引入自然正义为实践哲学奠基的合法性提出质疑。

尽管国内学界近年关于柏拉图的研究有了长足发展，但是在方法论上不同学者的立场仍有较大差异。南开大学哲学院邓向玲的报告《爱欲的形而上学隐喻——对〈会饮〉中苏格拉底讲辞的解读》和北京社会科学院哲学研究所王玉峰的报告《试析从"感性认识"到"理性认识"的飞跃》关注的是柏拉图的形而上学和知识论。**邓向玲**在报告中认为，《会饮》多重转述的开场暗示了柏拉图的"未成文学说"，在苏格拉底讲辞与阿里斯托芬讲辞对照解读中进一步指出爱欲的目标既是善也是一，并最终揭示出爱欲的本性和爱若斯的身世。在评议环节，詹文杰对邓向玲将图宾根学派观点引入的努力表示肯定，但也对通过"一"与"不定的二"的所谓"本原学说"来解读所有柏拉图对话的做法提出了质疑和批评。**王玉峰**探讨了柏拉图《理想国》中"感性认识"向"理性认识"飞跃的过程中"相对者"（relatives）和数学研究所起到的重要作用。田书峰在评议中就"相反者"（contraries）能否召唤理性、理性在对相对者的把握中是否已经起作用、飞跃是被迫的还是自然而然的、数里面的"一"是否更为本原等诸多问题与报告人交换了意见。

郝亿春的报告《〈理想国〉中的"公—私"利益问题——理解"理想国的另一条线索"》和黄俊松的报告《正义、权力与修辞——重思〈理想国〉中色拉叙马霍斯部分的论证》分别探讨了《理想国》中的问题和论证。郝亿春认为，"理想国"中"小我"与"大我"的合一实质上仍不过是"私"的扩充，这样的"破私立公"堕落为彻底的僭主制之"大私"反倒具有某种必然性。武小西就公—私的二元对立和《理想国》的伦理学维度两个问题与郝亿春进行讨论；崔延强则补充了柏拉图"共产主义"构想可能的思想来源。黄俊松详细分析了《理想国》中苏格拉底对色拉叙马霍斯的驳斥，指出色拉叙马霍斯在正义问题和自我认知上的两个缺陷，以及苏格拉底如何针对这两个缺陷拓展出城邦—灵魂类比。在评议环节，张波波、张羽佳和黄俊松进一步探讨了苏格拉底是色拉叙马霍斯的论证是否融贯、苏格拉底与色拉叙马霍斯是否殊途同归、修辞指向说服他人还是指向真理等问题。

浙江财经大学马克思主义学院于江霞的报告《芝诺与（前）昔尼克派论德性、自然与法》和中国海洋大学马克思主义学院许欢的报告《幸福悖论的两种类型及其解决路径——基于古希腊快乐论的考察》都探讨了希腊化哲学与小苏格拉底学派之间的思想纠缠。**于江霞**在报告中认为，芝诺对于德性、自然与法的想法受到了昔尼克学派（Cynics）的显著而持久的影响，昔尼克学派对自然哲学的拒斥并不表明芝诺与他们之间的思想关联就是断裂的。在评议环节，常旭旻就自然与德性的张力、芝诺在继承传统与开创新思路两方面的关联等问题进行了讨论。**许欢**的报告关注的则是伊壁鸠鲁的快乐观相对于居勒尼学派（Cyrenaics）的推进，这种推进使得伊壁鸠鲁在规避幸福悖论的同时，又不同于功利主义追求功利最大化的计算。田书峰在评议中指出，报告还缺乏对快乐等关键概念的界定和梳理，特别是伊壁鸠鲁对于快乐有两种不同的理解，其中又有不少复杂的争论，而幸福悖论可能只是两种视角，并不构成悖论。

陕西师范大学宗教研究中心的**齐飞智**的报告《德尔图良论灵魂的单纯性：基于希腊化哲学传统的考察》探讨的是德尔图良的《论灵魂》，他认为德尔图良是古代哲学从求真到求善进行转型的范例，指出德尔图良的灵魂论具有一元论的特征，并从论证灵魂的统一性和对灵魂多样性的解释来阐明灵魂的单纯性。崔延强在评议中就灵魂的单一性、希腊哲学中以聚与散来理解灵魂不灭等问题进行了讨论。**罗勇**的报告《作为文本指向型哲学的中期柏拉图主义》把关注的问题进一步延伸至柏拉图的评注传统。他提出古希腊哲学有一个从事实指向型到文本指向型的转变，并依此把中期柏拉图主义定位为文本指向型哲学，这有助于我们反思中期柏拉图主义与新柏拉图主义这样的分期方式和指称术语是否妥当。梁中和与陈越骅就事实指向型与问题指向型的异同、打破中期与新柏拉图主义历史分期的依据等问题与罗勇交换了意见。浙江大学哲学系**陈越骅**的报告《希腊哲学至善与至恶概念的发生学线索》采用发生学方法对至善与至恶概念进行研究，他从奥古斯丁"恶即是无"的创造性观念进行追溯，指出这个哲学判断并非断然的创新，而是根植于深厚的古希腊罗马传统自然而然提出来的。在评议环节，王晓朝就对至善概念的语法解释、巴门尼德作为古希腊哲学的起点和善恶二元论等问题与陈越骅进行了探讨。**江璐**在报告《探寻波埃修斯之"persona"概念的法哲学维度》中将波爱修斯视为亚里士多德逻辑学和罗马法的传承者和发展者，她在厘清"persona"与古希腊哲学中的"ousia"之间复杂的转换关联之后，通过分析波埃修斯对人格的定义，指出了其中所蕴含的不同内容，并将这些内容结合到其法律论述中，表明了波埃修斯如何借助亚里士多德的理论将罗马法中的人格概念进行深化和改造，从而为后来的理性主义法学乃至康德的演绎性法权学铺垫了道路。梁中和就中世纪在波埃修斯之后对人格概念的推进、基督教的肉身性概念与个体性的差异等问题与江璐进行了探讨。

在古罗马哲学研究上，花威的报告《九年、星象学与宇宙论神话：论奥古斯丁的摩尼教迷途》和胡艾忻的报告《意志的赞同与奥古斯丁的情感概念》分别处理奥古斯丁与摩尼教宇宙论的纠葛和他的情感理论与意志的关系。**花威**在报告中以《忏悔录》为主要文本，分析和梳理"九年之久"的具体起止时间，并通过论证摩尼教宇宙论神话的破产是奥古斯丁脱离摩尼教的核心原因，来确认"九年之久"的时间。评议环节中，陈越骅就"奥古斯丁是否撒谎"与花威进行了商榷。**胡艾忻**的报告集中分析《登山宝训》中提及"赞同"的例子，从而试图论证"作为意志的赞同/不赞同"的情感现象始终关涉的是意志的自由决断，而不是对理性的服从。杨小刚围绕意志概念作为待解释项、对上帝的唯意志论理解挪移到有限的人身上的限制、奥古斯丁对斯多亚的继承等问题对报告进行了评议。崔延强补充了赞同概念与学园派的关联和情感概念的翻译问题。

四　研究生论坛专场报告

　　本次大会一共收到了四十多篇研究生投稿，其中有十三篇通过专家评审被接纳为"研究生论坛"专场论文，文章作者来自于北京大学、中国人民大学、复旦大学、中山大学和南京大学等高校。研究生论坛于 3 月 20 日晚举行，13 个报告分为 4 场同时进行，每场有两位评议老师对学生报告进行点评。评议老师对这些报告的质量和其中的问题意识基本上都表示了肯定。岳圣豪的报告《〈泰阿泰德〉第一部分中的回环结构与普罗泰戈拉主义》、宋佳慧的报告《游戏性与严肃性——试论〈斐德若〉中柏拉图对书写的态度》和吴鸿兆的报告《盘诘，真，与真诚：重审弗拉斯托的苏格拉底"标准盘诘"解释》关涉柏拉图研究。**岳圣豪**讨论了柏拉图《泰阿泰德》中关于知识第一个定义的论证结构问题，对伯南耶特（M. Burnyeat）的经典解读方案进行了批评，并提出新的回环结构的解读方式，认为柏拉图在其中依次反驳了三个层次的普罗塔格拉主义。詹文杰就柏拉图本人关于感知的观点、第一个定义的若干反驳之间的关系等问题向岳圣豪提出了问题。**宋佳慧**的报告借助戏剧分析的方法对《斐德若》中苏格拉底、柏拉图之于书写的态度进行解读，阐述了"书写技艺与辩证式修辞术的特点"，试图说明柏拉图对话作品中呈现出的游戏性与严肃性。詹文杰和武小西从翻译问题和概念澄清两个方面提出了建议。**吴鸿兆**的报告主要反思了以弗拉斯托斯（G. Vlastos）为代表的英美主流解释主张"标准"形式的盘诘法，认为它混淆了"实践成真"和"知识证成"两个目标，也忽视了形式层面"反驳"和"辩证"之间的关系。评议老师就柏拉图早期对话中是否存在盘诘模式、苏格拉底的论证目标究竟是什么等方面向吴鸿兆提出了问题。

何光琦的报告《亚里士多德第一哲学的统一性问题》、鲍秋实的报告《"技艺模仿自然"——〈物理学〉第二卷第8章的自然目的论》、赵越的报告《质料之前定的"材料合集"——对亚里士多德实体生成过程的试探索》和吴亚女的报告《从疑难出发：〈形而上学〉B卷的辩证法阐明》共同探讨了亚里士多德的形而上学和自然哲学相关问题。**何光琦**认为，亚里士多德第一哲学的首要部分和普遍部分能够通过某种类比关系统一起来。常旭旻和葛天勤围绕论证的充分性、文献的引用、类比方法的合理性和神圣实体无质料等向何光琦提出问题，并给出了写作建议。**鲍秋实**的报告在分析比较当代学界的争论下，提出亚里士多德的自然—技艺类比论证是阐明而不是论证的看法，并根据"技艺不思虑"揭示出自然目的论对于自然世界的普遍意义及其在存在论上的基础地位。评议老师和鲍秋实讨论了"技艺不思虑"、人造物的质料形式关系、教学法解释等问题。**赵越**在报告中试图通过构造"材料集合"的概念来解决亚里士多德实体理论和质形论中的不连贯之处，并附带解决一些漫步派哲学中的问题。评议老师就无限倒退、材料集合的必要性、质料概念的相对性、质料与元素混合物的关系等问题与赵越进行了讨论。吴亚女的报告考察了《形而上学》B卷中的疑难方法与《论题篇》中的辩证法之间的关联，认为二者具有内在一致性。

方凯成的报告《从自我的监护者到国家的监护者：塞涅卡论哲人王问题》、何彦霄的报告《罗马法律与希腊哲学之间的竞争：对西塞罗〈论演说家〉1.41—44的解读》和杨之涵的报告《波利比乌斯论罗马混合政体》从不同研究方式探究了罗马政治与法律问题。**方凯成**在报告中通过考察塞涅卡对监护的使用，阐明斯多亚意义上的自我监护者如何通过隐喻跨越不同领域之间的边界成为政治上的国家监护者。梁中和和王纬针对柏拉图与色诺芬的哲人王、自我概念的多重含义、数学教育在罗马人自我理解中的作用等问题与方凯成展开讨论。**何彦霄**的报告则采用民族志的方法解读西塞罗的文本，展现了罗马文化吸纳和征服古希腊哲学的历程。评议老师就报告内容的哲学影响、西塞罗的著作的史料价值等问题进行了探讨。**杨之涵**在报告中介绍了史学家波利比乌斯在《通史》对单一政体的循环和混合政体优越性的分析，指出罗马的混合政体是其称霸的原因。评议老师就波利比乌斯的政治理论性质、政体变好的原因等问题跟杨之涵进行了探讨。

薛璟明的报告《普罗克洛对柏拉图天体模型的哲学诠释——基于晚期新柏拉图主义对古代天文学批评与反思的视角》依据普罗克洛在《蒂迈欧》以及《理想国》中的评注论述了普罗克洛在自然哲学和科学史上的成就，以及他在哲学、科学方法论意义上的贡献。邓向玲就科学探讨的哲学意义与薛璟明进行了讨论，而魏梁钰则从摘要写作和挖掘学理内部联系两方面提出了建议。**余晓辉**在报告《居勒尼学派的反幸福主义》中探讨了居勒尼学派对当下快乐作为最终目的的论证，以及他们基于最终目的和幸福的区分的反幸福主义的立场。评议老师就文章的主要论点、反幸福主义的确立、特殊快乐的具体内含问题进行了探讨。**耿玉娥**在报告《论亚里士多德家庭中的亲子友爱》中认为，亲子友爱的自然性更主要体现于一种倾向积极沟通的亲善性，而这种亲善性一方面是自然的，另一方面又能够促进城邦团结。评议老师围绕柏拉图与亚里士多德在家庭问题上的对立、友爱是否为德性等问题跟耿玉娥展开了讨论。

五 会议总结

大会闭幕式于3月21日下午进行，由中山大学田书峰副教授主持。**聂敏里**教授以中国化和国际化两个关键词对两天的会议进行了总结，他指出，中山大学哲学系现象学研究团队的工作是现象学中国化极其成功的范例，而本次大会也表明了国内古希腊罗马哲学研究界追求中国化和国际化的旨趣。他回顾了古希腊罗马哲学研究在中国的历史，指出古希腊哲学研究在陈康先生那一代就已经达到了非常高的国际化成就，甚至已有英国学者将陈康研究柏拉图《巴门尼德篇》的论文译成英文。而自2010年以来，经历过一次中断的古希腊罗马哲学研究又一次在国际化水平上有所提升，特别在柏拉图的形而上学和知识论研究，以及亚里士多德的形而上学、生物学和灵魂论等方面，国际化程度逐渐走在前列。但是，我们仍然面临着研究领域发展不平衡的现状，在同一哲学家内部某些方向的研究成果相对较少，在不同哲学家之间，前苏格拉底哲学和晚期希腊哲学相对而言较为薄弱。他提出，中国学者在从事古希腊罗马哲学研究的过程中，需要结合我们中国当代的问题意识，才能在思想性上有所体现。就古典学科的研究而言，基础性的一步是讲清楚文本说了什么，更重要的一步是讲清楚文本背后的逻辑，在此之上还要从自己的问题意识出发，从中国当前的现代性经验出发来提供对古典的新审视，这种审视必定会对西方人理解自己的古典，以及我们通过理解西方古典来理解我们当下的精神生活都大有助益。

随后，中山大学哲学系系主任**张伟**教授在致辞中感谢了全国古希腊罗马哲学研究界对举办本次大会的支持，并期待中山大学哲学系在古希腊罗马哲学研究方面能够继续发展壮大，走出具有中大特色的研究道路，为全国的研究事业做出贡献。

最后，古希腊罗马哲学专业委员会**詹文杰**秘书长宣布了从研究生专场中评选出来的三位优秀论文获奖者的名单，并与张伟主任一起为获奖研究生颁奖。随着热烈的掌声，第五届全国古希腊罗马哲学大会至此圆满结束。从会上的深入讨论来看，本次大会不但是对近年来我国古希腊罗马哲学研究扎实推进的见证和总结，而且势必会为将来研究的发展和腾飞积蓄力量。

作者简介：何光琦，中山大学哲学系研究生；张思佳，中山大学哲学系本科生。

附　录

古希腊罗马哲学专业委员会简介

2012 年 12 月 22 日在天津南开大学召开的中华全国外国哲学史学会第 7 届第 1 次理事会议上，全体参会理事通过了关于成立古希腊罗马哲学专业委员会的决议。2013 年 4 月 14 日，在济南山东大学举行的"经典文本研究的方法论问题"学术研讨会期间正式成立了"古希腊罗马哲学专业委员会"，也简称"古希腊罗马哲学学会"。古希腊罗马哲学专业委员会是隶属于中华全国外国哲学史学会的分支机构，其宗旨主要包括：组织有关古希腊罗马哲学的学术活动，开展与国外同行的学术交流，协助高等院校培养专业人才，编辑出版专业刊物，等等。自成立以来，古希腊罗马哲学专业委员会与相关高校合作主办了多次"全国古希腊罗马哲学大会"和相对小规模的"古希腊哲学论坛"，编辑出版了专业集刊《古希腊罗马哲学研究》，切实推动了学科发展和学术进步。

古希腊罗马哲学专业委员会现任秘书长是中国社会科学院哲学研究所的詹文杰研究员，现任理事有：谢文郁、聂敏里、宋继杰、吴飞、先刚、詹文杰、吴天岳、刘玮、梁中和、陈玮、曹青云、常旭旻、田书峰、江璐、曾怡、王纬、朱清华、程炜、田洁、于江霞、陈斯一、盛传捷、苏峻、葛天勤。

负责人：詹文杰（秘书长）

秘书处所在单位：中国社会科学院哲学研究所

地址：北京市东城区建国门内大街 5 号

邮编：100732

电话：001—85195510

古希腊罗马哲学专业委员会历届理事会

工作小组（2013—2015）
谢文郁、廖申白、聂敏里、熊林、詹文杰、吴天岳、刘玮

第一届理事会（2015—2019）
谢文郁、聂敏里、宋继杰、章雪富、熊林、吴飞、先刚、
詹文杰、吴天岳、刘玮、梁中和、陈玮、曹青云

第二届理事会（2019—2021）
谢文郁、聂敏里、宋继杰、章雪富、吴飞、先刚、詹文杰、
吴天岳、刘玮、梁中和、陈玮、曹青云、常旭旻、田书峰、江
璐、曾怡、王纬

第三届理事会（2021— ）
谢文郁、聂敏里、宋继杰、吴飞、先刚、詹文杰、吴天岳、
刘玮、梁中和、陈玮、曹青云、常旭旻、田书峰、江璐、曾怡、
王纬、朱清华、程炜、田洁、于江霞、陈斯一、盛传捷、苏峻、
葛天勤

"全国古希腊罗马哲学大会"简介

　　中华全国外国哲学史学会古希腊罗马哲学专业委员会成立之前，国内学界相关单位和学者已经召开过一些全国性的古希腊哲学研讨会。1980 年 4 月 13 日，中国社会科学院哲学研究所与杭州大学等单位联合发起的"古希腊罗马哲学讨论会"在杭州召开，会议就古希腊罗马哲学研究的方法论及若干理论问题进行讨论，来自全国的 40 多位西方哲学史研究者参加会议。2001 年 10 月 26—28 日，由清华大学哲学系与浙江大学外国哲学研究所联合发起，由清华大学哲学系主办的"新世纪古希腊哲学研究"国际学术研讨会在北京召开，来自全国各重要大学和科研机构以及希腊、芬兰、土耳其等国的专家学者 40 余人参加了会议。

第一届全国古希腊罗马哲学大会

　　2010 年 8 月 20 日由人民出版社和浙江大学共同在北京金伦饭店举办的《希腊哲学史》第四卷的新书发布会之后，8 月 21—22 日由中国人民大学哲学院和中国社会科学院《世界哲学》编辑部共同主办的"2010 年全国古希腊哲学研讨会"在北京市昌平区长陵镇北京石油阳光会议中心召开，参加会议的学者涵盖古希腊哲学研究的老中青三代学者共四十余人。2013 年古希腊罗马哲学专业委员会成立，决定以后定期组织"全国古希腊罗马哲学大会"，并把 2010 年的全国古希腊哲学研讨会确认为"第一届"。

第二届全国古希腊罗马哲学大会

2014 年 4 月 12—13 日，由古希腊罗马哲学专业委员会与浙江大学哲学系共同主办的"2014 年全国古希腊罗马哲学研讨会"（即"第二届全国古希腊罗马哲学大会"）在杭州召开，来自海内外各高校、科研机构的 60 余位学者参加了会议。与会学者建议由古希腊罗马哲学专业委员会创办一份专业辑刊，刊名为《古希腊罗马哲学研究》。

第三届全国古希腊罗马哲学大会

2016 年 8 月 27—28 日，由古希腊罗马哲学专业委员会与北京大学哲学系共同主办的"2016 年全国古希腊罗马哲学研讨会"（即"第三届全国古希腊罗马哲学大会"）在北京大学召开，会议主题为"古代世界的自然与理性"，来自北京大学、清华大学、中国人民大学、中国社会科学院等高校和科研院所的学者围绕古希腊罗马哲学研究相关问题展开研讨。

第四届全国古希腊罗马哲学大会

2018 年 4 月 21—22 日，由古希腊罗马哲学专业委员会与北

京师范大学哲学学院主办的"第四届全国古希腊罗马哲学大
会"在北京师范大学召开，来自全国各地的老中青三代古希腊
罗马哲学的研究者参加了研讨和交流。

第五届全国古希腊罗马哲学大会

2021 年 3 月 20—21 日，中华全国外国哲学史学会古希腊罗
马哲学专业委员会联合中山大学哲学系在中山大学南校园锡昌
堂举办了"第五届全国古希腊罗马哲学大会"。来自中国社会
科学院、中国人民大学、北京大学、复旦大学、中山大学、浙
江大学、南开大学、华侨大学、西南大学等高校和科研院所的
56 位专家学者和 13 名研究生参加了此次大会，并围绕"古代
哲学的问题和方法"这一主题展开了热烈而深入的探讨。

"古希腊哲学论坛"简介

第一届古希腊哲学论坛

2009 年 6 月 20 日，由中国人民大学哲学院、北京大学哲学系部分学者和《世界哲学》编辑部共同发起的"第一届古希腊哲学论坛"在北京大学哲学系会议室（静园四院）举行，会期半天。会议就国内古希腊哲学的传统、现状与未来进行了专题研讨；会议研讨的部分内容由《世界哲学》2009 年第四期以专栏形式刊发，引起国内学界普遍关注。本次会议还确定了每年举行一到两次论坛及论坛举行的基本形式。参加此次论坛的学者包括李河、聂敏里、李猛、吴飞、吴增定、先刚、吴天岳、成官泯、朱清华、王双洪、黄群、谭立铸、陈德中等。

第二届古希腊哲学论坛

2009 年 9 月 26 日于北京大学哲学系会议室（静园四号院）举行"第二届古希腊哲学论坛"。本次论坛由北京大学哲学系、中国人民大学哲学院和《世界哲学》编辑部共同举办，会期一天，共讨论两篇专业学术论文：1. 北京大学哲学系吴天岳的《重思〈理想国〉中的城邦—灵魂类比》，评论人是北京大学哲学系的吴增定和先刚；2. 中国人民大学哲学院聂敏里的《〈物理学〉第一卷中亚里士多德对巴门尼德存在论的批判》，评论人是北京大学哲学系的李猛和中国社会科学院哲学所的詹文杰。

第三届古希腊哲学论坛

2010 年 4 月 9 日于中国社会科学院哲学研究所举行"第三届古希腊哲学论坛"，主题为"前苏格拉底哲学"。本次论坛由《世界哲学》编辑部主办，得到中国社会科学院哲学研究所鼎立支持，中华全国外国哲学史学会为本次论坛提供了资助。本次论坛会期半天，共讨论两篇专业学术论文：1. 中国社会科学院哲学研究所詹文杰的《赫拉克利特著作残篇 DK—B1 诠释》，评议人是中国人民大学哲学院聂敏里；2. 同济大学人文学院孙周兴的《Aletheia 与现象学的思想经验》，评议人是北京大学哲学系张祥龙和首都师范大学哲学系朱清华。

第四届古希腊哲学论坛

2012 年 3 月 31 日于清华大学新斋 346 举行"第四届古希腊哲学论坛"。本次论坛由清华大学人文学院主办，会期半天，由清华大学人文学院宋继杰报告论文《柏拉图〈斐多篇〉中的"跟有"与"跟名"》，评议人为北京大学哲学系的吴天岳和中国社会科学院哲学所的詹文杰。

第五届古希腊哲学论坛

2012 年 9 月 22 日于北京第二外国语大学求是厅举行"第五届古希腊哲学论坛"。本次论坛由北京第二外国语大学跨文化研究院主办，会期半天，共讨论两篇专业学术论文：1. 北京师范大学哲学院何博超的《略论亚里士多德对情感的考察》，评议人是北京师范大学哲学院廖申白和中国人民大学哲学院刘玮；2. 北京第二外国语学院王柯平教授的《悲剧净化说的渊源与反思》，评议人是北京市社会科学院哲学研究所的王双洪。

第六届古希腊哲学论坛

2013 年 9 月 14 日于中国人民大学哲学院人文楼 500 会议室举行"第六届古希腊哲学论坛"。本次论坛由中国人民大学哲学院主办，会期半天，共讨论两篇专业学术论文：1. 中国人民大学哲学院牛宏宝的《诗性直观与理智直观：柏拉图的诗哲之争》，评议人是北京第二外国语大学跨文化研究院王柯平；2. 中国人民大学哲学院刘玮的《论亚里士多德的"最佳政体"》，评议人是清华大学社会科学学院政治学系谈火生。

第七届古希腊哲学论坛

2014 年 9 月 13 日于中国人民大学哲学院人文楼 500 会议室

举行"第七届古希腊哲学论坛"。本次论坛由中国人民大学哲学院主办，会期半天，会议主题是："图宾根学派与柏拉图哲学研究：先刚《柏拉图的本原学说》新书座谈会"。来自中国人民大学哲学院、北京大学哲学系、清华大学人文学院、中国社会科学院、北京市社会科学院、首都师范大学哲学系、国际关系学院、天津外国语大学、《世界哲学》编辑部、三联书店、《中国社会科学报》等机构的 20 多位学者参加了本次论坛。

第八届古希腊哲学论坛

2015 年 8 月 29—31 日于华侨大学厦门校区举行"第八届古希腊哲学论坛"。本次论坛由华侨大学哲学与社会发展学院主办，会议主题是"古希腊哲学与当代中国——方法与意义"。来自中国社会科学院哲学研究所、北京市社会科学院哲学研究所、中国人民大学、浙江大学、中山大学、四川大学、北京师范大学、国际关系学院、云南大学、南昌大学、天津外国语大学、浙江财经大学、台湾辅仁大学、华侨大学的 20 余位学者参加了会议。参会学者不仅针对古希腊辩驳论证方法、德性论、亚里士多德形而上学等经典问题开展讨论，而且着重在中国文化语境、当代东方主义背景下对中国的西方古典哲学研究主题、方法和取向进行了多层次探讨。

第九届古希腊哲学论坛

2016 年 4 月 9—10 日于天津外国语大学逸夫楼莎翁厅举行

"第九届古希腊哲学论坛"。本次论坛由天津外国语大学欧美文化哲学研究所主办，会议主题是"亚里士多德哲学"。来自天津外国语大学欧美文化哲学研究所、中国社会科学院哲学研究所、北京市社会科学院哲学研究所、《世界哲学》编辑部、清华大学人文学院、中国人民大学哲学院、北京大学哲学系、南开大学哲学院、北京师范大学哲学院等单位的 20 余位学者与会。会议由两场讨论会构成：1. 北京师范大学哲学院田书峰发表论文《论理性灵魂的可分离性》，评议人为北京师范大学哲学院的瞿旭彤和英国爱尔兰都柏林三一学院的苏峻；2. 北京大学古典学研究中心程炜发表论文 "Aristotle's Defence of the Argument from Contraries：A New Interpretation"，评议人为中国社会科学院哲学研究所詹文杰和浙江大学哲学系葛天勤。

第十届古希腊哲学论坛

2017 年 8 月 21—22 日于云南大学东陆校区科学馆第 10 会议室举行"第十届古希腊哲学论坛"。本次论坛由中华全国外国哲学史学会古希腊罗马哲学专业委员会主办，云南大学公共管理学院哲学系承办，《思想战线》、《云南大学学报》（社会科学版）编辑部协办。会议主题是"古希腊哲学中的实在、心灵与知识"。来自云南大学公共管理学院、《云南大学学报》（社会科学版）编辑部、中国社会科学院哲学研究所、中国人民大学哲学院、北京大学哲学系、中山大学哲学系、四川大学哲学系、天津外国语大学欧美文化哲学研究所、南昌大学哲学系、华侨大学哲学与社会发展学院、云南省社会科学院、吉林大学哲学系等单位的 20 余位学者与会，在会上共发表会议论文十余篇。

第十一届古希腊哲学论坛

2018 年 12 月 1—2 日于首都师范大学举行"第十一届古希腊哲学论坛"。本次论坛由中华全国外国哲学史学会全国古希腊罗马哲学专业委员会主办,首都师范大学政法学院哲学系承办。会议主题是"古希腊哲学中的自我与实在"。来自中国社会科学院、北京大学、中国人民大学、中山大学、湖南大学、云南大学、山东大学和首都师范大学等高校和科研单位的 20 余名专家学者围绕会议主题进行了深入研讨,在会上共发表会议论文十余篇。

第十二届古希腊哲学论坛

2019 年 10 月 19—20 日,"第十二届古希腊哲学论坛"于中国社科院哲学研究所举行。本次论坛中华全国外国哲学史学会古希腊罗马哲学专业委员会主办,中国社会科学院哲学研究所西方哲学史研究室、现代外国哲学研究室承办。会议主题是"汉语语境中的古希腊哲学"。来自中国社会科学院、北京大学、中国人民大学、中山大学、山东大学、浙江大学、吉林大学、南昌大学、中国社会科学院大学、中国政法大学、国际关系学院等高校和研究机构的专家学者 30 余人与会,在会上共发表会议论文十余篇。

第十三届古希腊哲学论坛

2020年11月14—15日，"第十三届古希腊哲学论坛"在浙江杭州紫金港国际大酒店顺利召开。本次会议由中华全国外国哲学史学会古希腊罗马哲学委员会主办，浙江大学哲学系、宗教学研究所及基督教与跨文化研究中心承办。本次论坛主题为"跨文化视野下的古希腊罗马哲学"。来自中国社会科学院、中国人民大学、复旦大学、中山大学、山东大学、四川大学、云南大学、华侨大学、浙江财经大学、比利时鲁汶大学、浙江大学等国内外高校和研究机构的二十余位专家学者出席论坛，约五十名学者线上参会，论坛全程线上同步直播。

《古希腊罗马哲学研究》征稿启事

《古希腊罗马哲学研究》是中华全国外国哲学史学会古希腊罗马哲学专业委员会主办的专业学术辑刊，现面向学界征集稿件，包括古希腊罗马哲学研究领域的学术论文、译文、书评、书讯、访谈和会议简讯等。本刊秉持专业性、前沿性和开放性的原则，旨在为国内外研究者提供一个学术交流的专业平台，以促进学科发展和学术繁荣。

投稿准则：

1. 来稿文责由作者自负。注明首发或已发；已在其他刊物发表的文章请写明原刊物名称和期次。古代经典汉译之外的当代研究性论文的译文要求作者授权。

2. 来稿请用 WORD 格式，按附件形式电邮至本刊投稿专用邮箱，并注明作者姓名、性别、工作单位、职称、邮编与通讯地址、联系电话、Email 等。

3. 论文的字数控制在 6000—20000，报道和书评的字数控制在 2000—10000。每篇文章需要附 200—300 字的中文摘要，3—5 个中文关键词，以及文章的英文题目。

4. 本刊编辑将在 20 天内就来稿是否通过初审答复作者，并在 40 天内告知编辑部讨论后的最终结果。文章如经本刊录用，不可再投他刊。

5. 来稿正式刊出后，本刊将赠送作者该辑一册。已发稿无稿酬，首发稿争取发给一定稿酬。

来稿格式：

标题：宋体，小三号字体，加粗（副标题：仿宋体，小三号字体）；各节标题：四号字体，加粗。标题下空一行，各节标题下不空行。

正文：中文采用宋体，外文采用 Times New Roman，小四号字体，1.5 倍行距。外国人名使用中译的，请用括号注出外文全名，但柏拉图等著名人物则不必。

脚注：页下注，小五号字体，以 1，2，3，……格式标注，每篇文章连续编号。译文注释中说明性文字需翻译为中文，文献信息等原则上保留原文不译。

项目标注：需要列出文章所受项目支持的，写明项目名称和编号，用＊给文章标题加注。

引用文献格式：

中文专著：作者:《书名》（卷数或册数），出版地：出版社，年份，第＊＊页。（卷数册数在书名号外面，括号之内）

中文译著：作者:《书名》（卷数或册数），译者，出版地：出版社，年份，第＊＊页。

中文文集论文：作者:《文章名》，载《文集名称》，出版地：出版社，年份，第＊＊页。

中文期刊论文：作者:《文章名》，《刊物名称》＊＊＊＊年第＊期，第＊＊页。（注意，刊名直接连着时间和期数，没有逗号）

外文专著：例 Mark Chaves, *American Philosophy*：*Contemporary Trends*（Princeton, New Jersey：Princeton University Press, 2012），pp. 12 – 14.（注：最前面有中文的此处应用中文句号"。"，否则用英文句号"."。下同。注意作者姓名次序，出版

地冒号出版社逗号年份用括号括起来，括号前面没有逗号）

外文编著：例 Dennis R. Hoover and Douglass M. Johnston (eds.), *Language and Reality*：*Essential Readings*（Waco，Texas：Baylor University Press，2012）.

外文译著：Aristotle, *Aristotle's Categories and De interpretation*, trans. John L. Ackrill（Oxford：Clarendon Press，1963）

外文期刊：例 Peter Klein, "Radical Interpretation and Global Skepticism," *Truth and Interpretation*, vol. 36, no. 3（1967），pp. 262 – 283.（注意，标题后面直接是逗号，在引号之内，vol. no. 小写，时间用小括号括起来放在期数之后，括号前面没有逗号。

外文标点后面都有一个空格。无论正文还是注释，中文标点在中文界面下输入，外文的在外文界面，所谓全角半角，最直观的区别是，中文标点比外文标点大。

文献再次出现时著录格式示例：

隔页：中文：王路：《语言与世界》，第 11 页。外文：Chaves, *American Philosophy*, p. 4.（外文期刊论文标题带上引号，不用斜体）

同页且相邻：中文：（1）同上；（2）同上书，第 12 页。外文：（1）Ibid.（2）Ibid., p. 23.

《古希腊罗马哲学研究》本刊不接受纸质稿件，请将电子版发送至编辑部，电子邮箱地址：zikejie@ 163. com。邮件标题请写明作者姓名及论文名称，并注明"投稿"字样。

编辑部编辑：曹青云，葛天勤，裴延宇，魏梁钰，安古睿

《古希腊罗马哲学研究》编辑部

中华全国外国哲学史学会古希腊罗马哲学专业委员会

2022 年 2 月